KB130536

Understanding & Application
of Supported Employment

지원고용의
이해와 적용

| 박희찬 · 오길승 공저 |

학지사

| 머리말 |

    이 책은 중증장애인 통합고용을 달성하기 위한 지원고용의 원리와 방법 등을 이해하고 적용하는 데 도움을 주고자 저술되었다. 직업재활은 궁극적으로 인간의 삶의 질을 향상시킬 수 있어야 한다는 전제하에, 이 책에서는 지원고용을 통하여 장애인의 직업재활과 고용의 패러다임이 분리된 서비스나 고용에서 통합된 방식으로 전환되어야 한다고 보고 있다.

    지원고용은 인간이 각자 가치 있는 삶을 추구하는 노력의 일환으로서 장애인도 직업을 갖고 삶의 선택 폭을 확대할 수 있도록 도입되었다. 지원고용에서는 장애인과 비장애인 간의 직업적 혹은 비직업적인 교류를 강조하여 장애와 상관없이 모든 인간이 더불어 살아가는 인간관계를 형성해 나갈 수 있도록 지원하며, 최저임금 이상의 소득을 확보해 나갈 수 있도록 지역사회 내의 고용을 가능한 한 많이 유도해 나가고 있다. 즉, 장애인과 비장애인이 지역사회 내에서 함께 직업생활을 유지하면서 살아가는 것을 지향한다.

    저자들은 1990년대에 우리나라에 지원고용을 소개한 바 있다. 이때부터 지원고용에 대한 자료가 소개되면서 우리나라의 직업재활 분야에서도 지원고용에 관심을 갖게 되었다. 이제 지원고용이 시작된 지도 20년 이상이 지나 거의 모든 장애인복지관에서 지원고용을 실시하고 있으며, 「장애인고용촉진 및 직업재활법」에서 법적인 뒷받침을 하고 있다.

    저자들이 저술하거나 번역한 1990년대 중반의 책들은 절판된 상황이고, 현재 지원고용을 선도할 전문서적을 국내에서 찾기가 쉽지 않은 상황이다. 그리하여 저자들은 20년 전에 발행한 저서를 기반으로, 그리고 그동안의 국내외 연구결과들을 참고하여 이 책 『지원고용의 이해와 적용』을 펴내게 되었다. 이 책의 상당

부분은 박희찬 등이 1996년에 저술한 『장애인 고용: 지원고용의 실천적 이론』과 오길승이 1996년에 번역한 『지원고용 프로그램에서의 직업지도』에 기초하고 있다. 그 외에도 저자들은 지난 20년간 국내외에서 연구한 자료들을 참고하여 새로운 내용을 보완하기 위해 노력하였다. 또한 이 책의 완성에는 가톨릭대학교 및 한신대학교 학생들의 피드백도 도움이 되었다. 이와 더불어 이 책의 출판에 도움을 주신 오수영 편집자님과 학지사 김진환 대표님께 감사드린다.

이 책은 장애인복지관이나 직업재활시설에서 지원고용을 실시할 때 참고할 수 있을 것이며, 특수학교나 통합형 직업교육 거점학교, 전공과 등에서 통합고용을 실시할 때 이 책이 그 방법을 제시할 것이다. 또한 대학(원)에서 지원고용과 관련된 교육 및 연구를 할 때도 이 책을 활용할 수 있을 것이다.

우리나라에 지원고용이 도입되는 데 기여한 사람들로서, 저자들은 지난 20여 년간 우리나라에서 지원고용이 발전하는 과정을 지켜보며 기쁨과 함께 책임감도 느껴 왔다. 이 책을 저술하면서 그러한 우리의 마음을 담기 위해 노력하였으나 여전히 미숙한 부분이 많은 것 같다. 그러한 점은 선후배·동료들의 비판과 지도를 부탁드린다. 끝으로, 모든 사람이 함께 인간다운 삶을 살아갈 수 있는 사회로 나아가는 데 이 책이 조금이나마 기여할 수 있기를 소망한다.

2016. 2.

박희찬 · 오길승

┃차 례┃

 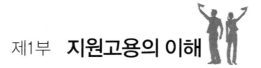

제2부 **지원고용의 적용**

제12장   지원고용의 과제 • 283

제1부

지원고용의 이해

◆ 제1장 ◆
지원고용의 배경과 개념

1. 지원고용으로의 패러다임 전환

　1980년대 초반까지 미국의 거의 모든 사람은 지적장애인이나 자폐성장애인 그리고 중증의 다른 유형의 장애인 고용이 어렵거나 보호고용이 유일한 대안이라고 생각하였다. 그러나 1980년대 중반을 지나면서 미국에서는 **지원고용**이라는 새로운 형태의 장애인 고용 방법이 등장하였다. 직업재활에서 통합을 중시한 선구자들은 중증장애인도 지역사회 내에서 직무지도원 등의 지원을 통하여 통합고용이 가능할 수 있다는 신념으로 연구를 시작하였으며, 보호작업장에서 근무하던 중증장애인이 지역사회 사업체에 취업할 수 있음을 보여 줌으로써 실제로 지원고용이 가능하다는 것을 증명해 보였다. 이러한 지원고용은 1990년대 중반에 우리나라에 소개되어 서울장애인복지관과 서부장애인복지관에서 처음으로 시도되었다(박희찬, 양숙미, 이종남, 허경아, 1996;

지원고용에 대한 개념설명은 12쪽에서 확인할 수 있다.

개념설명

　지원고용은 중증장애로 인하여 기존에는 분리된 보호고용에 한정되거나 고용이 되더라도 중단되거나 포기하게 되는 장애인에게 적절한 지원과 현장훈련을 통하여 지역사회 통합고용을 달성하는 과정과 결과를 의미한다.

오길승, 1994).

　보호고용이나 미고용에서 지원고용으로 나아가는 것은 패러다임 전환에 비할 수 있다. 이는 이전의 분리된 보호고용이나 고용이 이루어지지 못한 상황에서 지역사회 통합고용으로 나아가는 것이기 때문이다. 이는 중증장애인도 비장애인과 함께 지역사회 안에서 일할 수 있다는 선언이며, 이를 위해 장애인과 비장애인이 협력하고 지원함을 의미한다. 장애인과 비장애인 모두에게 장애에 대한 인식의 개선인 동시에 새로운 가치 체계를 받아들이고 확립하는 것이다.

　패러다임(paradigm)은 어떤 한 시대 사람들의 견해나 사고를 근본적으로 규정하고 있는 테두리로서의 인식의 체계 또는 사물에 대한 이론적인 틀이나 체계를 의미한다(국립국어원, 2014). Kuhn(1996)은 패러다임을 일반적으로 인정된 과학적 업적으로, 즉 연구과제에 대한 질문과 해법의 모델을 제시하는 것으로서 과학사적 관점에서 의미를 파악하였다. Kuhn은 천동설에서 지동설로 이론 체계가 변화하는 과정을 패러다임 전환의 예로 제시하였다. 또한 패러다임 전환을 통한 과학 이론의 변화를 당대 사회 전체가 갖는 신념과 가치 체계의 변화로 보았으며, 문제에 대한 해결 방법이 달라진 것이라 파악하였다.

　패러다임 전환(paradigm shift)이란 낡은 규칙에서 일련의 새 규칙으로 근본적인 변동을 겪는 것이라 할 수 있다. 패러다임의 전환은 다년간에 걸쳐 사회구조의 변동에 극적인 영향을 미친다. 예를 들면, 여성의 참정권은 법률적으로 미국 연방 차원에서는 1920년에, 영국에서는 1928년에, 프랑스에서는 1946년에 그리고 우리나라에서는 1948년에 인정되었다. 이렇게 여성의 참정권이 인정됨으로써 여성은 사회적 권리의 행사와 취업기회의 획득 등에서 남성과 차별을 받지 않게 되었고, 여성의 사회적 지위에 대한 패러다임 전환이 이루어지게 되었다.

통합은 직업재활이나 특수교육, 넓게는 사회 전 분야에서 중요한 가치를 부여하는 개념이다. 장애, 종교, 인종, 성 등을 기준으로 한 소수인(minority) 집단과 다수인(majority) 집단의 통합은 더불어 살아가는 시민사회에서 받아들여야 할 하나의 원칙으로 간주된다. 이와 관련하여 우리 사회는 특히 장애인이 비장애인과 통합된 주거생활을 이루고, 통합된 방식으로 교육과 고용을 이루는 방향을 지향해 나가야 한다.

패러다임과 관련하여 또 다른 중요한 개념 중 하나는 패러다임 마비(paradigm paralysis)다. 패러다임 마비는 패러다임 전환에 참여하지 못하는 현상으로, 사람들이 진행되고 있는 패러다임 전환을 무시하는 방향으로 선택했을 때 발생한다. 예를 들어, 여성의 사회적 지위가 변화되었음에도 여전히 패러다임 전환 이전의 방식으로 여성의 사회적 지위를 생각하고 있을 때 패러다임 마비 현상을 겪게 된다. 같은 맥락에서, 이미 지원고용을 통한 중증장애인의 통합고용이 실시되고 있음에도 불구하고 여전히 장애인 고용을 패러다임 전환 이전의 방식인 보호고용이나 미고용으로만 생각하고 있다면 이는 패러다임 마비를 겪는 격이 된다.

지원고용은 장애인의 직업재활과 관련하여 패러다임 전환을 시도하고 있다 (Point, 1990; Saloviita, 2000). 따라서 지원고용은 장애인 직업재활의 기본가정과 그 방법 면에서 새로운 시도를 하고 있으므로 패러다임 전환이라고 할 수 있다. 다음에서는 지원고용을 통한 패러다임의 전환을 촉구하는 실질적인 요인들에 대해서 구체적으로 살펴본다.

2. 장애 분야에서 패러다임 전환을 촉구하는 요인

1) 정상화와 사회통합의 부각

1950~1960년대까지만 해도 장애인에 대한 선진국의 접근법은 시설중심의 개념을 벗어나지 못했다(신종호 외 역, 2008). 대부분의 수용시설에서 제공되는 서비스는 지역사회의 자원을 연결시킬 수 있는 여유를 갖지 못한 채, 많은 사람을 동시에 수용하기 위해 거주, 교육, 직업, 여가, 의료 등 인간생활에 필요한 기능을 한 장소에 집결시켜 놓은 형태였다. 이는 지역사회와 분리된 별개의 생활이었으며, 수용 인원이 많기 때문에 자유롭게 생활할 수 있는 쾌적한 환경이 되지 못하고 관리하기 쉬운 형태의 제약된 시설환경이 대부분이었다. 이러한 시설형태에서 비롯될 수밖에 없는 비인간적인 처우에 대한 반성에서 장애인도 사회의 주류에 합류해야 함을 주창한 정상화의 개념이 덴마크와 스웨덴 등을 중심으로 시작되어 국제적으로 활발하게 파급되었다. Nirje(1969)가 장애인에 대한 정상화 이론을 처음 소개했을 때 이는 혁신적인 개념이었다. 그 이후부터 정상화에 대한 해석은 다양해졌다. 그중 가장 보편적인 해석은 장애인도 문화적으로 정상 활동을 하는 대부분의 사람들 사이에서 그들과 더불어 같은 수준의 활동을 할 수 있어야 한다는 것이다. 즉, 정상화란 장애인을 장애를 가진 특수한 사람으로서 특수한 환경에서만 생활해야 하는 사람으로 취급하지 말고, 보통의 생활환경 속에서 정상적인 생활을 할 수 있는 사람으로 생각해야 한다는 것이다.

Wolfensberger(1972)는 장애인이 일상생활에서 사회의 보편적인 흐름에 합류하기 위해서는 스스로 문화적 수단을 이용하고 사회 주류에 접근하는 생활수준과 생활양식뿐만 아니라 대부분의 다른 사람들과 일치하는 행동으로 사회의 주류에 합류될 수 있어야 함을 강조하였다. UN을 비롯한 국제기구들은 정상화 개념을 근거로 1970년에 「장애인재활 10년 선언」, 1971년에는 「정신지체인 권리

선언」, 1975년에는 「신체장애인 권리선언」을 채택하였고, 1976년에는 세계 장애인의 해(1981년)를 선포하과 동시에 「10년 행동계획」도 채택하였다. 이와 같은 국제선언들이 내포하고 있는 공통된 함의는 ① 장애인의 인간적 존엄성 존중, ② 생명 존중, ③ 생존권 존중, ④ 사회접근 보장, ⑤ 기회균등 보장 등이다.

특히 1980년 채택된 「세계 장애인의 해 행동계획」은 장애인이 사회생활 및 사회개발에 있어서 '완전한 참여와 평등'을 그 목적으로 한다. 구체적으로, 모든 국가는 장애인의 사회통합을 위하여 ① 장애인이 사회 속에서 분리·고립되기보다 사회의 통합적인 부분으로 유지될 수 있도록 원조·조장하는 서비스 및 경제적 지원을 검토할 것, ② 장애인이 사회에 완전히 참여할 수 있도록 장애인의 자유를 제한하는 일련의 제한적이고 차별적인 행동에 대한 조사에 착수할 것, ③ 그러한 상황을 처리하기 위하여 필요한 조치를 취할 것 등을 규정하였다.

모든 인간에 있어서 어떤 형식으로든 통합적인 사회적 역할을 수행할 기회를 차단하는 것은 그 기본권을 침해하는 것과 다를 바 없다. 따라서 장애인을 위한 모든 재활정책이나 서비스의 기본 방향은 그들이 위협적인 존재로 입증되지 않는 한, 그 존재가 타인에게 불편하고 즐겁지 않다 해서 사회로부터 분리되는 일이 없도록 정상화를 지향하며, 그들이 결국에 활동해야 할 주류 사회로의 통합에 조율되어야 한다는 것이 국제적인 추세가 되었다.

2) 전통적인 재활 및 특수교육적인 접근법의 문제점과 한계

미국의 경우, 장애인을 위한 보건이나 교육, 훈련, 재활 및 기타 인간서비스를 제공하기 위해 오랜 기간 상당히 많은 재정적·인적 자원을 투여하였음에도 그 성과에 대하여 만족하지 못하는 것으로 평가되었다. 가장 대표적인 예가 1970년대 초반 미국에서 일어난 척추손상, 근육 디스트로피, 뇌성마비, 다발성 경화증, 소아마비 등의 의식 있는 신체장애인들이 주도한 자립생활운동(independent living movement)이다. 이 운동은 그동안 정부가 이들에게 제공해 왔던 재활서비스에 대한 불만의 표출이라고 볼 수 있다. 이와 같은 전통적인 서비스에 대한 불만과 반성은 특수교육 분야에서도 마찬가지였다. 특수교육의 성과를 알아보기 위해 장애학생들이 실제 성인으로서 지역사회에서 얼마나 적응하며 자립하는지를 조사하는 전국적인 조사연구들을 많이 실시하였는데, 그 결과는 회의적이었다(김진호, 2001). 그 결과 특수교육이 일반아동들에게 주어지는 교과내용을 낮추어서 장애학생에게 교육하는 학업교과 중심의 교육과정에서 벗어나 실생활에서 필요한 실제적인 교육과정과 관련서비스를 제공해야 한다는 것과, 또한 학교를 졸업한 장애학생들이 성인사회에 적응하는 시기에 그들에게 여러 가지 지원서비스를 체계적으로 제공하는 것의 필요성이 강하게 대두되었다.

비장애인은 대부분의 시간을 가정이나 직장을 비롯한 지역사회에서 보내고 있다. 이와 마찬가지로 모든 장애인도 비장애인처럼 그곳에서 최대한 독립적으로 살아갈 수 있도록 하여야 한다(Westling & Fox, 1995). 그러나 그동안의 특수교육은 중증 장애학생이 지역사회에 적응하는 데 필요한 도움을 제대로 제공하지 못하였다. 주로 분리된 환경에서 전형적인 발달적 접근법인 대·소근육, 인지, 의사소통 영역 위주로 기초적인 학업기술만을 반복하여 교육함으로써 효과가 매우 적을 뿐 아니라 장애학생의 동기를 유발하기 어려운 교수방법에만 치중했기 때문이다(Falvey et al., 1994). 따라서 장애학생은 그만큼 성인기를 준비하는 교수에 제한을 받았고, 실제 지역사회에서 필요로 하는 기능적인 기술을 배울 수 있는 기회가 제한되었다.

비장애인은 자연스럽게 지역사회에서 살아갈 수 있는 방법을 터득하지만 지적장애와 같은 발달장애인은 직접적이고 의도적으로 지도하여야 그러한 방법의 습득이 가능하다. 이미 오래 전부터 Brown, Nieutupski 및 Hamre-Nietupski(1976)는 특히 일반화(generalization)나 전이(transfer) 능력이 부족한 지적장애인을 비롯한 발달장애인은 인위적인 교수환경에서 배운 복잡한 기술들을 자연적 지역사회 환경에서 수행하는 경우가 어려우므로 지역사회에서 요구하는 기술들은 지역사회가 직접 지도해야 한다고 주장하였다.

특히 중·고등학교는 성인기를 준비하는 과정이므로 전통적인 교육방법에서 벗어나 나이에 알맞은 기능적 기술을 가르치기에 합당한 지역사회 중심 교육이 가능하도록 전반적인 교육 목표가 재조정되어야 한다. 그중에서도 고등학교와 그 이후의 교육에서는 취업 준비, 성인생활을 위한 적응행동 지도, 지역사회 적응을 위한 기능적 학습(functional academics)이 최대한 지역사회 중심 교수와 직접적인 참여를 통해 이루어져야 한다는 주장이 설득력을 얻게 되었다(Drew, Hardman, & Logan, 1996).

3) 인간의 삶의 질에 대한 관심의 증대

지원고용에서는 모든 인간은 삶 속에서 가져야 하는 근원적 가치가 있음을 제기하고 있다. 즉, 인간은 누구나, 장애가 있든 없든 간에, 인간답게 살 수 있는 권리가 있으며 그 권리를 확보해 나갈 수 있어야 한다는 것이다. 인간답게 살아가기 위한 필요조건은 개인에 따라 다를 수 있지만 공통적인 요소도 있는데, '삶의 질 향상'이 그것이다. 지원고용은 장애가 있더라도 한 개인이 지역사회 내 사업체에서 자신에게 적합한 일을 선택할 수 있고, 그 일에 종사하면서 급여를 받아 생활해야 함을 강조한다는 측면에서 인간의 삶의 질 증대에 관심이 높다.

그리고 인간이 직업을 갖는다는 것은 삶의 질 향상과 직접적으로 연관된다. 직업을 통하여 인간은 자신의 삶을 실현해 나가고, 다른 사람과의 관계를 형성해 나가며, 자기 자신이 누구인지 규정지어 나가고, 자신의 가치를 실현해 나가며, 의식주 해결에 필요한 경제적인 재원을 마련해 나갈 수 있게 된다. 또한 직업을 통하여 자신에 대한 개념과 존중감을 실현할 수 있고, 타인과의 상호작용과 관계를 형성할 수 있다.

먼저, 인간은 장애가 있든 없든 간에 직업을 가질 권리가 있다. 모든 사람은 자신의 능력에 따라 종사할 수 있는 직업이 존재하는 것으로 전제할 수 있다. 우리나라에서 직업으로 분류된 것만도 1만 개 이상이므로(한국고용정보원, 2014),

직업을 가질 수 있느냐 없느냐의 질문보다는 중증장애인이 직업에 종사할 수 있기 위해서는 어떤 환경이 조성되어야 하고, 어떤 지원이 뒷받침되어야 하는가의 질문이 제기되어야 할 것이다. 장애인의 삶의 질을 향상시키기 위해서는 장애인도 직업을 가져야 하며, 그 직업을 획득하고 유지하는 데 필요한 환경의 조성과 지원의 제공이 선결되어야 한다.

둘째, 직업을 선택할 수 있는 폭은 개인에 따라 다르다. 어떤 사람은 수천 개의 직업에 종사할 수 있지만, 어떤 사람은 수십 개 혹은 단 한 개의 직업에만 종사할 수 있어 그 수가 제한될 수 있다. 종사할 수 있는 직업의 수는 어떤 곳에서 직업을 갖게 되느냐에 따라서 달라질 수도 있다. 예를 들면, 지적장애인이 보호작업장에서 일하는 경우에는 종사할 수 있는 직업의 수가 제한될 수밖에 없다. 반면에 동일한 지적장애인이 지역사회 내 사업체 취업으로 방향을 전환하여 직업기술과 적응능력을 향상시켜 나갈 경우에는 종사할 수 있는 직업의 수가 훨씬 많아지게 된다.

셋째, 종사하고 있는 직업이 자신의 흥미와 능력에 직합할 때 장기적이고 안정적인 고용이 될 수 있다. 장애인의 직업과 관련하여 우리는 그들의 일부 능력이 제한되어 있을 뿐만 아니라 그들의 흥미도 제한되어 있다는 편견을 갖는 경우가 많다. 장애인은 일부 능력에서 제한을 받을 수도 있으나 그들이 모든 능력에서 제한을 받는 것은 아니다. 또한 그들이 직업을 선택할 때 특정한 직업에 대하여 흥미와 적성을 가질 수 있으므로 그들의 흥미와 적성이 존중되어야 한다. 직업 선택과 관련하여 비장애인에게 존중되는 흥미와 적성이 장애인에게도 같은 방식으로 적용되어야 한다.

넷째, 인간은 직업에 종사하면서 하루 활동 시간의 대부분을 직장 동료와 보내게 된다. 따라서 직장 내에서 갖게 되는 인간관계는 인간의 삶을 살찌게 할 수 있다. 장애인이 분리된 작업장에서 일하기보다는 지역사회 내에서 비장애인과 함께 작업을 하는 경우에 보다 다양한 인간관계를 형성하고 유지하게 된다.

다섯째, 인간은 직업을 통하여 소득을 얻게 되므로 그들이 삶을 유지할 수 있을 정도의 경제적인 보상이 이루어져야 한다. 보호작업장에서 받게 되는 임금과 같이 최저임금에 절대적으로 미치지 못하는 상황에서는 삶의 질을 어느 정도 선으로 유지하는 데 어려움이 따른다. 따라서 직업을 통하여 자신의 삶을 가꾸어 나갈 수 있도록 적절한 수준의 경제적인 보상이 이루어질 수 있어야 한다.

지원고용은 인간이 각자 가치 있는 삶을 추구하는 노력의 일환으로, 장애인도 직업을 갖고 삶의 선택의 폭을 확대할 수 있도록 도입되었다. 따라서 지원고용을 통하여 장애인이 직업을 가질 수 있도록 사회적인 환경을 조성하고 지원을 제공하며, 지원고용대상자인 장애인의 직업에 대한 흥미와 능력을 적절히 파악하고, 사업체에 대한 고용 가능성 조사와 직무분석을 통하여 직업선택의 폭을 넓혀 나가야 한다. 또한 장애인과 비장애인의 직업적·비직업적인 교류를 강조하여 장애와 상관없이 모든 인간이 다양한 인간관계를 형성해 나갈 수 있도록 지원해야 하며, 최저임금 이상의 소득을 확보해 나갈 수 있도록 지역사회 내의 경쟁고용으로 가능한 한 많이 유도해 나가야 한다.

지원고용대상자에 대한 개념설명은 19쪽에서 확인할 수 있다.

🦉 개념설명

지원고용대상자는 지원고용을 통하여 취업을 희망하는 중증장애인을 말한다. 이 책에서는 지원고용을 통하여 통합고용이 실시되는 과정 및 통합고용이 이루어진 결과에 참여하는 중증장애인을 지원고용대상자로 본다.

4) 중증장애인에 대한 법적 뒷받침

우리 사회에서 장애인 직업재활은 그 역사가 그렇게 길지 못하다. 비교적 긴 역사를 가지고 있는 미국의 경우에도 장애인의 취업을 위한 정책이 연방정부에서 채택된 것은 「재활법(The Rehabilitation Act)」(1943)의 개정을 통해서였으며, 이는 그 이후 몇 차례 개정이 이루어졌고, 1970년대 이르러 중증장애인의 재활문제가 본격적으로 거론되기 시작하였다. 지원고용은 장애인 직업재활에 대한 종래의 방법들이 한계에 부딪치게 됨에 따라 새롭게 시도된 것이다(박희찬, 김은영, 김선옥, 유병주, 1994).

미국 「재활법」의 근간을 이루어 온 직업재활대상자 선정 기준은 다음의 세 가지 조건을 만족할 수 있어야 했다. 첫째, 분명한 장애를 가지고 있어야 한다. 여기서의 장애는 의료적인 진단을 통하여 밝혀질 수 있는 장애를 의미한다. 둘째, 장애로 인하여 직업을 얻는 데 어려움이 있어야 한다. 현재의 미취업 원인이 장애 때문이라는 정당한 이유가 있어야 한다. 마지막으로, 장애인이 직업재활 프로그램을 통하여 장차 직업을 얻을 가능성이 있어야 한다. 만약 장애가 너무 심하거나 그 외의 다른 요인으로 인하여 직업재활 프로그램을 종료한 후 직업을 얻을 가능성을 없으면 직업재활대상자로 선정되기 어렵다.

많은 장애인 중 특히 중증장애인은 앞서 제시한 첫 번째와 두 번째의 조건은 충족되었으나 세 번째 조건인 직업재활 이후 취업 가능성에 대해서는 한계가 있었다. 따라서 이들은 직업재활의 세 가지 자격요건을 모두 충족할 수 없었고, 격리된 채 살아가거나 사회적으로 가치저하라는 인식을 받게 되었다. 그 결과, 미국에서 중증장애인의 재활에 대한 법적 뒷받침이 확충되었는데, 이는 1973년의 「재활법」 개정 이후다. 이 법에서는 중증장애인을 위한 서비스의 제공과 개별화된 재활 프로그램(IWRP)을 작성하도록 하였다. 이어서 1978년의 「재활법」 개정으로 중증장애인을 위한 독립생활기술(independent living skills) 향상이 강조되었고, 재정적인 뒷받침도 이루어지게 되었다. 그 후, 마침내 1986년의 「재활법」 개정에서는 장애인을 위한 지원고용이 포함되었다(Shafer & Nasbet, 1988).

5) 장애인 재활 분야의 기술 향상

중증장애인의 고용을 증대시키기 위한 시도로 고용전문가들은 장애인의 고용 환경과 훈련 방법을 수정하기 위한 효과적인 전략들을 개발하였다. 그들은 고용을 성공적으로 이끄는 것은 개인의 기능이나 기술 수준이 아니라 고용전문 가가 갖는 고용 방법과 전략의 창의성에 있다고 보고 새로운 방법을 시도하였 다. 특히 Gold(1980)가 "새로운 방법으로 시도하자(try another way)."고 주장한 이 래로 중중장애인의 재활을 위한 과제분석, 역할 모델링, 자연스러운 단서, 연쇄 법, 행동형성, 자기관리, 강화, 소거 등 응용행동분석의 기법을 통하여 지원고 용의 훈련 방법이나 지원 전략을 개발하게 되었다(Schutz, Rusch, & Lamson, 1979; Wehman & Hill, 1979).

응용행동분석 기법은 중중장애인에 대한 통합고용을 시도하는 방법으로 적용 되었다. 지원고용을 위한 초기의 실험과제는 워싱턴 주, 일리노이 주, 버지니아 주 등에서 이루어졌다. 초기의 과제에서는 응용행동분석 기법을 통하여 중중장 애인도 적절한 지원과 방법을 통하여 경쟁고용이 가능하다는 실증적 자료를 제 공하였다. 지원고용이 초기에 시범적으로 시도되었을 때, 중중장애인의 대부분 은 주로 식당보조, 청소보조, 제조업에서의 보조 등 단순노무직에 종사하게 되 었는데, 그 결과가 성공적이었던 것이다. 이러한 초기의 시범 과제의 수행을 통 하여 중중장애인도 경쟁고용이 가능하다는 근거가 마련되었다(Ellis, Rusch, Tu, & McCaughrin, 1990; Kregel, Wehman, Revell, & Hill, 1990; Moon, Inge, & Barcus, 1990).

3. 미국에서의 지원고용

미국의 「재활법」(1986)에서 지원고용은 "경쟁고용이 불가능한 상태에 있거나 혹은 심한 장애로 인하여 그 고용이 때때로 중단되거나 방해를 받게 되는 중중 장애인을 대상으로 통합된 작업장에서 계속적인 지원서비스를 제공하면서 이 루어지는 경쟁고용"으로 정의하고 있다. '통합된 작업장'이란 대부분의 작업동 료가 비장애인으로 구성되어 있으며, 한 작업장에서의 장애인 수가 8인을 넘지 아니하고, 장애인이 비장애인과 장기적인 접촉을 갖도록 하는 작업장을 말한다. '계속적 지원서비스'란 장애인이 작업을 제대로 수행할 수 있도록 취업기간 내내 적어도 월 2회 이상 작업장 안팎에서 제공되는 계속적 혹은 간헐적 직업 기술 훈련을 말한다. 이러한 지원은 **지원고용전문가**가 제공하는 고용과 직접적으로 관련되는 지원일 수 있고, 간접적으로 관련되는 지원일 수 있으나 매월 2회 이상 지원이 제공되는 것을 원칙으로 하고 있다. '경쟁고용'이란 전일제 혹은 시간제로 행하는 작업으로서 평균 주당 20시간 이상의 일을 하며, 최저임금에 기준하여 급여나 기타 보상을 받을 수 있도록 하는 경우를 의미한다.

지원고용전문가에 대한 개념설명은 22쪽에서 확인할 수 있다.

 개념설명

> **지원고용전문가**는 지원고용을 담당하는 장애인복지관이나 직업재활시설의 직업재활사 혹은 직무지도원을 말한다. 직업재활사는 전체 지원고용 업무를 관장하고, 직무지도원은 단순히 사업장에서 지원고용대상자를 지원하는 경우도 있다. 고용전문가라는 용어외도 힘께 사용한다.

미국 「재활법 개정안」(Rehabilitation Act Amendments, 1998)에서 지원고용은 다음과 같이 정의된다. "지원고용은 … 통합된 작업환경에서의 경쟁고용 혹은 개인이 경쟁고용으로 나아가기 위해 일하고 있는 통합된 직업에서의 고용으로서, 개인의 강점, 자원, 우선순위, 관심, 수행력, 능력, 흥미, 정보에 근거한 결정 등과 일치하며, 최중증장애인으로서 ① 통상적으로 경쟁고용이 가능하지 않았거나, ② 심한 장애 때문에 경쟁고용을 이루는 데 방해받거나 경쟁고용이 일시적으로 멈추거나, ③ 장애의 특성과 정도 때문에 일정 기간 집중적인 지원고용 서비스가 필요하며, 일을 수행하기 위하여 연장된 서비스가 필요로 하는 경우에 실시된다."

지원고용의 성공적 배치 기준은 다음과 같다(Camuso & Baker, 2008).

첫째, 개인의 개별화고용계획에 기술된 고용의 성과가 달성되어야 한다. 둘째, 그 성과는 개인의 강점, 자원, 우선순위, 관심, 수행력, 능력, 흥미, 정보에 근거한 결정 등과 일치해야 하며, 가능한 한 가장 통합된 환경이어야 한다. 셋째, 고용의 성과는 적절한 기간(90일 이상) 유지되고, 고용성과의 안정성을 담보할 수 있도록 필요한 지원이 제공되어야 하며, 그 개인이 더 이상 직업재활 서비스를 필요로 하지 않아야 한다.

1998년 미국 「재활법 개정안」에서 정의하는 지원고용을 보다 자세히 살펴보면 다음과 같다.

첫째, 지원고용은 통합된 작업환경에서의 경쟁고용을 지향한다. 통합된 작업장에 관해서는 이미 「재활법」(1986)에서 한 작업장에서의 장애인 수가 8인을 넘지 않는 것으로 정하였다. 예를 들어, 지역사회 내 사업체에서 장애인이 개별적으로 배치되든지, 소집단으로 배치되든지 한 작업장에 8인을 초과하지 않는다는 것이다. 또한 경쟁고용은 중증장애인이 비장애인과 함께 동일하거나 유사한 방식으로 일을 하는 것이다. 이는 중증장애인만을 위한 일을 별도로 정하거나 중증장애인이 사업체 내 주요한 일이 아닌 불필요한 일만 별도로 하는 방식을 지양한다. 경쟁고용은 비장애인이 하는 일과 유사하게 중요한 일들을 장애인이 직무지도원의 지원과 작업장 수정 등을 바탕으로 수행하는 것을 의미한다.

둘째, 지원고용은 통합된 직업에서의 고용으로서, 개인의 강점, 자원, 우선순위, 관심, 수행력, 능력, 흥미, 정보에 근거한 결정 등과 일치하는 것이다. 이는 지원고용의 출발이 장애인으로부터 이루어진다는 것을 의미한다. 즉, 장애 유무와 상관없이 모든 개인은 강점, 자원, 우선순위, 관심, 수행력, 능력, 흥미 등을 가지고 있으며, 지원고용은 장애인이 가지고 있는 이러한 자산에 기초하여 출발해야 한다는 것이다. 우리는 중증장애인이 자신의 강점, 자원, 우선순위, 관심, 수행력, 능력, 흥미 등과 무관하게 작업장에서 주어지는 일을 수동적으로 해 오는 것을 너무나 오랫동안 봐 왔다. 그러나 지원고용에서는 중증장애인의 자산을 충분히 고려하여 그들이 적합한 직무를 수행할 수 있도록 하며, 이 과정에서 관런 정보를 충분히 고려하여 결정해야 함을 강조한다.

셋째, 지원고용은 중증장애인을 대상으로 한다. 이와 관련하여, 「재활법」 (1986)에서는 경쟁고용이 불가능한 상태에 있거나 혹은 심한 장애로 인하여 그 고용이 때때로 중단되거나 방해를 받게 되는 중증장애인을 지원고용대상자로 정하였다. 또한 1998년의 「재활법 개정안」에서는 지원고용대상자를 최중증장애인으로서 통상적으로 경쟁고용이 가능하지 않았거나, 심한 장애 때문에 경쟁고용을 이루는 데 방해받거나, 경쟁고용이 일시적으로 멈추거나, 장애의 특성과 정도 때문에 일정 기간 집중적인 지원고용 서비스가 필요하며, 일을 수행하기 위하여 연장된 서비스를 필요로 하는 경우에 실시되는 것으로 제시하고 있다. 이러한 장애인들은 지원고용이 도입되기 이전에는 보호고용을 하였거나 고용이 이루어지지 않은 상태에 있었고, 지원고용이 도입된 후에도 고용이 중단되거나 방해를 받는 상황에 있었다.

넷째, 지원고용은 개인의 개별화고용계획에 기술된 고용의 성과를 달성할 수 있어야 한다. 지원고용을 실시하기 위해서는 먼저 직업재활의 과정에서 직업상담이나 평가를 실시하고, 개별화고용계획을 작성하게 된다. 개별화고용계획에는 개인의 강점, 자원, 우선순위, 관심 등의 자산을 바탕으로 달성해야 할 고용성과가 제시되며, 이는 지원고용을 통하여 달성되어야 한다. 이는 개별화고용계획에 참여한 장애인 당사자 내지 가족, 관련 전문가들이 지원고용의 과정과 결과에 대하여 합의하고 동의하는 것을 의미한다.

다섯째, 지원고용의 성과는 적절한 기간(90일 이상) 동안 유지되고, 그 고용성과의 안정성을 담보할 수 있도록 필요한 지원이 계속 제공되어야 하며, 그 개인이 더 이상 직업재활 서비스를 필요로 하지 않아야 한다. 지원고용대상자에 대한 배치 후 현장에서의 훈련과 지원을 통하여 이루어지게 되는 고용성과는 90일 이상 유지되고 직업의 안정성이 담보될 수 있도록 필요한 지원을 제공하는 것이 중요하다. 이는 지원고용이 장애인을 단순히 사업체에 배치하거나 훈련하는 것이 아니라 안정적인 고용으로 성과를 이루도록 필요한 지원을 계속 제공함을 의미하며, 특히 개인이 더 이상 직업재활 서비스를 필요로 하지 않을 때까지 지속적으로 지원을 한다.

미국에서 1980년대 중반부터 시작된 지원고용은 여전히 그 효과성이 입증되고 있다. Wehman, Chan, Ditchman 및 Kang(2014)은 2009년 미국 재활서비스국의 데이터(RSA-911) 중 16~25세의 지적 및 발달 장애인에 대한 지원고용이 매우 효과적이었다고 분석하고 있다. 또한 Luciano 등(2014)은 정신장애인을 위한 지원고용이 효과적이고 긍정적인 결과를 가져왔음을 제시하였다.

미국에서의 지원고용의 정의에 비추어 볼 때, 지원고용은 전통적인 직업재활(예: 보호작업, 작업활동 등)과 원리 및 방법 면에서 큰 차이가 있다. 전통적 접근과 지원고용의 접근은 기본접근, 과정, 중재 유형, 지원과 지도 정도, 진단 · 평가, 프로그램 유형, 비장애인과의 통합 기회, 직업관련 기능, 임금 등에서 비교할 수 있다(〈표 1-1〉 참조).

첫째, 기본접근에서 전통적인 접근은 선훈련-후배치의 형태를 취하지만 지원고용에서는 **선배치-후훈련**의 과정을 취한다. 선훈련-후배치의 모델은 발달의 단계론에 근거하여 고용을 위해 고용의 준비가 될 때까지 훈련이 이루어져야 한다고 가정하고 있으며, 일단 훈련된 내용이 전이나 일반화가 될 수 있다고 간주하고 있다(오길승, 1999). 그러나 지원고용에서는 중증장애인의 대부분을 차지하는 **발달장애인**의 경우 일반화에 상당한 어려움이 있음을 지적하였다. 따라서 먼저 특정한 사업체에 발달장애인을 배치한 후 현장에서 직업에 필요한 기술과 사회적 훈련을 받게 하고, 그다음에 필요한 지원을 계속 제공하는 것이 더 효과적임이 입증되고 있다.

선배치-후훈련과 발달장애인 그리고 전통적 접근에 대한 개념설명은 27-28쪽에서 확인할 수 있다.

전통적 접근에서는 프로그램이 먼저 마련되고 그 프로그램의 내용과 방법에 개인이 맞추어 나가도록 하고 있다. 즉, 장애인 시설에서 일상 활동, 작업활동, 보호고용 등의 프로그램을 설치하고, 이 프로그램을 운영하는 과정에서 참여자를 모집하며, 장애인을 시설의 프로그램 운영 방침에 맞추어야 한다. 즉, 개인의 욕구나 필요가 프로그램 운영에 고려될 수는 있으나 프로그램의 내용과 방법을

〈표 1-1〉 **고용에 대한 전통적 접근과 지원고용의 비교**

기준	전통적 접근	지원고용
기본접근	선훈련-후배치	선배치-후훈련
과정	특정 상황에서 학습된 행동은 다른 상황으로 전이됨	직무를 수행해야 할 작업환경 내에서 학습할 때 가장 효과적임. 전이나 일반화가 어려움
중재 유형	일상활동, 작업활동, 보호고용 프로그램을 설치하고 대상자를 모집함	실제 작업환경 내에서 작업에 대한 과제분석을 실시하고, 개인별 혹은 소집단별 맞춤식 훈련을 함
지원과 지도 정도	개인의 필요와 욕구보다는 프로그램의 내용, 방법 등이 규정으로 정해지고, 그 규정에 따라 진행됨	훈련 초기에는 집중적인 훈련을 하고, 시간이 경과함에 따라 지원의 양을 줄여 나감. 훈련의 양은 개인의 필요나 요구에 따라 정해짐
진단·평가	학습이나 훈련이 이루어지기 전에 개인에 대한 평가가 일반적으로 실시됨	훈련이 이루어지기 전과 훈련의 과정에서 개인과 환경의 두 측면에서 직무수행 가능성과 직무 적합성에 대하여 진단·평가가 실시됨
프로그램 유형	일상활동, 작업활동, 보호고용	개별 배치, 소집단 작업, 이동작업대, 소기업
비장애인과의 통합 기회	통합이 제한적이거나 주류 사회와 분리됨	통합이 강조되며, 지역사회에 중심을 둔 프로그램에 많이 참가함
직업 관련 기능	직업기능은 직업을 갖기 위한 전제조건으로 간주되고, 작업과정에서의 향상은 크게 강조하지 않음	작업현장에서 훈련과 지원으로 능력 향상되며, 직무조정도 실시됨
임금	임금 수준이 낮고 임금 인상의 기회가 제한됨	경쟁적 임금 체계 혹은 작업 결과에 따라 비교적 높은 수준의 임금이 지급됨

출처: 박희찬 외(1994). 일부 내용 수정.

근본적으로 바꾸는 것은 어렵다. 그러나 지원고용에서는 개인의 필요나 능력에 기반을 두어 개인별 혹은 소집단별 맞춤식 현장훈련을 진행한다. 또한 훈련 초기 시 집중적인 훈련을 하고 시간이 경과함에 따라 지원의 양을 줄여 나가며, 훈련의 양은 개인의 필요나 요구에 따라 정하게 된다.

둘째, 진단·평가의 경우, 전통적 접근에서는 학습이나 훈련이 이루어지기 전에 개인에 대한 평가가 일반적으로 실시되지만, 지원고용에서는 훈련이 이루어지기 전 뿐만 아니라 훈련의 과정에서도 개인과 환경의 두 측면에서 직무수행 가능성이나 직무의 적합성에 대하여 진단·평가를 실시한다.

셋째, 프로그램 유형으로는 전통적 접근에서는 주로 일상활동, 작업활동, 보호고용 등이 있으나, 지원고용은 개별 배치, 소집단 작업, 이동작업대, 소기업의 모델 중에서 개인의 요구나 지원고용 실시 기관의 여건에 따라 선정하여 실시한다. 지원고용은 특히 비장애인과의 통합기회가 강조되는데, 이에 따라 지역사회에 중심을 둔 프로그램에 많이 참가하며, 지역사회 내 사업체에서 통합된 방식으로 고용이 이루어진다.

넷째, 직업기능은 전통적인 접근에서 직업을 갖기 위한 전제조건으로 설정되고 있어서 어느 정도 수준의 직업기능을 사전에 갖추지 못한 중증장애인은 고용에 배제되었으나, 지원고용에서는 작업현장에서의 훈련과 지원을 통하여 중증장애인의 직업기능이 향상되고 직무조정을 통하여 고용 가능성이 높아진다고 보고 있다.

마지막으로 임금의 측면에서 볼 때, 전통적인 접근은 임금 수준이 낮고 임금 인상의 기회가 제한됨에 비하여 지원고용에서는 경쟁적 임금 체계 혹은 작업결과에 따른 상응한 임금을 받는 경우가 많다.

🐼 개념설명

- **선배치-후훈련**: 지원고용이 등장하기 이전에는 발달장애인도 선훈련-후배치 모델에 의거하여 특정 직업 공과에 대한 훈련에 중점이 주어졌으나, 지원고용의 등장으로 발달장애인에게 적합한 사업체를 먼저 개발하여 배치하고, 그다음에 그 사업체에서의 현장훈련에 중점을 두며 계속적인 지원을 통하여 취업과 고용유지로 나아가는 새로운 방법이 시도되었다.
- **발달장애인**: 지원고용의 대상은 최중증장애인으로 주로 지적장애, 자폐성장애, 뇌성마비 등 중복장애가 있는 경우가 많다. 미국에서는 장애영역보다는 발달장애

에 대한 기준에 따라 발달장애인을 위한 서비스가 제공되고 있으나, 우리나라에서는 주로 지적장애와 자폐성장애를 의미한다. 이들은 전통적으로 취업이 불가능하거나 보호고용의 대상으로 여겨져 왔으나 지원고용을 통하여 통합고용이 가능한 것으로 증명되었다.

- **전통적 접근**: 지원고용이 등장하기 이전에 전통적으로 제공된 서비스 접근 방법으로 주로 보호작업장에서의 고용, 작업활동센터나 주간보호센터에서의 프로그램을 의미한다. 전통적 접근은 발달장애인의 특성을 적절히 고려하기보다는 기존의 비장애인이나 경도장애인 중심의 서비스 모델을 중증장애인에게도 그대로 적용한 경우라고 할 수 있다.

4. 우리나라에서의 지원고용

우리나라에서는 「장애인고용촉진 및 직업재활법」이 2000년 1월에 개정되어 지원고용에 관한 내용이 포함되었다. 이 법 제13조(지원고용)에서는 "① 고용노동부장관과 보건복지부장관은 중증장애인 중 사업주가 운영하는 사업장에서는 직무 수행이 어려운 장애인이 직무를 수행할 수 있도록 지원고용을 실시하고 필요한 지원을 하여야 한다. ② 제1항에 따른 지원의 내용 및 기준 등에 필요한 사항은 대통령령으로 정한다."고 정하고 있다.

또한 대통령령 제18조 지원고용의 실시 · 지원에서는 "법 제13조에 따른 지원고용 실시에 필요한 지원 내용은 다음 각 호의 것 등으로 하되, 그 구체적 기준은 고용노동부장관이 보건복지부장관과 협의하여 결정 · 공고한다. ① 훈련생에 대한 훈련수당, ② 사업주에 대한 보조금, ③ 사업장에 배치하는 직무지도원에 대한 직무수당"으로 정하고 있다.

또한 한국장애인개발원(2014)에서는 지원고용을 중증장애인을 지역사회 사업체에 배치하여 일정 기간 현장훈련을 실시, 직무지도원이 직무기술 습득 및 적응능력 향상을 위해 계속적 지원을 하여 일반고용으로 유도하는 직업재활 사업으로 정하고 있다.

현재 「장애인고용촉진 및 직업재활법」에서는 지원고용의 실시ㆍ지원으로 훈련생에 대한 훈련수당, 사업주에 대한 보조금, 직무지도원에 대한 직무수당을 정하고 있어 지원고용을 현장훈련 중심으로 실시하고 있다. 즉, 지원고용을 사업장에서의 직무수행이 어려운 중증장애인에게 직무지도원을 통한 현장훈련을 실시하는 것으로 보고 있으며, 이 과정에서 훈련생에게는 훈련수당을 제공하고, 사업주에게는 보조금을 제공하는 것으로 정하고 있다. 따라서 우리나라 법에서 정하고 있는 지원고용은 미국의 법에서 정하고 있는 지원고용을 비교해 볼 때 지원고용의 개념, 대상, 방법 등에서 차이가 난다.

우리나라에서는 현재 장애인복지관과 직업재활시설 등에서 주로 지원고용을 실시하고 있으며, 이 경우 한국장애인고용공단과 한국장애인개발원에서 예산을 지원하기도 한다. 한국장애인개발원(2014)에서 실시하고 있는 중증장애인을 위한 지원고용사업은 사전훈련과 현장훈련을 주요 내용으로 하고 있다. 사전훈련은 1일(1일 4시간 이상 8시간 이하) 이상으로 계획할 수 있으며, 현장훈련은 3주 15일(1일 4시간 이상 8시간 이하) 이내로 계획할 수 있다. 사전훈련이라 함은 사업체에서 현장훈련을 시작하기 전에 지원고용대상자에게 직무지도원 등이 사전에 제공하는 훈련으로서 지원 사항과 세부 내용은 〈표 1-2〉와 같다.

현장훈련은 지원고용대상자가 사업체에 배치된 후 사업체 현장에서 제공되는 훈련을 말한다. 이는 지원고용대상자의 요구 및 특성에 따라 그 내용이 달라질 수 있으나, 한국장애인개발원에서 일반적으로 제시하고 있는 현장훈련은 크게 직업적응과 기술지원으로 구분된다. 직업적응은 새롭게 배치된 사업체에 적응하는 과정에서 필요한 훈련을 의미하며, 훈련 초기에는 직장의 기본규칙을 습득하고 그 규칙에 알맞은 생활 리듬을 형성하는 데 목표를 두고 있다. 훈련 중기에는 주로 직장에서의 원만한 대인관계 형성에, 훈련 후기에는 사업체의 구체적인 요구조건에 따른 직장적응 지원에 목표를 두고 있다. 직업적응과 관련된 현장

〈표 1-2〉 사전훈련의 지원 사항과 세부 내용

지원 사항	세부 내용
교통수단 등의 이용	−차표 구입, 갈아타기 등 교통수단 이용 방법 −출퇴근 방법, 위험에 대한 대처 방법 등
직장 내 기본규칙	−출퇴근 시간 준수 −결석, 지각, 긴급 시 연락 등 −신상 보고 및 작업 중의 보고 −언어 예절 −직장 규칙 준수 −직장 내 안전수칙 엄수 −기타 직장생활의 기본규칙 지도
직장생활을 위한 일상생활관리	−규칙적인 기상 · 취침 · 식사 · 위생관리 등의 일상생활관리 등 −주변 정리 및 생활습관 등 −건강관리, 금전관리, 휴식시간의 활용 등
대인관계 및 직장 적응	−출퇴근 시 인사 예절, 상사 및 동료와의 협조관계
작업 태도	−훈련 중의 작업집중, 자발적인 작업수행, 새로운 작업에 대한 학습태도 및 동기유발
현장훈련 오리엔테이션	−훈련사업체 및 훈련직무 전체 개요 설명

출처: 한국장애인개발원(2014).

훈련의 중점 지원 내용은 〈표 1-3〉과 같다.

현장훈련으로서의 기술지원은 지원고용대상자가 사업체에 배치된 후 주로 직무와 관련된 훈련을 하는 것으로 볼 수 있다. 〈표 1-4〉에서 보여 주듯이, 기술지원의 목표는 훈련 초기, 중기 및 후기로 구분하여 제시되고 있다. 먼저, 훈련 초기에는 주로 직무에 대한 기본지식 및 도구 사용방법을 습득하는 데 목표를 둔다. 다음으로, 훈련 중기에는 직무수행에 관련된 기초 지식을 습득하고 작업방법을 실제적으로 경험하게 하여 실제 작업수행을 지도하는 데 목표를 둔다. 마지막으로, 훈련 후기에는 사업체 요구조건에 따른 작업수행 및 작업습관 형성에 목표를 둔다.

기술지원을 초기, 중기, 후기로 구분하여 제시하고 있으나 이것은 하나의 예

〈표 1-3〉 현장훈련(직업적응) 목표와 내용

구 분	목 표	중점 지원 내용
훈련 초기	• 직장의 기본규칙 습득 • 규칙적인 생활 리듬 형성	-출근시간 엄수 -결근 또는 지각 시의 연락 등 신상 보고 -상사, 동료에 대한 출근 인사 -위생관리 및 복장 -개인 사물 정리정돈 -약물복용 등 의료적 관리 -휴식시간의 적절한 활용 -작업 종료 후 뒷정리, 청소 등
훈련 중기	• 직장에서의 원만한 대인 관계 형성	-상황에 적절한 언어 사용 -지시에 따른 지시 이행 -동료에 대한 협조적인 태도 등 -훈련 초기 과정의 지원 계속
훈련 후기	• 사업체 요구조건에 따른 직장적응 지원	-사업체의 고용 요구수준 파악 -사업체 요구조건 및 훈련생에 대한 관찰 내용에 따라 훈련생의 직장적응을 위하여 집중적으로 지원

출처: 한국장애인개발원(2014).

시로 보는 것이 적절할 것이다. 즉, 지원고용대상자는 각자 개별적인 특성과 강점, 요구, 필요 등이 있게 되므로 먼저 개별적인 특성을 고려하여 필요한 훈련이나 지원이 무엇인지 파악하고, 그러한 훈련이나 지원을 제공하기 위한 계획을 바탕으로 현장훈련이 실시되어야 한다. 현장훈련을 담당하는 지원고용전문가나 직무지도원은 먼저 지원고용대상자의 특성과 요구되는 훈련 및 지원의 내용을 파악하되, 〈표 1-4〉에 제시된 현장훈련 시 기술훈련의 중점 지원 내용을 참고하여 지원고용대상자가 사업체의 직무에 적응할 수 있도록 해야 한다.

우리나라 장애인복지관이나 단체 등에서 실시하고 있는 지원고용의 절차, 주요 내용, 기간, 제출 서류 등의 지원고용 사업 진행과정은 [그림 1-1]과 같다(한국장애인개발원, 2014). 지원고용의 절차는 신청 - 승인 통보 및 사업비 지급 - 지원고용 사업 진행 - 결과 보고 및 각종 수당 신청 - 수당 지급 및 종료로 이루어진다.

〈표 1-4〉 현장훈련(기술지원) 목표와 내용

구분	목표	중점 지원 내용
훈련 초기	작업환경에 대한 적응 및 담당 직무에 대한 기본지식과 도구 사용방법 습득	• 사업체의 일반적인 업무 개요 설명 • 근무규칙·안전에 대한 반복 교육 　-기계적 위험도가 높은 작업 　-약품류를 취급하는 작업 　-직장의 물리적 환경에 위험성이 따르는 작업 • 직무에 관한 기초 지식 및 작업도구 사용방법 교육 　-작업의 흐름 및 작업순서 설명 　-숙련자의 작업동작이나 작업방법 시연 　-기본적인 작업수행 지식 및 주의사항 교육 　-작업방법에 대한 반복교육 　-훈련생에 대한 감독자 및 동료의 이해와 협조 요청
훈련 중기	직무수행 관련 기초 지식 및 작업방법에 대한 실제 적용	• 작업수행에 대한 지도 　-작업순서 및 작업방법에 따른 실제 작업수행 지도 　-효율적인 작업수행을 위하여 보조도구가 요구되는 경우 지원방안 강구 　-숙련된 작업수행을 위하여 정확하고 신속한 작업방법 시도 　-작업 중 도움 요청 방법 및 잘못된 작업수행에 대한 대처방법 지도 • 작업태도에 대한 지도 　-새로운 과제에 대한 학습욕구 및 효율적인 방법에 대한 동기부여 　-작업에 대한 흥미 유지와 지속적인 작업집중에 대한 지도 　-작업수행에 필요한 체력 상황을 고려한 작업 인내력 증진을 위한 지도 　-작업상황 시 요구되는 기본적인 판단능력과 자발적 작업태도에 대한 지도 　-주어진 과제에 대한 책임감 있는 수행을 위한 지도
훈련 후기	사업체 요구조건에 따른 작업수행 및 작업습관 형성	• 직장생활 시 요구되는 최소한의 작업습관 및 기초적인 자질의 향상 정도 평가 • 사업체의 고용 요구수준 파악 • 사업체의 요구수준 및 훈련생의 작업관찰 결과에 따라 효율적인 직무수행을 위한 집중적 지원

출처: 한국장애인개발원(2014).

절차	주요 내용	기간	제출 서류
1. 신청 신청기관 ↓ 지원기관	−선정기준에 적합한 훈련생, 사업체를 선정 −지침에 근거한 사전, 현장훈련 계획 수립 −제출 서류 구비 후 신청(내방 및 등기우편 접수/수신 확인 요망)	사업 실시 7일 전 신청	① 지원고용사업신청서 1부 ② 지원고용실시계획서 1부 ③ 개인별지원고용계획서 1부 ④ 지원고용실시동의서 1부 ⑤ 지원고용동의서 1부 ⑥ 훈련생 복지카드 사본 각 1부(원본대조필) ⑦ 사업체 사업자등록증 사본1부(원본대조필) ⑧ 신청기관 사업자등록증 　 또는 고유번호증 사본 1부(원본대조필) ⑨ 직무지원 자격증 사본 1부(원본대조필) ⑩ 신청기관통장사본 1부 ⑪ 개인정보 활용 및 제공 동의서(기관용) 1부(원본대조필) ※ 소속기관장의 직인이 날인되어 있는 공문(원본)과 함께 제출
2. 승인 통보 및 사업비 지급 지원기관 ↓ 신청기관	−제출 서류 검토 후 승인 통보(유선 안내) −사업비 기관 계좌로 지급	접수 후 7일 이내 처리(사전훈련 시작 전 처리)	−
3. 지원고용 사업 진행 신청기관	−사업승인 통보(유선 안내)를 받은 후 진행해야 함 −현장실습은 연장 가능(1주 5일 이내)	신청기관이 계획한 사전훈련 현장실습 기간	〈현장훈련 연장 시〉 −지원고용 현장훈련 연장신청서 1부 (연장 시점 2일 전 연장신청서 Fax 발송 후 수신 확인) 〈훈련생 사고발생 시〉 −사고 선 조치 후 개발원에 사고경위보고서 1부 작성하여 보고 −필요 시 보험청구(현대해상)
4. 결과 보고 및 각종 수당 신청 신청기관 ↓ 지원기관	−지원고용 결과 및 사업비 정산 보고 −훈련생 수당, 사업주 보조금, 지원고용 성과수당(해당 시)을 지급기준에 따라 신청	사업종결 후 10일 이내	① 지원고용결과보고서 1부 ② 예산집행내역서 1부 ③ 사업비증빙서류(사본) (원본대조필) ④ 지원고용훈련수당/사업주보조금 신청서 1부 ⑤ 지원고용훈련출석부 1부 ⑥ 지원고용훈련일지(전 훈련기간 일지) ⑦ 해당수당 수령인(훈련생, 사업체(주)) 통장사본 각 1부 ⑧ 현장훈련 사진 3매 ⑨ 지원고용성과수당지급신청서 1부(해당 시) ⑩ 취업장애인 근로계약서 1부(해당 시)(원본대조필) ⑪ 직무지원 통장 사본 1부(해당 시) ※ 소속기관장의 직인이 날인되어 있는 공문(원본)과 함께 제출
5. 수당 지급 및 종료 지원기관 ↓ 해당 수령인(업체) 계좌	−각 수당의 해당 수령인(업체) 계좌로 지급 −수당지급 완료 통보(공문 발송)	결과 보고, 수당신청 접수 후 10일 이내	−

[그림 1-1] 기관에서의 지원고용 사업 진행과정

출처: 한국장애인개발원(2014).

신청이라 함은 중증장애인을 대상으로 지원고용을 실시하고자 하는 장애인 복지관 및 직업재활시설, 장애인단체, 사회복귀시설, 정신보건센터, 자립생활 지원센터, 일반종합사회복지관 등에서 지원기관인 한국장애인개발원이나 한국장애인고용공단에 지원고용 사업을 신청하는 것을 말한다. 이러한 신청을 할 경우, 지원고용사업신청서, 지원고용실시계획서, 개인별지원고용계획서, 지원고용실시동의서, 지원고용동의서 등을 포함한 서류를 제출해야 한다. 지원고용을 실시하게 될 대상자는 만 15세 이상의 중증장애인으로 본인 또는 보호자의 취업 의사가 있고 지원고용 과정을 통해 취업하는 데 동의하는 사람으로, 신청 시 지원고용동의서를 작성하여 제출하여야 한다. 여기에서 중증장애인이라 함은 「장애인고용촉진 및 직업재활법 시행령」 4조 각 호에 해당하는 사람으로서, 지체장애, 청각장애, 신장장애, 간장애, 안면장애, 장루·요루 장애의 1~2급, 지적장애, 뇌병변장애, 시각장애, 자폐성장애, 심장장애, 정신장애, 간질장애, 호흡기장애의 1~3급을 말한다.

지원고용을 실시하고자 사업을 신청할 때에는 지원고용실시동의서도 제출해야 하는데, 이는 지원고용을 실시하게 되는 사업체에서 작성하게 된다. 이 사업체는 작업장 환경이 지원고용을 위한 현장훈련을 실시할 수 있는 여건을 갖춘 사업체로서 4대보험(국민연금, 의료보험, 고용보험, 산재보험)에 가입되어 있으며, 「근로기준법」, 「산업안전보건법」 등 노동관계법령에서 규정하는 산업안전 및 보건과 관련된 제반 조건들이 정비되어 있어야 한다. 이 사업체에는 직업재활시설, 중증장애인다수고용사업장, 사회적 일자리(경과적 일자리 포함), 희망근로, 공공근로, 장애인복지일자리, 주민센터도우미, 지역맞춤형 일자리 등은 제외된다.

승인통보 및 사업비 지급은 신청기관의 서류를 검토한 후 지원기관에서 7일 이내에 승인 여부를 결정하고 사업비를 지급하는 것으로 지원고용 실시를 위한 행정 처리에 해당한다.

사업에 대한 승인통보 후 신청기관에서는 사업을 진행하게 된다. 신청기관에서는 지원고용 사업 신청 시 제출한 지원고용실시계획서 및 **개인별 지원고용계획서**에 근거하여 사업을 수행하게 된다. 앞에서 살펴본 바와 같이, 이 사업진행은 사전훈련과 현장훈련으로 구분될 수 있는 데, 사전훈련은 1일(1일 4시간 이상 8시간 이하) 이상으로 계획할 수 있으며, 현장훈련은 3주 15일(1일 4시간 이상 8시간 이하) 이내로 계획할 수 있으나 최소 10일 이상이어야 한다.

개인별 지원고용계획서에 대한 예시는 36쪽에서 확인할 수 있다.

　사전훈련이나 현장훈련은 직무지도원이 담당하는 경우가 많은데, 「장애인복지법 시행규칙」 별표5의 장애인복지관 4급 직원에 해당하는 자격(사회복지 분야에 3년 이상 재직한 경력이 있는 9급 이상 공무원; 사회복지사·특수학교 교사·치료사 등 장애인재활 관련 자격증을 소지한 사람; 「고등교육법」에 의한 대학을 졸업한 후 장애인복지 분야에서 2년 이상 종사한 경력이 있는 사람 등)에 준하고 있다. 또한 「장애인복지법 시행규칙」 별표6의 장애인직업재활시설 직업훈련교사에 해당하는 자격(「고등교육법」에 의한 대학에서 직업재활 또는 특수교육을 전공하고 졸업한 사람; 「사회복지사업법」에 의한 사회복지사; 장애인직업재활시설 운영직종과 관련된 자격증을 취득한 사람)도 가능하다.

　그러나 우리나라에서의 지원고용 관련법이나 규정에서는 실제로 지원고용대상자 선정, 사업체 직무개발, 적합성 비교와 같이 배치 이전에 중점을 주어야 할 내용이나 현장훈련 및 지원의 방법, 취업 후 적응지원 등 배치 이후에 중점을 두어야 할 내용들은 거의 다루어지지 않고 행정적인 절차들이 주로 제시되어 있다.

　미국에서의 지원고용에 비하여 우리나라에서의 지원고용은 중증장애인에게 사업장에서 현장훈련을 실시하는 데 초점이 맞춰져 있고, 사업체에서의 직무가 개인의 강점, 자원, 우선순위, 관심, 수행력, 능력, 흥미, 정보에 근거한 결정 등과 일치하는지 확인할 수 없다. 또한 개인의 개별화 고용계획에 기술된 고용의 성과가 달성되었는지 명확하지 않으며, 지원고용의 성과가 적절한 기간(90일 이상)이 유지되었는지, 고용성과의 안정성을 담보할 수 있도록 필요한 지원이 제공되었는지에 대한 내용이 거의 없다.

미국에서의 지원고용 관련 주요 용어 예시는 37-38쪽에서 확인할 수 있다.

예시: 개인별 지원고용계획서

훈련생 명		작성자		(인)	작성일자	
장애유형/등급	/					
직업평가 주요 결과	• 작업표본 평가, 현장 및 상황 평가, 자체 고안된 평가도구 등을 활용한 직업평가 결과 모두 해당됨					
대상 선정 사유						
지원 필요기간	사전훈련 ( )일			현장훈련 ( )일		
훈련과제 및 주요 지도사항	사전 훈련			현장 훈련		

주: 위 항목들이 포함되어 있을 경우 기관자체 서식으로 대체하여 제출 가능

　　이 양식은 한국장애인개발원(2014)의 사례이며, 다른 양식들도 현장에서 사용되고 있음

참고: 미국 일리노이 주 지원고용 관련 용어 정의

- **경쟁고용(competitive employment)**: 통합된 환경의 경쟁노동시장에서 전일제 혹은 시간제로 일을 하는 것으로 최저임금 이상의 통상적인 임금과 수당 등의 혜택을 받게 된다.

- **연장된 기한(extended period of time)**: 6개월 이상의 기간을 의미한다.

- **연장된 서비스(extended services)**: 지원고용에 참여하는 최중증(most significant)장애인이 연장된 기한에 필요로 하는 서비스를 의미한다. 이 서비스에 대한 비용을 지불할 수도 있고 그렇지 않을 수도 있다.

- **통합된 환경(integrated setting)**: 장애인에게 서비스를 제공하는 사람 외에 비장애인과 상호작용하는 지역사회에서의 전형적인 환경을 의미한다. 고용의 성과 관점에서 볼 때 통합된 환경은 그 직위에 있는 비장애인이 다른 사람들과 상호작용하는 것과 같은 정도로 장애인이 비장애인과 상호작용을 하는 지역사회에서의 전형적인 환경을 말한다.

- **잡코칭(job coaching)**: 장애인이 일하고 있는 작업현장에서 잡코치가 지속적인 서비스를 제공하는 것을 말한다.

- **현장평가(on the job evaluation)**: 장애인이 그들의 능력에 적합한 고용성과를 달성하기 위하여 작업과제를 수행할 수 있는 가능성을 가지고 있는지 여부를 평가하기 위하여 사용하는 방법과 결정(determinations)을 의미한다.

- **현장훈련(on the job training)**: 구체적인 직무와 연관된 업무를 수행할 수 있는 능력을 보인 장애인에게 고용현장에서 제공되는 구체적인 기술훈련을 말한다.

- **지속적 지원서비스(ongoing support services)**: 최중증장애인이 통합된 고용환경에서 고용을 유지하기 위하여 필요한 기간만큼 지속적으로 제공되는 지원서비스를 의미한다.

- **배치(placement)**: 장애인이 본인이 선택한 직업 영역에서 구직이 가능하도록 지원하는 데 필요한 서비스를 말한다. 배치서비스에는 면접기술 훈련하기, 이력서 작성하기, 면접 준비하기, 다른 기관이나 가능성 있는 고용주에게 의뢰하기, 가능성 있는 고용주 찾기 등이 포함된다.

- **고용 후 서비스(post-employment services)**: 고용을 유지하거나 재취업 혹은 승진과 관련하여 6개월 이내로 제공되는 직업재활 서비스를 의미한다.

- **성공적 성과(successful outcome)**: 장애인이 통합된 노동시장에서 전일제 혹은 시간제 경쟁고용으로 진입하거나 그를 유지하는 것으로서 지원고용의 직업성과를 만족시키거나 혹은 미국재활국(RSA)이 인정하는 다른 직업성과를 만족시키는 것을 의미한다.

- **지원고용(supported employment)**: 장애로 인하여 이전에 경쟁고용이 이루어지지 않았거나 고용

에 방해를 받았거나 중단된 최중증장애인이 지속적 지원 서비스를 받으면서 통합된 환경에서 이루어지는 경쟁고용을 의미한다. 이 장애인들은 그들의 장애가 갖는 속성 때문에 그 일을 수행하기 위해서는 집중적인 지원서비스를 필요로 한다.

- **지원고용 서비스(supported employment services)**: 최중증장애인의 지원고용을 지원하고 유지하기 위하여 필요한 지속적 서비스를 의미한다. 이 서비스는 18개월을 초과하지 않는 범위에서 제공되나 특별한 상황에서는 개별화고용계획(IPE)에 명시된 재활계획을 달성하기 위하여 기한이 연장된다.

- **일정 기한 서비스(time limited services)**: 지원고용의 상황 속에서 지원 감소 계획(support reduction schedule)에 따라 18개월 이하로 제공되는 서비스를 의미한다. 특별한 상황 속에서 고용성과를 달성하기 위하여 이 기한에 대한 연장이 필요할 때에는 지원고용전문가와 장애인의 합의에 따라 연장될 수 있다.

- **전환고용(transitional employment)**: 정신장애로 인한 최중증장애인에게 통합된 환경에서 지속적 고용서비스와 함께 일련의 경쟁고용에 잠정적으로 배치하는 서비스다.

출처: 김동일, 박희찬, 홍성두(2012).

◈ 제2장 ◈

지원고용의 원리 및 모델

1. 지원고용의 원리

1) 고용기회 제한의 철폐

중증장애인의 능력에 관한 선입견 때문에 우리 사회는 이들을 지역사회로부터 분리하거나 고립시켜 왔으며, 고용의 기회를 주지 아니하였다. 지역사회 내에서 그들이 효과적으로 기능하며 살 수 있도록 도와주는 긍정적인 조치를 취하는 대신에 장애인을 정상적인 삶의 경험으로부터 고립시켰으며, 이들을 위한 장애인 기관이나 재활시설들을 만든 경우에도 분리된 형식과 내용이 많았던 것이다. 그 결과 지역사회에서의 통합고용을 실현하는 데 상당한 어려움이 있었다.

이와 달리 모든 장애인에게 장애의 정도와 상관없이 고용의 기회가 주어져야 한다는 점이 지원고용의 원리 중 하나다. 고용기회에 대한 제한의 철폐는 직업에 흥미가 있는 개인을 장애가 너무 심하다는 이유로 제외시킬 수 없다는 점을 확실히 하고 있다. 즉, 지원고용에서는 개인의 취업 의사가 중요하며 중증장애라는 이유로 서비스 대상에서 제외될 수 없다는 것이다.

지원고용전문가들은 우리 사회가 이러한 고용기회 제한의 철폐를 받아들일 수 있도록 제도적 준비를 해야 한다. 즉, 지원고용전문가들은 지원고용에 관심을 가지고 있는 모든 장애인과 그들의 **직업진로계획팀**과 함께 중증장애인이 일할 수 있는 직무를 개발하여야하는 것이다. 지원고용의 성공은 직업진로계획팀의 노력, 모험을 감수하려는 의지 그리고 창조적이고 비관습적인 방법으로 각 지원고용대상자의 고용 가능성을 분별하는 능력에 달려 있다.

직업진로계획팀에 대한 개념설명은 40쪽에서 확인할 수 있다.

개념설명

직업진로계획팀은 지원고용대상자인 중증장애인의 지원고용을 계획하고 실시하는 과정에 대해서 협의하는 팀을 말한다. 이 팀은 지원고용전무가를 중심으로, 지원고용대상자, 가족, 관련 전문가 등으로 구성된다. 지원고용을 학교 졸업 전후에 실시하는 경우에는 교사도 이 팀의 주요 구성원이 될 수 있다. 직업진로계획팀은 직업재활계획팀, 지원고용계획팀으로 불릴 수도 있다.

2) 통 합

전통적인 재활프로그램에 참가하는 중증장애인은 그들이 해야 할 어떤 종류의 일거리를 제공받을 수는 있으나 지역사회 사업체에 취업하는 것과는 거리가 있다. 즉, 전통적인 재활프로그램인 분리된 주간보호, 작업활동, 보호고용 등의 프로그램은 구조상 다양성이 제한되어 있다. 분리된 프로그램에서는 사회 내의 대부분의 사람들에게 제공되는 선택의 범위가 좁아 인간이 자신의 감정을 충분히 발달시키는 데 한계가 발생하게 된다. 통상적으로 중증장애인은 돌보는 사람의 주관적인 판단에 의하여 많은 부분이 결정됨으로써 정작 장애인 자신은 선택의 자유 중 상당 부분을 포기하는 결과를 가져오게 된다. 분리된 재활프로그램은 장애를 가졌다는 것과 무력함과 불행을 연관시키게 되며, 일반 대중이 장애인에 대하여 갖는 태도와 통념을 영속화하게 된다. 아울러 서비스 제공자가 중증장애인을 보호된 환경 속에서 양육하고 돌보아야 한다는 논리를 강화시키고, 장애인의 개인적인 요구와 선택, 자립 의지를 왜곡시키게 된다.

지원고용은 중증장애인을 경쟁고용으로 통합시키고자 하는 노력을 강구할 때 이것이 중증장애인과 사회 전체에 보다 도움이 될 것이라는 철학에 근거하고 있다. 중증장애인에 대한 몇 세기 동안의 분리, 차별과 낮은 기대, 비인격적 대우 이후에 등장한 지원고용은 장애인에게 통합고용의 가능성을 제공하고 있다. 이러한 지원고용을 통하여 중증장애인은 직업달성, 비장애인 친구와의 교제, 자립생활을 위한 수입 등을 달성할 가능성이 높아진다.

통합은 장애를 가진 사람이 비장애 동료와 직장 내에서뿐만 아니라 일상적인 생활 및 여가 등에서 상호작용을 갖는 것을 의미한다. 또한 지원고용을 통하여 근로자가 화장실, 탈의실, 작업설비 등의 사업체 내의 모든 시설을 충분히 사용하는 것을 의미한다. 이에 더하여 작업 중과 휴식 동안에 적절한 사회적 상호작용을 하는 것을 포함한다. 중증장애인의 통합을 위한 프로그램이 강조됨으로써 작업 종료 후 뿐만 아니라 작업 중에도 작업동료와의 사회적 관계를 바람직하게 발전시켜 나갈 수 있게 될 것이다.

장애를 가진 근로자를 비장애인과 인위적으로 고립시키는 것은 지원고용 정신에 위배된다. 예를 들어, 몇몇 기관들에서 비장애근로자와 지원고용대상자 간에 물리적으로 분리된 방식으로 작업을 하는 경우다. 또한 서비스 제공자는 지원고용대상자를 다른 건물에서 일하게 하거나, 휴식시간을 다르게 하거나, 비장애 근로자와 다른 작업만 하게 하는 등의 통합을 가로막는 장벽을 만들기도 한다. 그러나 각 사업장에는 일의 성격과 사업의 주요 업무에 따라 장애인과 비장애인 간의 일련의 통합 기회를 제공할 필요가 있다. 그리고 고용전문가는 지원고용대상자의 통합을 촉진하고 근로자 간의 만족스러운 대인관계를 형성할 책임이 있다.

3) 개인적 선택

우리 사회에서 가장 가치 있는 것 중 하나는 개인적 선택일 것이다. 우리는 취업이 자신의 개성이나 특성의 표현, 잠재력의 실현, 선택의 가능성 확대로 이루어지는 특별한 역할을 하고 있음을 알고 있다. 우리가 개인적 결정이나 선택을 하기 위해서는 대안을 가질 수 있어야 한다. 우리 중 많은 경우는 선택 가능한 대안을 개발하고, 그 대안의 수를 늘리는 데는 취업이 큰 영향을 미친다.

직업은 우리 자신이 설정하는 개인적 목표와 꿈을 실현하는 수단을 제공해 준다. 보다 구체적으로, 취업을 함으로써 우리 삶의 구조와 일상생활은 달라질 수 있다. 직업을 통하여 우리는 많은 시간을 어떻게 보내고, 언제 그 시간을 사용하고, 왜 그러한 방식으로 시간을 보내고, 어디서 그 시간을 보내고, 또한 누구와 시간을 보낼 것인가를 규정받게 된다. 또한 직업은 우리가 어디에서 살아야 할지, 무엇을 하는 데 상당한 시간을 보내야 할지, 자녀가 어떤 학교에 다녀야 하는지, 어떤 교통수단을 이용해야 하는지, 여가시간을 어떻게 보내야 하는지, 어떤 유형의 휴가를 가질 수 있는지 등에 영향을 미치게 된다.

지원고용은 중증장애인에게 직업선택에 대한 폭을 넓혀 주었다. 지원고용을 통하여 직업을 갖게 되는 사람들은 작업해야 할 내용, 작업장소, 직무조정 등에 대한 결정을 내리는 데 능동적 역할을 해야 한다(Powell, Pancsofar, Steere, Butterworth, Rainforth, & Itzkowitz, 1991). 지원고용전문가는 지원고용을 통하여 직무에 배치될 장애인이 자신에게 가능한 몇 가지 선택사항 중 어느 것이 최선의 것인지 알 수 있도록 정확한 정보를 제공해 주어야 한다. 이러한 정보와 지원을 바탕으로 지원고용대상자는 자신의 흥미와 능력, 고용기대에 가장 적합한 선택을 할 수 있을 것이다.

4) 융통성 있고 계속적인 지원고용 서비스

지원고용을 위한 서비스는 지원고용대상자에게 적절한 사업체와 직무를 개발하고, 그들이 정해진 기준에 맞춰 작업을 수행해 나갈 수 있도록 돕는 데 필요한 활동이다. 이러한 계속적인 지원고용 서비스를 바탕으로 중중장애인의 통합고용이 가능하게 된다. 각 개인에 따라 특별히 요구되는 지원에 차이가 나므로 지원고용 서비스는 융통성 있고 지원고용대상자와 고용주가 필요로 하는 기간만큼 제공되어야 한다.

지원고용을 위한 서비스는 그 성질상 직무와 직접적으로 관련될 수도 있고

〈표 2-1〉 **지원고용 서비스의 내용**

고용서비스 (고용과 직접적으로 연결되는 서비스)	–직업진로계획 –직업평가 –사업체 개발 –직업조정 –작업장 규칙 훈련 –고용관리 –생산성 및 작업의 질적 수준 유지를 위한 지원 –취업 후 적응지원 –작업동료 교육 –기타 고용을 위한 서비스
관련 지원서비스 (고용과 간접적으로 연결되는 서비스)	–출퇴근/이동 훈련 –신변자립 서비스 –상담지원 –가족서비스 –주택지원 –지역사회통합 –장애연금, 기초생활수급 등 자립적 생계서비스 –기타 지원서비스

직무와 관련이 적을 수도 있다. 직무와 관련이 크든 적든 없든 간에 개별적으로 제공되는 지원서비스는 고용성공을 위해 중요하다. 지원서비스는 〈표 2-1〉과 같이 고용서비스와 관련 지원서비스로 구분된다. 이러한 지원서비스는 단순히 고용전문가만이 제공해서는 안 된다. 많은 상황 속에서 고용주, 관리자 그리고 작업동료들은 지원고용대상자에게 작업장 내에서 대부분 자연적으로 주어질 수 있는 필요한 지원을 제공할 수 있도록 격려하여야 한다.

5) 임금과 부가적 급부

지원고용을 실시하면서 잠재적으로 가정하는 것은 모든 지원고용대상자가 의미 있는 일을 수행한다는 것이다. 그리고 의미 있는 일은 사업의 성공에 필요한 작업을 하는 활동으로 정의된다. 의미 있는 일은 불필요한 작업, 자원봉사, 고용주에게 경제적 가치가 부여되지 않는 일들을 포함하지 않는다. 다시 말해서, 만약 고용주가 기꺼이 근로자에게 급료를 주지 않는다면, 그것은 의미 있는 일로 간주되지 않는다.

지원고용은 경제적 가치를 가진 직업만을 포함하기 때문에 모든 지원고용대상자는 자신의 작업노력에 상응하는 공정한 임금을 받을 것을 예상할 수 있어야 한다. 고용전문가는 임금이 근로자의 작업성과에 비추어 공정하고 적절한지 점검해야 할 책임이 있다. 지원고용대상자는 작업장 내에서 동일하거나 유사한 작업을 하는 다른 근로자에게 제공되는 모든 부가급부의 혜택을 받아야 한다. 이 부가급부에는 병가, 의료보험, 휴가, 기타 고용주가 제공하는 혜택 등이 포함된다.

6) 상호의존성

지원고용전문가는 중증장애인을 위한 프로그램을 계획하고 수행하는 과정에서 그들이 독립적이어야 한다는 생각에 매여 있을 필요가 없다. 독립이라는 목표를 설정하는 것이 개인의 재활서비스계획에서 굉장한 것처럼 들리지만, 우리 중에서 진정으로 몇 명이나 완전히 독립적일 수 있을까?

우리 모두는 지역사회 혹은 어떤 조직에서 효과적으로 기능하기 위하여 다른 사람들의 지원을 필요로 한다. 마찬가지로 장애인도 다른 사람의 지원을 필요로 하는 데는 다를 것이 없다. 그 지원을 가족, 친구, 친척 혹은 동료 등 누구로부터 받든 간에 우리의 일상생활에서 필요한 욕구를 충족시키기 위해 다른 사람에게 의존하는 것은 인간의 공통된 특성이다. 이러한 점은 작업장 내에서 혹은 밖에서 일어나게 된다.

우리 모두는 지원과 보조를 받기 위하여 다양한 방법으로 다른 사람에게 의존한다. 예를 들면, 부부가 모두 취업 중인 경우, 그들은 일하는 동안 자녀를 보육시설에 맡김으로써 양육에 대한 의존을 하게 된다. 자동차가 없는 사람은 작업동료의 자동차에 동승하여 출퇴근을 할 수도 있다. 회사의 사장은 사업의 계약에 결정적으로 중요한 사무 처리를 사무원의 업무 처리에 의존하게 된다. 혹은 비행기 조종사는 비행기 엔진에 아무런 이상이 없도록 유지하기 위하여 정비사에게 의존하게 된다. 이처럼 사람이 실질적으로 성공하기 위해서는 독립이 아닌 상호의존성(interdepen-dence)이라는 건강한 수단을 활용해야 한다. 다시 말해서, 성공은 우리 각자가 능력을 사용하고 생산적인 팀 구성원이 될 수 있도록 적합한 지위와 이에 상당하는 지원체제를 갖게 됨으로써 가능한 것이다. 독립이라는 용어는 신화에 불과하며, 상호의존성이라는 용어가 이 사회에서 더 현실적이다.

직무를 효과적으로 수행하기 위하여 대부분의 사람들은 직무기술(job description), 일의 표준적인 수행기준, 철저한 지도감독, 작업동료로부터의 적절한 지원, 안전 예방, 깨끗한 작업시설, 직무를 보다 쉽게 해 주는 도구나 기구 등을 필요로 하게 된다. 중증장애인도 이러한 점에서 차이가 없다. 그들은 생산적인 팀의 구성원이 되기 위하여 보다 많은 사람의 지원을 필요로 하게 된다.

지원고용에서는 장애인이 산업현장에서 가치 있는 역할을 수행하는 데 필요한 추가적인 지원의 필요성을 기술하고 있다. 고용전문가는 지원고용을 통하여 바람직한 결과를 가져올 수 있는 지원서비스를 제공하고 조정할 책임을 가지고 있다. 지원고용을 통한 결과로 아마 완전한 독립은 포함되지 않지만, 생산적이고 가치 있는 직업 역할 수행은 포함될 수 있을 것이다.

그러나 독립이 항상 중증장애인을 위한 서비스 프로그램의 현실적인 목표가 되는 것은 아니다. 우리 모두는 우리의 직업목표를 달성하기 위하여 우리의 개인적 지원체제인 다른 중요한 사람과 어느 정도의 상호의존성을 필요로 한다. 지원고용의 목적은 지역사회의 기업가에 의하여 합리적으로 이루어질 수 없는 추가적인 지원의 필요성을 확인하고 충족시켜 주는 데 있다.

7) 모두가 만족하는 길

지원고용은 모든 장애인을 위한 서비스로 선택된 것이 아니다. 많은 장애인들은 약간의 지원을 받거나 지원 없이 경쟁고용으로 일할 수 있다. 지원이 필요하지 않을 경우에는 지역사회 사업체에 스스로의 노력으로 취업할 수 있다. 지원고용은 경쟁고용시장에서의 취업이 전통적으로 제외되어 온 중증장애인을 위해 그 혜택이 제공되어야 한다. 그동안 지원고용은 지적장애, 정신장애, 뇌성마비 그리고 그 밖의 중증의 신체장애를 가진 개인을 위해 효과적인 서비스라는 것이 증명되어 왔다. 또한 지원고용은 지적장애/정신장애나 두 개의 감각기능 손상(농/맹)과 같이 중복장애를 가진 장애인의 통합고용에 대한 미래를 보여 주고 있다. 그리고 중증장애인에게 대인관계, 지역사회 참여, 기술개발, 경제적 자립, 선택의 행사 그리고 존엄성과 존중감 등의 제반 향상 등의 이점을 제공한다.

지원고용의 이점을 구체적으로 살펴보면 다음과 같다.

먼저, 지원고용은 지역사회 사업체에 이점을 제공한다. 지원고용을 통해 많은 고용주들은 지원고용이 자선이 아니라 사업에 이익이 된다는 것을 알게 되고, 그들은 많은 노동력 부족을 채우기 위해 점차 장애인들을 찾게 될 것이다.

고용주는 장애인이 높은 출근율과 낮은 이직률로 좋은 평판을 가진 믿을 만하고 성실한 직업인이라는 것을 깨닫게 된다. 또한 많은 고용주들은 장애인이 고용과 함께 초기의 직업훈련, 지도감독 그리고 생산의 지원을 갖출 때 긍정적인 생각을 갖게 된다.

다음으로, 지원고용은 지원기관(sponsoring agency)과 서비스 제공자들에게 이점을 제공한다. 지원고용이 장애인에게 측정 가능한 결과와 혜택을 제공하기 때문에, 재활서비스를 제공하는 지역사회 지원기관이 서비스를 성공적으로 수행하고 그들의 책임성을 증가시킬 수 있게 한다. 또한 성공적인 작업배치를 위해 필요로 하는 어려운 작업을 제안하고, 위험을 기꺼이 감수하는 실무자에게 보상을 준다.

마지막으로, 지원고용은 지역사회에 이점을 제공한다. 지역사회의 진정한 특성은 가장 운이 나쁜 시민을 대하는 방식에 따라 정해진다고 볼 수 있다. 지원고용은 지역사회 내 모든 시민의 인력자원을 극대화할 수 있는 방법을 제공한다. 또한 더 많은 사람들이 생산적인 작업에 적극적으로 참여하고 가능한 한 적은 사람이 정부의 경제적 원조에 의존하도록 한다. 그리고 분리의 벽을 제거함으로써 지역사회 생활의 주류에 더 많은 구성원들이 더불어 살아갈 수 있도록 촉진한다. 이처럼 더 많은 시민이 생산적인 구성원으로 일하게 될 때에 사회는 더 많은 이익을 얻게 될 수 있다. 이렇듯 지원고용은 지역사회 사업체, 지원기관, 서비스 제공자 그리고 지역사회에 이점을 제공한다. 즉, 모두에게 만족할만한 결과를 가져다 준다.

2. 지원고용 모델

현장의 고용전문가들은 장애인의 유급고용과 통합고용을 돕기 위한 다양한 지원고용 모델을 개발해 왔다. 지원고용을 달성하기 위해 서비스를 받고 있는 개

개인의 지원요구와 특정한 직업목표에 따라 고용에 대한 계획은 개별적으로 마련되어야 한다.

이러한 이유로 직업에 배치하고자 하는 개인의 작업욕구에 맞는 하나 또는 그 이상의 지원고용의 접근을 선택해야 한다. 서비스 제공자에게서 흔히 볼 수 있는 실수는 지원고용대상자의 개별적인 목표와 지원요구를 고려하기 이전에 고용에 대한 배치가 계획되고 이루어진다는 점이다. 계획의 초점은 개인에게 맞추어져야지 고용의 모델에 맞추어져서는 안 되기 때문에 이러한 접근방법은 바람직하지 않다.

지원고용에 대한 다양한 사례들이 발표되었으나(강위영, 조인수, 정대영, 1995), 대부분 다음의 다섯 가지 모델로 묶을 수 있다. 다음에서는 개별배치, 소집단작업, 이동작업대, 소기업 및 전환고용 모델에 대해 자세히 살펴본다.

1) 개별배치 모델

개별배치 모델에 대한 예시는 48쪽에서 확인할 수 있다.

개별배치 모델은 지원고용 서비스를 제공하는 데 가장 널리 사용되는 방법이다. 이 접근은 때때로 분산배치(scattered site)의 지원고용 방법으로 불리기도 한다. 개별배치를 통하여 취업하게 될 사업체는 각 개인에게 준비된 구체적인 직업목표와 결과에 기초하여 지역사회 안에서 개발

예시

- **개별배치 모델**: A 장애인복지관 직업재활팀에서는 제빵에 관심이 많은 지원고용대상자를 지역사회 내 제빵 사업체에 취업을 알선하였다. 이 복지관에서는 지원고용대상자가 제빵에 흥미가 있으며, 지역사회 내 제빵 사업체에서의 직무를 수행하는 데 어느 정도 적합하다는 결정을 하고, 제빵 사업체에 1명을 배치하여 현장에서의 훈련과 지원을 실시한 것이다. 그 결과 지원고용대상자는 지역사회 내 제빵 사업체에서 부여받은 직무를 수행하고, 통합고용이 이루어지게 되었다.

된다. 안정성을 지닌 적절한 사업체를 구한 후에, 고용전문가는 만족스러운 작업수행을 보증하기 위해서 사업장 안이나 혹은 사업장 밖에서 직업훈련, 고용관리, 지원서비스를 제공할 수 있어야 한다.

사업체의 직무는 각 지원고용대상자의 목표와 욕구에 따라 전일제나 시간제로 개발될 수 있다. 전형적으로 개별배치 모델에 의한 지원고용대상자는 최저임금 이상을 받고 있으나 **최저임금 적용 제외**에 의거하여 그 이하의 임금을 받을 수도 있다.

> 최저임금 적용 제외에 대한 개념설명은 49쪽에서 확인할 수 있다.

개별배치 모델은 성공적인 직업배치 이후에 일대일의 집중적인 훈련과 지도감독을 포함한다. 이러한 지원서비스는 개인이 일과 중에서 생산력과 기술이 향상되어 감에 따라 점차 감소된다.

지원고용전문가의 첫 번째 목표는 그들의 부재중에도 즉각적인 지원을 제공할 수 있는 방법을 작업감독자나 동료들에게 가르치는 것이다. 이와 같이 지도감독과 지원을 사업장 내의 직원에게 전이함으로써 지원고용대상자는 정상적이며 가치 있는 고용으로 보다 잘 받아들여질 수 있다는 확신을 가지게 한다.

개별배치 모델은 지원고용 서비스를 제공하기 위하여 항상 우선적으로 사용되는 방법이다. 이 모델의 장점은 지원고용대상자에게 가능할 수 있는 고용선택의 범위를 증가시키고, 지원고용대상자를 특정하게 분리하여 눈에 띄게 하기보다는 비장애인과 자연스럽게 통합되게 배치하며, 지원고용대상자의 월평균 임

🧑 개념설명

최저임금 적용 제외: 신체 또는 정신 장애인으로서 담당하는 업무를 수행하는 경우에 동일하거나 유사한 직종에서 최저임금을 받는 다른 근로자 중 가장 낮은 근로능력자의 평균작업 능력에 미치는 못하는 경우에는 「최저임금법」 제6조를 적용하지 않을 수 있다. 이때 작업능력 정도는 한국장애인고용공단의 직업평가사가 평가하며, 최저임금 적용 제외의 인가를 받고자 하는 사용자는 관할 지방고용노동관서의 장에게 장애로 인한 최저임금 적용 제외 인가신청서를 제출해야 한다.

금이 다른 모델 노동자에 비해 높다는 것이다. 개별배치 모델이 갖는 한계점은 한 사람의 지원고용대상자를 훈련하는 데 드는 비용이 다른 모델에 비하여 높을 수 있다는 것이다.

2) 소집단작업 모델

소집단작업 모델에 대한 예시는 50쪽에서 확인할 수 있다.

소집단작업 모델은 특정 사업장 안에 소집단으로 지원고용의 기회를 제공하는 것이다. 이 소집단은 어떤 주어진 사업장 안에서 장애인이 전체 8명을 넘지 않는 규모여야 한다. 소집단작업은 전형적으로 유사한 직업흥미와 프로그램 서비스 유형을 가진 개인들의 집단으로 구성된다. 사업장 안에 배치된 지원고용대상자는 고용주와 지원고용 서비스 제공자 사이에 만들어지는 협정에 따라 일을 수행한다. 이러한 협정은 다양한 작업상황과 작업생산 과정도 포함한다.

보다 진보적인 지원고용 서비스 제공자는 지원고용에서 중시되는 통합의 목표를 달성하기 위하여 가능한 한 집단으로 무리를 짓지 않도록 주의를 기울인다. 즉, 작업장에서 비장애인과 상호작용하는 기회를 최대한 갖도록 지원고용대

 예시

• **소집단작업 모델**: B 장애인복지관 직업재활센터에서는 지역사회 내 특수학교 전공과와 연계하여 제빵에 관심이 많은 학생 3명을 지역사회 내 제빵 사업체에 지원고용을 실시하였다. 전공과 학생들이 제빵 프로그램을 이수하는 과정에서 작업수행 및 태도 등에 대한 관찰과 평가를 통하여 제빵에 흥미와 능력이 있는 지원고용대상자 3명을 지역사회 내 같은 사업체에 배치하기로 한 것이다. 이 과정에서 복지관 지원고용전문가와 특수학교 전공과 교사는 3명의 지원고용대상자들의 훈련 및 지원계획 수립, 훈련 및 지원 제공 등을 공동으로 실시하였고, 지원고용대상자들은 그 사업체에서 통합고용을 이루게 되었다.

상자를 작업장 전체에 균등하게 배치하는 것이다.

몇몇 고용주들은 부족한 노동력을 채우고 높은 생산자원을 유지할 수 있다는 점에서 소집단작업을 선호한다. 또한 고용주는 고용전문가가 정기적으로 책임성 있는 지도감독과 생산지원을 제공한다는 점을 좋아할 것이다.

그러나 계속적인 현장에서의 지도감독은 지원고용대상자로 하여금 고용전문가에게 불필요하고 바람직하지 못한 의존심을 갖게 하는 역기능으로 작용할 수도 있다. 이 모델을 중심으로 지원고용을 담당하는 지원고용전문가는 그 사업체에 근무하는 감독자나 동료들이 소집단작업 지원고용대상자와 매일의 작업이나 활동에 관련성을 맺고 격려할 수 있도록 노력하여야 한다. 훈련을 적절하게 받지 못하였거나 지원고용을 잘 모르는 직원은 지원고용대상자와 어떤 관계 속에서 일을 해야 하는지 명확하게 파악하지 못할 수도 있음에 유의해야 한다.

소집단작업 모델에 의한 지원고용대상자는 서비스 제공자 혹은 사업체의 고용주에게 고용될 수 있다. 통상적으로 사업체의 고용주에 의한 고용이 보다 자연스러운 배치 방법이다. 지원고용대상자가 서비스 제공자에게 고용이 되더라도 소집단작업에 참여하는 각 개인에게는 동일하거나 유사한 작업을 하는 다른 근로자에게 주어지는 급여와 부가급부들이 부여되어야 할 것이다. 급여는 사업체의 현행 급여기준에 따르거나 생산성과 상응해야 하는 것이 원칙이나 노동법규에 부합하는 범위 내에서 낮은 임금률이 적용될 수도 있다.

소집단작업의 장점 중의 하나는 그 사업장 안에서 지원고용전문가를 배정받을 기회가 있다는 것이다. 이러한 사업장 내 직원의 지원은 전형적으로는 계속 제공되는 것이지만, 지원고용대상자가 필요로 하는 지원의 정도에 따라 간헐적으로 제공될 수도 있다. 또한 유사한 직업흥미와 목표, 서비스의 욕구를 가진 사람이 모여 있으므로 지원고용전문가의 시간 사용이 경제적이라는 장점이 있다. 소집단작업 모델이 갖는 한계점은 소집단으로 구성하게 되므로 개별배치의 경우보다 통합의 질이 떨어질 수 있다는 것이다.

3) 이동작업대 모델

이동작업대 모델에
대한 예시는 52쪽에
서 확인할 수 있다.

    일부 서비스 제공자들은 지원고용의 **이동작업대 모델**을 채택하고 있다. 이동작업대 모델은 장애인에게 소집단으로 고용기회를 제공한다는 점에서 소집단작업 모델과 유사하다. 그러나 이동작업대는 구체적인 계약의 내용에 따라 사업장을 이동하면서 서비스를 제공한다는 점에서 차이가 있다. 일반적으로 이동작업대는 지역사회 내 몇몇 사업체에 서비스를 제공하므로 이 모델이 가진 이동의 측면과 관련지어 이동작업대라는 용어를 사용한다. 예를 들면, 지역사회에 있는 다양한 사업체와 서비스를 제공하는 계약을 체결하고, 청소, 집 관리, 농장일 등의 작업을 위한 이동작업대를 구성한다. 이때 고용전문가는 이동작업대를 감독하고, 사업장과 관련된 세부 사항들에도 주의를 기울여야 한다. 일반적으로 이러한 활동에는 작업계획, 훈련, 감독, 품질보증, 고객관계 및 계약관리 등이 포함된다. 또한 고용전문가는 그들의 작업대원으로 배정된 근로자를 위한 운송서비스까지도 점검해 주어야 한다.

    이동작업대 모델은 직업 관련 요소들을 다소 쉽게 조절할 수 있다는 면에서 몇몇 지역에 인기가 있어 왔다. 즉, 서비스 제공자는 지역사회 안에서 작업하는 사람, 작업배치 계획, 특별히 생산수준이 낮은 지원고용대상자의 관리, 차량관리 그리고 고용의 가능성에 기여하는 다른 요소들에 대한 보다 많은 조절을 할

🐵 예시

- **이동작업대 모델**: C 장애인복지관에서는 비장애인 1명과 장애인 6명으로 구성된 청소팀을 조직하여 지역사회 내 공원 및 공공기관에 청소·정리·소독을 실시하고 있다. 이 복지관의 청소팀은 지역사회 내 기관을 자동차로 이동하면서 계약된 내용에 따라 청소·정리·소독을 실시하는 것이다. 요일에 따라 공원을 청소하기도 하고, 유치원이나 학교 등에서 청소 및 정리정돈을 실시하기도 하며, 분기별로는 해당 기관의 소독도 실시하고 있다.

수 있다.

이러한 장점에도 불구하고 이동작업대 모델은 지원고용이 지닌 가치 있는 목표에 관심이 부족하다는 이유로 비판을 받기도 한다. 이동작업대 모델은 통합의 가치에 주의를 기울이지 않는 경향이 있고 일반 근로자와 거의 접촉하지 못하는 경우가 흔히 있다. 통합기회를 확대하기 위해서 서비스 제공자는 이동작업대의 작업에 비장애인을 고용하는 방안을 고려하고, 이동작업대가 장애를 가지지 않은 사람과 접촉할 수 있는 기회가 높도록 작업계약을 개발할 필요가 있다.

4) 소기업 모델

일부 진보적인 지원고용 서비스 제공자들은 지원고용을 제공하기 위한 수단으로 소기업 모델을 채택해 오고 있다. 소기업 모델은 상품을 생산하거나 지역사회에 서비스를 제공하기 위하여 소기업을 창업하고 운영하는 방식으로 발달되었다. 이는 작업수행을 통하여 수익을 얻고, 기업의 수익으로 근로자의 임금을 지급하는 등 다른 기업과 같은 형태로 운영된다.

소기업 모델에 대한 예시는 53쪽에서 확인할 수 있다.

이 모델에 따라 소기업모델은 흥미로운 방법으로 시도될 수 있다. 어떤 경우에는 소기업 직원들이 공동으로 실질적인 사업체의 주인이 될 수 있다. 분리된 사업체가 만들어져 지원고용대상자를 대신하여 정책을 결정해 주는 권한을 부

🐵 예시

- **소기업 모델**: D 장애인복지관에서는 시청과 협의를 거쳐 청사 1층 로비에 카페를 설치하였다. 이 카페에서는 음료 및 다과를 판매하고 있으며, 1명의 비장애인 점장과 3명의 장애인이 함께 일하고 있다. 3명의 장애인은 바리스타 보조, 카페 내 정리, 청소 등을 담당하고 있으며, 근무 시간은 오전 8시 30분부터 오후 6시 30분까지다. 이 카페는 시청 직원들뿐만 아니라 민원을 위해 방문한 시민이 이용한다.

여받고 사업체의 자문을 제공해 주는 직원을 배치할 수 있다. 그 직원은 사업체를 운영하는 데 필수적인 전문지식뿐만 아니라 소기업 직원의 개인적 기본욕구에 따라 필요로 하는 지원서비스를 제공하게 된다.

일반적으로 이러한 소기업은 근로자가 일반 대중과 접촉하는 기회가 많은 장소에 위치한다. 일부 소기업에서는 비장애인을 고용하며 장애인과 비장애인이 통합될 수 있는 방식으로 운영하고 있다. 소기업 모델의 성공적인 예로는 식당, 상점, 선물가게, 제과점 등을 들 수 있다.

이윤을 추구하는 사기업을 창업하고 직원으로 일할 수 있는 것은 새로운 경험일 수 있다. 따라서 이 경험은 소기업에 참가하는 장애인에게 책임감과 소유권의 자긍심을 가질 수 있게 한다. 또한 소기업 모델은 장애인에게 기회가 주어졌을 때 어떤 가능성이 발생할 수 있는지에 관하여 지역사회와 일반 대중에게 교육시킨다.

소기업 모델은 중도의 장애인에게 유급의 취업 기회를 제공할 수 있다는 장점을 가지고 있지만, 작은 규모의 보호작업장과 같은 방식이 될 수 있어 사회적 통합을 위한 기회가 줄어들 수 있고, 일부 하청 중심으로 이루어지는 소기업은 하청 물량에 따라 고용 여부가 결정되는 기존의 보호작업장의 단점을 그대로 가질 수 있다는 한계가 있다.

5) 전환고용 모델

전환고용 모델은 지역사회의 다양한 사업장 안에서 시간제한적인 작업기회를 제공한다. 이 프로그램의 목적은 프로그램 참가자들이 작업기술을 키우고 긍정적인 경력을 가질 수 있는 단기간의 고용경험을 제공하는 데 있다. 이 모델은 정신장애를 가진 성인에게 서비스를 제공하는 기관이나 프로그램에서 널리 활용되고 있다.

전환고용을 담당하는 직업재활 기관은 일반적으로 하나 이상의 일자리를 사업체와 교섭하게 된다. 일자리는 실제적인 작업이며, 근로자는 작업수행의 결과로 최저 임금이나 사업체 기준에 따른 임금을 받는다. 전환고용은 일반적으로 시작 수준의 낮은 과제로서 장기간의 직업훈련을 요구하지 않고, 어느 정도의 기간 동안 다양한 장애인들이 일의 경험을 가질 수 있도록 채용된다. 전환고용의 경험은 일반적으로 3~6개월 동안 지속되며, 대부분은 시간제를 기본으로 이루어진다. 어떤 상황에서는 하나의 일자리에 한 사람 이상이 직무를 분담하는 형태를 가지기도 한다. 근로자는 개별 프로그램 계획에 따라 몇 개의 일자리에 배치될 수도 있다.

　지원고용전문가는 초기의 직업훈련과 근로자에게 요구되는 지원서비스를 제공하는 데 중요한 역할을 담당한다. 지원고용전문가나 서비스 제공기관이 주로 작업을 완결하도록 보증해 주고 있기 때문에, 전환고용의 참여자가 결근을 할 때 고용전문가는 간혹 결근한 사람을 대신하여 일을 하거나 다른 사람을 채용하기도 한다. 따라서 지원고용전문가는 긍정적으로 직업을 연결해 줄 수 있도록 직업배치 이전에 작업을 수행해 보고 작업환경을 평가해야 한다. 전환고용 경험은 정신장애인으로 하여금 자신감을 형성하고 미래에 보다 독립적으로 영구적인 취업에 이를 수 있도록 연결해 준다.

◆ 제3장 ◆
지원고용전문가

　지원고용은 지원고용전문가가 중증장애인의 통합고용을 위하여 다양한 훈련과 지원을 제공하는 과정으로 이루어진다. 이러한 지원고용전문가는 직업재활을 전공한 직업재활사들이 대부분이며, 장애 관련 분야의 이론이나 실제를 경험하고 지원고용에 대한 연수를 받은 직무지도원도 있다. 지원고용전문가는 지원고용을 가능하게 하는 가장 중요한 수단이다.

1. 지원고용전문가의 특성

　지원고용전문가는 지원고용을 달성하는 데 핵심적인 역할을 하는 주체의 하나이면서 지원고용을 성공적으로 이끌 수 있는 중요한 요인이다. 이러한 중요한 역할을 담당하는 지원고용전문가는 다양한 업무를 수행하면서 지원고용전문가, 직업코치, 직무지도원, 직업배치전문가, 지원고용지도자, 작업장조정자, 이동작업지도자, 취업 후 적응지원상담가 등의 이름으로 불리기도 했다. 직업코치 내지 직무지도원은 지원고용전문가의 지도감독 아래 주어진 역할을 수행하기도 하지만, 이들이 지원고용전문가로서의 역할을 수행하기도 한다. 지원고용전문가가 그들의 역할을 성공적으로 수행할 수 있는 요인에는 그들이 가진 인적 특성이 있다. 성공적인 지원고용전문가가 되기 위한 인적 특성을 제시하면 다음과 같다(박희찬, 김은영, 김선옥, 유병주, 1994).

- 지원고용전문가는 인간 지향적이어야 한다: 지원고용전문가는 그 자신이 인간 지향적이어야 한다. 지원고용 담당자로서의 역할로 볼 때, 지원고용전문가는 폭넓고 다양한 사람들과 효과적으로 관계를 맺을 수 있어야 한다. 지원고용전문가가 관계를 맺어야 할 사람들은 중증장애를 가진 지원고용 대상자부터 지역사회의 행정기관 관리자까지, 서비스를 의뢰받는 가족부터 서비스를 의뢰하는 상담가나 다른 서비스 전문가들까지, 작업동료부터 주요 회사의 경영진들까지 포함될 수 있다. 지원고용 서비스는 사람과의 관계 속에서 역동적으로 이루어지므로 지원고용전문가는 많은 사람들과 지속적인 접촉을 갖는다.
- 지원고용전문가는 **훌륭한 의사소통자여야 한다**: 성공적인 지원고용전문가는 서로 정보를 공유하는 것이 중요하다. 효과적인 의사소통은 고용계획 수립, 올바른 직무의 개발, 고용기간의 협상, 필수적인 서비스의 제공 그리고 작업관계의 확립에서 모든 관련자들을 위하여 필수적이다. 지원고용전문가는 지원고용계획에 참여하는 관련자들과 우수한 의사소통의 통로를 유지해야 한다.
- 지원고용전문가는 기업 지향적이어야 한다: 지원고용의 성공은 지원고용전문가뿐만 아니라 기업들이 서로 협력하여 이익을 얻을 수 있을 때 가능하다. 지원고용전문가는 기업 지향적이어야 하고, 고용주의 노동문제와 욕구

를 어떻게 도와주어야 할지 알고 있어야 한다. 고용주는 질 좋은 물품의 생산, 가격 면에서 경쟁력 있는 서비스 그리고 가능한 한 노동문제가 발생하지 않기를 바란다. 성공적인 지원고용전문가는 이와 같은 고용주의 관심을 이해하고 고용주가 기업의 목표를 달성하도록 돕기 위하여 일해야 한다.

• **지원고용전문가는 융통성과 적응성이 있어야 한다:** 성공적인 지원고용전문가는 지원고용대상자, 고용주 그리고 의뢰기관의 역동적인 요구를 충족시켜 주기 위해 융통성을 가져야 한다. 두 명의 지원고용전문가를 보더라도 서로 모든 면이 같지 않으므로 지원고용전문가는 고용목표와 서비스 욕구의 차이에 따라 즉각적인 전환이 가능하도록 계속적으로 준비해야 한다. 작업일정의 변화가 흔히 일어날 수 있고, 간혹은 사전에 알리지 않고 서비스를 요청하게 될 고용주나 지원고용대상자에게 즉각적인 서비스를 제공할 필요도 있다. 의뢰기관은 지원고용대상자에게 고도의 개별화된 처방적 서비스를 요구할 수 있으므로 지원고용전문가는 이러한 상황에 적응할 수 있어야 한다.

• **지원고용전문가는 모델의 역할이 되어야 한다:** 지원고용전문가는 장애인에게 지원고용을 통한 일자리로 준비시키는 모델로서 중요한 영향을 미치게 된다. 즉, 지원고용전문가가 행하는 것을 보면서 지원고용대상자가 작업이나 생활에 필요한 기술을 습득하게 되는 것이다. 따라서 지원고용전문가는 지원고용대상자가 본받으려고 애를 쓸 만한 모범적인 실례가 되어야 한다. 이것은 작업장에 정시에 도착하고, 작업을 위해 적절한 옷을 입고, 작업장에서 받아들여지는 방식으로 행동하는 것을 포함한다. 지원고용전문가는 사업체의 직원이 새로 채용된 지원고용대상자와 어떻게 상호작용해야 하는지 배우는 데에도 역할 모델을 제공해야 한다. 여기서는 사업체 직원이 수용과 상호 존중을 촉진하는 방법으로 지원고용대상자와 의사소통하고 지도감독하는 방법을 배우는 것이 중요하다.

• **지원고용전문가는 위험을 감수하는 사람이어야 한다:** 성공적인 지원고용전

문가는 지원고용대상자가 그들의 고용목표를 성취하는 것을 돕기 위해 기꺼이 위험을 감수할 수 있어야 한다. 이것은 장애를 가진 사람의 안전이나 행복을 해치는 불필요한 위험을 감수하라는 의미는 아니다. 오히려 지원고용전문가는 원하는 고용결과를 얻기 위해 잘 구상되고 면밀히 준비된 절차에 따라 현장훈련을 실시하고 지원을 제공할 필요가 있다. 현대에는 지원고용대상자나 사업체의 서비스 욕구가 고도로 개별적이기 때문에 과거에 시도되지 않았던 현장에서 새로운 아이디어를 요구할 수도 있다. 이러한 새로운 아이디어들을 시도할 때 고용주와 직업진로계획팀의 지원을 얻는 것이 중요하다. 지원고용전문가는 아무것도 시도하지 않은 것보다 시도하고 실패하는 것이 더 나을 수 있음을 알아야 한다.

- 지원고용전문가는 창조적이어야 한다: 중증장애를 가진 사람을 성공적으로 직무에 배치하기 위해서는 간혹 재치 있는 기술을 필요로 한다. 지원고용전문가는 세상을 대다수의 사람들이 보는 방식과 다르게 보는 것이 중요하다. 수세기 동안 장애인은 그들이 무능력하다고 간주되었기 때문에 사회에서 분리되어 왔다. 이와 반대로 성공적인 지원고용전문가는 장애인이 어떤 일을 할 수 없는 사람이라는 것을 수용하지 않고 오히려 장애인이 과제를 수행하기 위한 새로운 방법을 찾아야 한다고 가정한다. 그리고 지원고용전문가는 그들의 관점을 증명하기 위한 올바른 훈련방법과 조정 방안을 끊임없이 탐색해야 된다.

- 지원고용전문가는 문제해결사여야 한다: 성공적인 지원고용전문가는 문제를 해결하기 위한 답을 항상 찾고 있다. 그들은 지원고용대상자의 고용안정을 위협할 수 있는 대부분의 문제를 피하기 위한 예방책을 제공한다. 따라서 지원고용전문가는 지원고용대상자, 가족구성원, 감독자, 동료, 지원고용을 의뢰한 사람들 그리고 기타 관련된 사람들이 그에게 제기하는 매일의 쟁점이나 과제들을 잘 처리하기 위해 준비하고 훈련되어 있어야 한다. 문제를 적정 시간 내에 성공적으로 해결하는 것이 고용계획, 개발 그리고

유지에 결정적으로 중요하다.

- 지원고용전문가는 잘 조직화되어 있고 세부적인 것에도 신경을 써야 한다: 지원고용전문가는 그들의 서비스 전달을 잘 조직화하는 것이 중요하다. 지원고용대상자, 고용주, 지원고용을 의뢰하는 기관에서는 지원고용이 추구하는 기준과 기대에 따라 높은 질의 서비스를 기대할 것이다. 따라서 지원고용전문가는 관련 당사자들이 설정한 약속을 이행할 수 있도록 준비할 수 있어야 한다. 이러한 약속은 고용서비스가 지역사회 전역에 분산되어 있기 때문에 간혹 달성하기가 어렵다. 그러므로 지원고용전문가는 시간관리 기술을 개발하고 그들이 매일 제공하는 서비스의 우선순위를 정하는 방법을 알아야 한다.
- 지원고용전문가는 회복탄력성이 있어야 한다: 성공적인 지원고용전문가는 실패를 딛고 새롭게 출발할 수 있어야 한다. 모든 작업배치들은 시작부터 혹은 아마 어느 정도 시간이 지난 뒤에도 상호간에 만족하지 못할 수 있다. 지원고용대상자의 이직은 일을 하는 데 있어서 자연스럽게 나타날 수 있는 부분이고 적절한 관점을 견지해야만 한다. 기능적이지 못한 작업관계를 연장하는 것은 당사자에게 적절하지 못한 결과를 가져오게 된다. 따라서 지원고용전문가는 만족스럽지 못한 직업연결을 최소로 줄이도록 열심히 노력하고, 자신을 필요로 하는 상황이 오면 다시 시작할 수 있는 준비가 되어야 한다.

2. 지원고용전문가의 역할

지원고용 서비스의 질적인 면은 이 서비스를 관장하기 위해 고용된 직원의 질적 수준에 직접적으로 영향을 받는다는 점은 의심의 여지가 없다. 지원고용 서비스는 잘 준비되고, 유능하며, 지원고용대상자와 사업체, 지원고용 담당 기관의 변화 욕구에 민감한 지원고용전문가가 조정할 때 가장 효과적으로 실시될 수 있다.

지원고용전문가의 직무를 명확하게 규정하기란 쉽지 않다. 왜냐하면 지원고용은 새로운 프로그램의 개념이며, 현재의 서비스 담당자를 위한 전문자격이 없기 때문이다. 여기서의 지원고용전문가는 지원고용을 개발하고 유지하는 데 필요한 지원서비스를 제공 또는 조정하는 데 책임을 지는 직원이다.

지원고용전문가는 다음과 같은 몇 가지 요인에 따라 그 역할이 달라질 수 있다.

- 사용하는 지원고용의 모델: 개별배치, 소집단작업 혹은 다른 모델의 혼합
- 서비스를 제공하는 대상 장애인: 지적장애인, 정신장애인, 뇌성마비장애인 등
- 서비스를 제공하는 기관의 크기: 크거나 작은 기관
- 서비스가 제공될 지리적 위치: 도시나 농촌
- 제공될 서비스의 유형: 일반적인 혹은 특별한 직업기능
- 서비스를 제공하는 기관의 유형: 학교, 보호작업장, 성인재활 프로그램, 지원고용 담당기관 등
- 서비스 제공을 목표로 하는 지역사회의 사업체 유형: 사업체 중심, 서비스 중심, 전문직 등
- 기타 지원고용전문가의 직무에 영향을 미치는 행정상의 결정들

지원고용전문가는 지원고용대상자가 직업을 찾고 유지하도록 조력하기 위하여 다양한 역할을 수행하게 된다. 이런 역할에는 다음의 요소들이 포함되지만 단순히 이러한 것들로 한정되지는 않는다.

1) 직무개발 활동

- 고용목표와 직업배치 계획을 개발하도록 지원고용대상자와 그들의 직업 진로계획팀을 원조한다.
- 중증장애인 고용의 가치에 관하여 고용주를 교육한다.
- 고용주, 작업동료, 그 밖의 관련자들에게 지원고용의 목표와 철학에 관하 여 교육한다.
- 특정한 지원고용지원자의 고용 가능성에 대해 사업체 관계자와 논의한다.
- 장애인의 기능적 제한성에 대해 고용주를 교육한다.
- 지원고용 서비스를 통해 제공할 수 있는 가능한 지원전략을 논의한다.
- 지원고용대상자를 위해 현재의 고용기회와 직장의 적합성을 평가한다.
- 지원고용대상자의 고용기회가 그들의 흥미, 목표, 지원욕구와 가장 잘 연 결되도록 원조한다.
- 임금과 수당, 출퇴근 계획, 특수한 의복 또는 장비 구입, 신변자립을 위한 지원, 다른 중요한 계획의 세부 사항 등 고용을 시작하기 위해 필요한 제반 모든 사항을 조정한다.

2) 작업장에서의 고용지원 활동

- 지원고용대상자에게 새로운 작업장 내의 화장실, 휴게실, 식수대, 사물함, 편의시설, 일반적인 건물 배치 등을 알려 준다.
- 작업장의 재구조화, 작업공정의 단순화, 보조기구나 장비의 사용 등과 같 이 필요에 따라 작업장을 변경하도록 협의한다.
- 채용된 지원고용대상자를 직속 상급자와 작업동료를 포함한 사업체 내의 주요 인사에게 소개시킨다.
- 채용된 지원고용대상자가 작업장에서 수용될 수 있도록 작업감독자나 작

업동료와 의사소통을 증진시킨다.

- 일상적으로 수행하는 작업의 기본단계를 배울 수 있도록 돕기 위해 채용된 지원고용대상자에게 현장 작업훈련과 감독을 제공한다.
- 작업과정을 배우는 동안 고용주의 기대에 맞는 작업의 양과 질을 보장하는 데 필요한 생산지원을 한다.
- 작업장에서 수용할 수 있는 작업행동을 강화해 주는 행동수정과 지원서비스를 제공한다.
- 고용전문가의 개입 정도를 계속적으로 줄여 나가기 위해 작업장 내의 상급자나 동료로부터 협력을 얻어 지원을 점차적으로 소거한다.
- 근로자의 작업수행을 향상시키기 위해 필요한 특별한 지도방법이나 다른 지원서비스를 상급자나 작업동료에게 가르친다.
- 고용주로부터 직업수행평가를 받고 만족스러운 고용배치를 보장할 수 있도록 바람직한 방향으로 훈련하고 지원한다.

3) 배치 후의 활동

- 배치된 지원고용대상자에게 계속적 또는 간헐적인 지도감독을 제공한다.
- 사업장에서 또는 조금 떨어진 곳에서 현장훈련, 부가적인 지도감독, 생산성 향상 지원, 행동관리 지원, 질적인 보장, 고용주 지원, 개인적 상담 등을 포함하는 취업 후 적응지원 서비스를 제공한다.
- 작업배치가 한 명 이상의 관계자 사이에 더 이상 만족스럽지 못할 때는 추가의 직무개발 지원을 제공한다.

4) 계속적인 활동

- 가족 구성원, 관련 상담가, 사회사업가, 교육자, 그룹홈 직원 그리고 기타

지원고용대상자와 관련된 모든 주요 인사와 의사소통을 유지한다.
- 취약한 지원고용대상자가 고용주, 작업동료 또는 그들을 대신하여 일하는 기관 등에 이용당하지 않도록 지원고용대상자의 권익을 옹호하고 보호한다.
- 효과적인 프로그램 서비스를 제공하는 데 필요한 활동, 예컨대 기관 간의 의사소통, 재원의 제공, 개인기록 보관, 프로그램 진행, 계속적인 프로그램 평가 등 사례의 모든 서비스 활동을 감독한다.
- 업무를 수행하는 데 있어서 항상 윤리적이고 전문적인 행동 수칙을 준수한다.
- 지원고용 프로그램을 제공하는 기관에 의해 만들어진 표준 프로그램의 질적 수준을 유지한다.

3. 지원고용전문가의 요구능력

지원고용전문가는 효과적인 실천가가 되기 위하여 다양한 영역에서 활용할 수 있는, 이른바 살아있는 지식을 개발할 필요가 있다. 이러한 지식과 기술을 파악하는 것을 간혹 고용능력이라 부른다. 지원고용전문가가 필요로 하는 능력은 여섯 가지 중요한 영역을 포함하는데, 이를 구체적으로 살펴보면 다음과 같다.

1) 지원고용에 관한 일반적 정보 습득

- 지원고용의 정의, 목적, 결과
- 지원고용 서비스의 기저에 있는 가치와 철학
- 분리되고 발달론적 서비스에 초점을 둔 전통적 재활모델의 비효과성
- 재활서비스 제공에 있어 통합의 중요성

- 지원고용대상자, 가족구성원, 직업재활사, 사회복지사, 교사, 주거생활 담당자, 의사, 치료사, 기타 연관된 사람들을 포함한 직업진로계획팀 구성원으로서의 역할
- 지원고용을 계획하고 다른 중요한 의사결정을 계획하는 데 있어 직업진로계획팀이 관여하는 방법
- 장기 대 단기 고용계획의 가치와 차이
- 지원고용 서비스의 성공을 측정하기 위한 프로그램 평가방법의 사용

2) 공공규칙과 정책 습득

- 지원고용과 관련된 정부정책과 기준
- 임금과 작업시간에 관계되는 고용노동부의 규정
- 기초생활수급 제도와 같은 취업 의지를 방해할 수 있는 요소에 대한 고려
- 모든 적용 가능한 기준에 적합한 방식으로 사례관리와 기록 보존의 조정
- 지원고용대상자의 서비스 욕구에 부응하는 데 필요한 하나 이상의 재원 조정

3) 장애와 관련된 정보 습득

- 장애와 관련된 특성과 기능적 제한
- 장애 관리에 있어 의사가 처방하는 약물의 효과와 부작용

4) 직무개발과 사업체에 관한 지식 습득

- 지역사회 산업과 사업체의 구성
- 지원고용 서비스에 있어서 직종 개발 전략

- 사업체의 노동력 필요 및 고용주의 유인책 확인
- 지원고용 제공에 소요되는 비용을 정하는 절차
- 고용기회와 개인의 직업 흥미 및 목표를 연결하는 절차
- 근로자의 노동계약을 체결하는 절차

5) 직접서비스 방법의 활용

- 진로계획 및 고용목표 설정과 관련하여 평가 절차의 사용
- 효과적 훈련, 직업 재구성, 관련 지원서비스의 전달을 효과적으로 수행하기 위한 과제분석의 중요성
- 개인의 고용에 대한 제한이 직업연결의 주요 장애가 될 때 시간제로 고용하는 것의 가치
- 지원고용대상자의 욕구에 부합하도록 작업장을 고쳐 주고 물리적 환경에 대한 조정
- 단서 행동 강화, 신체적 · 언어적 자극 부여 기법, 점진적 안내, 소거기법 및 기타 훈련 개념들을 직업훈련 방법에 적용
- 시간에 따른 행동의 변화에 관한 연구와 다른 중요한 직업 관련 자료 수집 등 지원고용대상자의 직업수행 정도를 측정하는 기법의 중요성
- 수용할 만한 작업행동 유형을 강화하기 위한 행동관리와 위기관리 기법의 사용
- 지원고용대상자의 통합과 수용을 촉진할 수 있는 사회화 기법의 사용
- 지도감독의 기법과 사업체 내의 자연적 지원에 관하여 사업체 직원의 훈련
- 각 근로자의 욕구에 맞춘 지속적인 고용지원 전략과 서비스 계획의 개발
- 법적 권리, 고용 권리 또는 서비스 권리가 손상될 때 권익옹호를 위한 지원을 제공하는 절차

6) 지역사회 자원 조정

- 출퇴근, 개인 및 가족 상담, 주거생활 서비스, 기타 지원서비스와 같이 지원
  고용의 성과를 향상시키는 다른 지역사회 자원의 조정

4. 지원고용전문가의 기여

　장애를 갖고 사는 것이 다른 사람으로부터 불필요한 포기나 고립된 생활로
해석되어서는 안 된다. 지원고용과 지역사회와의 통합서비스를 통하여 대부분
의 중증장애인에게 불과 몇 년 전까지 꿈만 같았던 인생의 경험을 제공해 주는
것이 가능하게 되었다. 지원고용은 자존감을 높여 주는 수단을 제공한다.

　장애를 가진 사람이 통합된 작업장에서 일을 해서는 안 된다는 이유를 찾아
보는 것은 어렵지 않다. 아마 그동안 장애인은 다음과 같은 내용을 포함하여 수
천 가지의 이야기를 들어 왔을 것이다.

- 그들은 장애가 너무 심하다.
- 그들은 자신과 비슷한 사람들과 함께 있고 싶어 한다.
- 그들은 비장애인과 너무 다르다.
- 그들은 지역사회에서 일할 준비가 되어 있지 않다.
- 그들은 현재의 그들 프로그램에 만족하고 있다.
- 부모는 그들의 고용을 원하지 않는다.
- 함께 사는 사람들이 그들의 고용을 원하지 않는다.
- 작업동료에 의해서 결코 받아들여지지 않을 것이다.
- 그들은 너무 상처받기 쉽고 이용당할 것이다.
- 그들은 일을 배울 수 있는 지능을 가지고 있지 않다.

- 그들은 일을 배우는 데 시간이 너무 오래 걸린다.
- 그들은 제품 납품 시기에 맞게 충분히 일의 속도를 내지 못한다.
- 그들은 작업의 질적인 기준에 도달할 수 없다.
- 그들은 자신의 필요에 대해 충분히 의사소통하지 못한다.
- 그들을 관리 · 지도하는 데 시간이 너무 오래 걸린다.
- 그들은 너무 많은 행동상의 문제를 갖고 있다.
- 그들은 정서적으로 너무 불안정하다.
- 그들은 심리적 압박을 해결할 수 없다.
- 그들의 건강 상태는 너무 허약하다.
- 그들의 이동수단 능력이 취약하다.
- 그들은 항상 병원에 가야 한다.
- 그들은 혼자 힘으로 일을 해 나갈 수 없다.
- 그들에게 고용을 제공하기에는 너무 많은 비용이 든다.
- 누구도 그들을 고용하려 하지 않을 것이다.

어떤 일이든지 진짜 방해요인과 그럴듯한 변명 사이에는 미세한 선이 있다. 아무도 지원고용을 위한 협력이 쉽게 이루어질 것이라고 말하지 않는다. 앞서 언급한 방해요소들을 도전으로 또는 다른 시각에서 보지 않는다면 지원고용을 달성할 기회는 결코 오지 않을 것이다.

지원고용이 적절하게 계획되면 이는 직업에 관심 있는 한 장애인에게 적절한 하나의 직업을 찾아주는 것이 된다. 지역사회 내에 산재해 있는 수백, 수천, 수만 가지의 직업 가운데 다만 하나를 선택하는 것이다. 이처럼 지원고용을 시도할 때마다 한 번에 하나의 직업만을 연결시킨다. 그리고 시도된 직업배치가 만족스럽지 못하면 한 번 더 시도한다. 지원고용전문가가 지원고용 배치를 주의 깊고 사려 깊게 한 번에 한 사례씩 계획했을 때, 성공 가능성은 증가된다. 그리고 각 성공사례는 우리가 해 왔던 분리된 고용 프로그램에서 통합고용으로 전환하는 데 한 발 한 발 다가서게 해 준다.

지원고용은 여러 가지 도전을 받을 수 있으나 고용주의 사업목적과 지원고용 대상자의 개별적인 서비스 목적에 충실하고 팀으로서 헌신적으로 일을 함으로써 해결할 수 있을 것이다. 따라서 지원고용전문가에게는 창의성과 기술이 절실히 필요하다.

장애인의 고용을 가로막는 방해물을 제거하기 위하여 지치지 않고 다양한 방법으로 일을 하는 사람이 바로 지원고용전문가다. 지원고용전문가는 교사, 조언가, 상담가, 협상자, 조력가, 권익보호자, 사례관리자, 사업협력자, 출퇴근보호자, 믿을 만한 절친한 친구 등 여러 역할의 모자를 써야 하는 것으로 알려지고 있다. 지원고용전문가는 지원고용이라는 기계가 원활하게 움직이도록 유지시켜 주는 윤활유다.

지원고용전문가는 중요한 일을 하지만, 간혹은 힘들고 화가 나는 상황에 처할 수도 있다. 그러나 어떤 다른 일도 지원고용전문가의 성공만큼 흥분과 보상을 줄 수 없다. 즉, 지원고용전문가는 장애인이 더 이상 고립되지 않고 지역사회 내에서 적극적인 역할을 공유하게 하여 그들의 삶의 질을 향상시켰다는 것에서 만족감이라는 보상을 받는다.

5. 우리나라의 지원고용전문가

우리나라에서는 한국직업재활학회 내 직업재활사 자격 및 양성과정 인증 규정이 있으며, 여기에서 직업재활사 양성 및 자격에 대한 내용을 정하고 있다. 직업재활사 자격을 받기 위해서는 한국직업재활학회가 인정하는 4년제 대학의 학과(전공)에서 소정의 필수 이수과목 6개 과목(18학점)과 선택 이수과목 6개 과목(18학점) 이상을 이수하고 졸업한 자 등으로서 소정의 시험에 합격해야 한다. 필수 이수과목은 (직업)재활개론, (직업)재활상담, 직업평가, 직업개발과 배치,

재활행정 및 정책, (직업)재활실습이다. 또한 선택 이수과목은 장애의 의료적 측면, 장애의 심리사회적 측면, 장애영역별 특성과 직업재활, 사례관리, 직업재활시설론, 장애의 진단과 평가, 직업적응훈련, 직업과 진로개발, 전환교육, 보호 및 지원고용, 직업재활방법론, 노동법규와 재활, 산업교육 및 훈련, 노동환경과 고용동향, 직업재활연구, 재활프로그램 개발, 자립생활(IL), (직업)재활실습II 등이다.

우리나라에서는 현재 지원고용전문가에 대한 별도의 자격이 없지만, 직업재활사는 직업재활에 대한 과목을 36학점 이상 이수할 뿐만 아니라 실습과 경험을 통하여 직업재활 분야의 전문가로 자리매김하고 있으며, 특히 지원고용과 관련하여 '보호 및 지원고용'이 선택 이수과목으로 정해져 있다. 따라서 직업재활사는 지원고용을 위한 고용전문가로서 직업상담, 직업평가, 재활계획 수립, 현장훈련, 취업 후 적응지원 등에 대한 서비스를 할 수 있는 요건을 갖추고 있다.

직업재활사는 지원고용전문가이면서 경우에 따라서는 직무지도원의 역할을 한다. 직업재활사가 지원고용대상자의 고용을 위한 직업진로계획팀의 구성원으로 참여하고, 직업상담과 직업평가를 실시하고, 개별화직업재활계획을 토대로 지원고용에 대한 계획을 작성하기도 한다. 또한 지원고용대상자가 취업하게 될 지역사회 내 사업체를 개발하고 직무분석을 실시하며, 현장훈련과 지원을 제공하기도 한다.

현재 우리나라에서 직무지도원은 사업체에서 현장훈련과 지원을 담당하는 인력으로 간주되기도 한다. 한국장애인개발원에서는 지원고용 사업과 관련하여 직무지도원의 자격을 「장애인복지법 시행규칙」 별표5의 장애인복지관 4급 직원에 준하여 제시하고 있다. 즉, 사회복지 분야에 3년 이상 재직한 경력이 있는 9급 이상 공무원, 사회복지사 · 특수학교 교사 · 치료사 등 장애인재활 관련 자격증을 소지한 사람, 「고등교육법」에 의한 대학을 졸업한 후 장애인 복지 분야에서 2년 이상 종사한 경력이 있는 사람, 기타 이와 동등한 자격이 있다고 각 기관 운영위원회 등에서 인정한 사람이다. 또한 「장애인복지법 시행규칙」 별표

6의 장애인직업재활시설 직업훈련교사도 직무지도원이 될 수 있는 것으로 정하고 있다.

직무지도원 양성을 위한 교육은 한국장애인고용공단 고용개발원에서 매년 2회 실시하고 있다. 이 연수는 사이버연수원 사이버강의와 현장강의 모두를 이수해야 하며, 현장강의는 15시간으로 장애인 직업재활과 지원고용의 이해, 공단 지원고용 사업의 이해, 공단 기업지원 사업의 이해, 장애유형별 이해와 직무지도 현장실무, 「장애인 차별금지 및 권리구제 등에 관한 법률」의 이해, 사업주가 바라는 직무지도원의 역할, 직무지도원 현장경험 사례 등의 과목으로 구성된다.

직무지도원에 대한 예시는 72-73쪽에서 확인할 수 있다.

지원고용이 확대되고 지원고용을 통한 중증장애인의 고용을 증대시키기 위해서는 지원고용전문가의 전문성을 신장시키기 위한 노력을 해야 한다. 이는 한국직업재활학회 등 관련 기관에서 지원고용에 대한 관심을 증대하고, 관련 전문가의 양성 및 연수를 위한 프로그램을 개발하여 시행할 필요도 있다. 아울러 한국장애인고용공단 고용개발원에서의 직무지도원 양성과정에 대한 평가를 통하여 프로그램의 질적 향상을 도모할 필요가 있다.

예시: 어느 직무지도원의 회고

제가 처음 지원고용에 대한 직무훈련을 실시한 것은 간병보조 업무로 노인병원에서 휠체어를 물리치료실까지 밀어 드리고, 말벗이 되고, 식사수발을 하는 등의 직무였습니다. 그런데 직무지도원인 제가 그 일에 익숙하지 않아서 직무를 지도하기 위하여 먼저 제 자신이 휠체어 작동 방법을 배우고, 여러 차례 밀어도 봤습니다. 간병보조 직무의 경우, 휠체어를 승강기로 이동할 때 환자를 조심스럽게 다루어야 하고, 식사 수발을 할 때는 노인의 식사 속도에 맞추는 것이 중요하므로 이에 대한 훈련이 필요하였습니다.

지원고용 직무에 있어서 도시와 지방 간에 차이가 있습니다. 주로 대도시는 서비스쪽 직무가 많고, 지방은 제조업쪽 직무가 많이 있습니다. 저는 도시에서 마트와 외식업체에 직무지도를 한 적이 있습니다. 마트에서는 빈병 회수, 계산대 필요 품목 채우기, 빈 박스를 포장대에 비치하기, 카트 정리하기 등의 일을 합니다. 박스 정리는 박스의 크기에 따라 큰 것과 작은 것을 구분하여 준비 작업을 해야 합니다.

외식업체 직무는 위생 상태도 중요하고, 식자재를 측정하는 작업 또한 중요합니다. 제 경우에는 식자재 측정능력을 훈련하기 위하여 수첩과 볼펜을 준비시켰습니다. 식자재의 주요 단위를 암기할 수 있도록 하루의 몇 가지씩만 수첩에 적어서 외우도록 교육했는데, 맡은 분야의 식자재 무게 외우기의 경우 사업체에서 여러 차례 지도를 해 주지 않아서 직무지도원이 먼저 배워 습득한 후 지원고용대상자들을 지도하였습니다.

외식업체의 주방에서 일을 하는 경우에는 열판을 조심스럽게 다뤄야 하고, 칼을 다룰 때는 다치지 않도록 많은 연습과 주의가 필요합니다. 외식업체 중에도 와인이나 음료를 다루는 부분이면 잔을 닦을 때 손에 주의해야 합니다. 음료나 와인 잔은 깨끗하게 닦으려다 보면 얇아서 자주 깨질 수 있기 때문에 조심해야 합니다. 또 음료를 만드는 작업을 할 때도, 식재료의 무게가 각기 다르므로 이에 대한 내용을 적어줘서 훈련생이 습득하도록 지도해야 합니다.

직무 중에는 세차도 있습니다. 차량의 크기나 종류에 따라 상세한 설명이 필요하고, 두세 명이 협력하여 작업하기 때문에 협동심이 필요하기도 합니다. 그러나 여러 명이 하다 보니 누구는 더하고 누구는 덜하여 다투기도 하며 서로 간의 책임을 전가하기도 합니다.

직무지도원의 역할 중 또 중요한 것이 훈련생이 직장생활에 필요한 기본적인 부분을 습관화할 수 있도록 돕는 것이었습니다. 직장생활 중 가장 기본이 되는 것은 출퇴근 시간을 엄수하는 것과 직원들과의 적절한 대인관계 및 의사소통 능력도 중요합니다. 또한 본인의 유니폼, 식권, 락카, 열쇠 등을 책임져야 한다는 것을 인지할 수 있도록 해야 합니다. 실제로 훈련 당시 식권을 미리 지급하였더니 잃어버려 재차 지급하는 사례가 발생하기도 했습니다.

출처: 한국장애인고용공단 고용개발원(2010). 일부 내용 수정.

제2부

지원고용의 적용

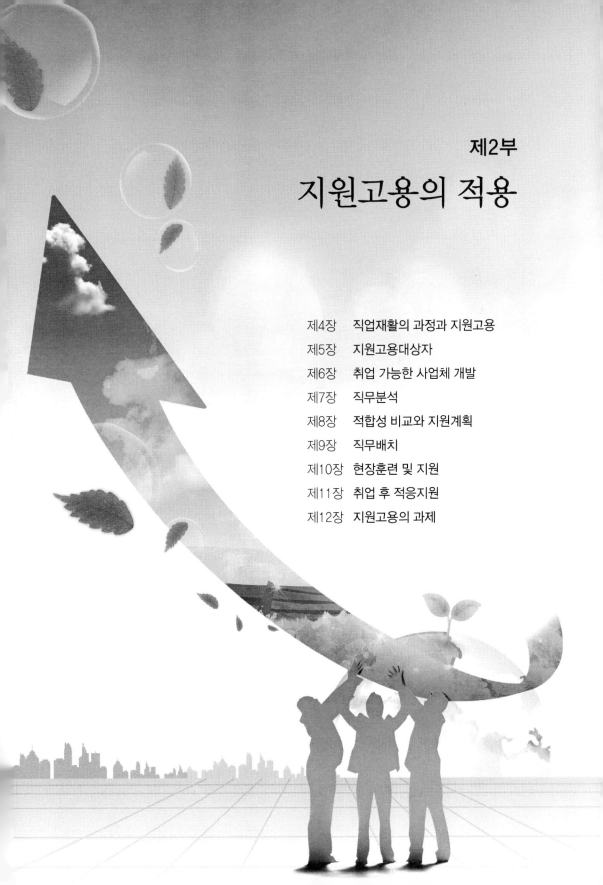

◆ 제4장 ◆
직업재활의 과정과 지원고용

1. 직업재활의 과정

지원고용은 중증장애인에게 훈련과 지원을 통하여 통합고용에 도달할 수 있도록 하는 데 목표가 있으나 이를 직업재활의 전체 과정 속에서 이해할 필요가 있다. 즉, 지원고용은 그 자체로 장애인을 위한 취업알선의 한 방법이지만, 직업재활의 전체 과정에서는 그 일부가 된다. 따라서 이 장에서는 직업재활의 과정에서 지원고용은 언제, 어떤 방법으로 실시되어 취업으로 연결되는지 살펴보고자 한다.

직업재활의 과정은 서비스를 의뢰하거나 접수하는 것에서 출발하여 종료에 이르기까지 일련의 서비스로 구성된다. 이와 관련하여 중증장애인 직업재활지원사업(한국장애인개발원, 2010)에서는 전문가 델파이조사, 현장전문가 협의회, 자문회의 등을 거쳐 직업재활 서비스 과정도를 제시하였다([그림 4-1] 참조).

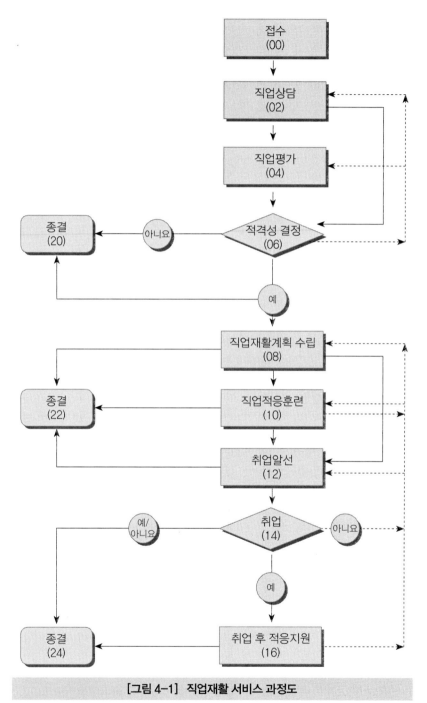

[그림 4-1] 직업재활 서비스 과정도

출처: 한국장애인개발원(2010).

직업재활 서비스 과정도에서 직업재활은 접수에서 시작된다. 접수는 직업재활을 희망하는 장애인 자신, 보호자, 관련 기관에서 직업재활 서비스를 신청하기 위하여 연락을 취하거나 서류를 제출하는 것이다. 따라서 서비스 수요자 입장에서 본다면 전화, 이메일, 방문 등을 통하여 직업재활 서비스를 신청하는 것이며, 서비스 제공자 입장에서 본다면 서비스 신청에 대하여 접수를 받는 것이 된다. 예를 들어, 고등학교 특수학급에서 3학년 2학기 교육을 받고 있는 지적장애인이 졸업 이후 지역사회 사업체에 취업을 하고자 학생 자신이나 가족, 특수교사를 통하여 지역사회 내 장애인복지관 지원고용 서비스를 받기 위한 신청을 할 수 있다. 지원고용에 대한 정보는 특수교사, 장애인복지관, 기타 관련 기관에서 구할 수 있다. 이러한 신청과 접수는 전화, 방문, 인터넷 등을 활용할 수 있다.

접수 후에는 직업상담으로 이어지는데, 직업상담은 초기면접에서 종결까지의 직업재활 과정에서 내담자에 대한 정보수집, 재활계획 수립, 의사결정, 문제해결, 사례관리 등을 위해 실시하는 전반적인 상담활동으로서 장애인의 직업선택과 직업유지를 지원하게 된다. [그림 4-1]에서 표기된 직업상담은 초기면접에 해당되며, 초기면접에서는 주로 직업재활 서비스를 신청한 목적이나 관심 등 기본적인 정보를 나누게 된다. 예를 들어, 앞서 언급한 고등학교 특수학급 학생이 재학 시 어떤 직업교육 과정을 이수하였으며, 취업과 관련하여 어떤 욕구가 있으며, 어떤 종류의 직무에 관심이 있는지 등에 대하여 장애인복지관의 전문가와 면접을 통하여 협의하는 것이다. 이 초기면접에서 장애인복지관의 직업재활사는 학생의 장애특성이나 구직욕구 등에 대하여 상담을 실시하고 필요한 조사를 하거나 문서를 검토하게 된다.

직업평가는 장애인의 직업적 흥미, 적성, 강점 및 제한점, 잠재능력을 파악·분석하기 위해 신체능력평가, 심리평가, 작업표본평가, 상황평가 및 현장평가 등을 실시하는 직업재활 서비스로서, 장애인에게 적합한 직업재활 방향을 설정하고 직업을 효과적으로 선택할 수 있도록 지원하는 서비스다. 신체능력평가는 장애인의 기본체력, 신체기능의 정도와 제한점을 평가하는 것으로 신체발달 정도,

근력과 지구력, 운동범위, 협응능력 및 균형, 감각기능 등을 측정한다. 기초적인 신체능력은 직업생활을 유지하는 중요한 능력으로 신체능력평가의 결과는 실제 근무조건을 수정하거나 필요한 부분을 지원하는 데 활용될 수 있다.

심리평가는 주로 심리검사를 통해 이루어진다. 심리평가는 장애인의 발달수준, 심리적 특성, 행동양식, 자아인식과 행동, 장애 적응도 등을 판정하고 개인의 장단점을 이해함으로써 직업재활 방향 설정을 위한 기본정보를 제공한다. 심리평가의 영역은 인지, 언어, 정서 및 성격, 사회 적응도, 적성, 직업흥미 등이 포함되며, 평가방법은 영역별 검사도구에 의한 평가로 진행된다.

작업표본평가는 실제 직업이나 직업군에서 사용하는 것과 거의 유사한 작업표본(work sample) 도구를 통해 평가를 실시하는 것이다. 작업표본평가의 주요 목적은 장애인에게 실제 직업상황과 유사한 작업 및 환경을 제공함으로써 기대되는 직종을 스스로 이해할 수 있도록 하고, 직업 적성 및 흥미를 평가하며 그 결과들을 실제 작업상황과 결부시켜 직업선정과 직업적응을 위한 객관적인 자료를 얻는 데 있다.

상황평가는 장차 장애인이 일을 하게 될 현장과 유사하게 구조화된 장소에서 관찰을 통해 직무수행 정도, 행동, 태도 등을 기록하는 과정이다. 이는 재활시설의 작업장이나 평가실 내에 실제 작업현장과 거의 동일한 작업상황을 설치해 놓고 그 안에서 장애인이 작업하는 행동을 평가하는 것을 말한다. 작업표본평가는 어느 정도 통제된 상황에서 작업능력을 위주로 평가하는 데 비해, 상황평가는 작업현장의 분위기를 유지하면서 그 안에서의 작업행동을 중심으로 평가한다. 상황평가는 실제 작업장과 유사한 분위기 속에서 평가를 수행하기 때문에 실제 작업능력은 물론 현장에서의 적응도까지 비교적 정확하게 예측할 수 있다는 장점이 있으나, 보통 복잡한 유형의 작업상황은 시설 내에 설치하기 어렵기 때문에 아주 기본적인 유형의 작업상황(예: 비숙련을 요하는 단순 조립 및 제조)에서의 평가만이 가능하다는 단점이 있다.

현장평가란 기업이나 공장, 서비스 업체의 실제 작업상황에서 작업수행도 및 작업행동을 평가하는 것을 말한다. 이는 실제 작업상황에서 평가함으로써 다른 어떤 기법보다 그 타당도가 높을 뿐 아니라 다른 일반 작업자들과의 자연스러운 비교가 가능하며 장애인으로 하여금 작업현장을 직접 경험하게 할 수 있고 이미 마련된 시설을 활용하는 것이기 때문에 따로 시설비가 들지 않는다는 장점이 있다. 그러나 너무 많은 시간이 소요되며 현장의 협조가 그리 용이치 않기 때문에 실제로 현장평가가 가능한 경우가 그리 많지 않다는 것이 단점으로 지적된다.

지원고용과 관련하여 직업평가를 보다 구체적으로 살펴보면, 장애인복지관의 직업재활사는 초기면접 후 추가적인 직업평가가 필요한지 여부를 먼저 결정하게 된다. 만약 그 학생이 학교에서 사전에 인지, 신체, 정서 등에 관한 직업평가를 받았고 결과보고서가 잘 작성되어 있으며, 추가적인 직업평가가 필요하지 않은 경우에는 복지관 내 직업재활 서비스의 하나인 지원고용대상자로 적격한지 판단하게 된다. 만약 그 학생이 학교에서 직업평가를 일부 시행하였으나 추가적으로 직업평가를 실시할 필요가 있는 경우에는 지원고용과 관련이 있는 평가방법이나 도구를 중심으로 직업평가를 실시하게 된다. 지원고용에서는 중증장애인을 대상으로 사업체 배치 후 현장훈련의 과정에서 관찰을 통한 현장평가가 중시되는 경향이 있다.

이후에는 직업상담 및 직업평가 결과를 바탕으로 장애인이 해당 기관의 직업재활 서비스대상자로 적격한지 여부를 판정하는 적격성 결정을 하게 된다. 이는 직업재활 서비스와 관련되는 주요 관련자들이 모여 직업상담과 직업평가의 결과 등을 종합하여 직업재활 서비스 대상자로 적합한지 여부를 결정하는 것이다. 지원고용과 관련한 적격성 결정은 특수학급을 졸업한 학생이 장애인복지관을 통하여 지역사회 내 지원고용대상자로 적합한지 여부를 결정하는 것이다. 미국의 경우, 지원고용이 새로운 패러다임으로 소개될 때에는 중증장애인이 장애가 아무리 심하더라도 지원고용에서 제외될 수 없었고 이들에게도 지역사회 통합고용이 가능한 것으로 전제하고 있었으나, 현실적으로 지역사회 내 통합고용에 대한 적합성 정도에서 차이가 날 수 있다. 장애인복지관에서는 지원고용에 대한 재정지원 기관에서 제시한 기준이나 복지관 자체의 규정이나 방침에 따라 지원고용대상자의 적격성 여부를 결정하게 된다.

관련자들이 중심이 된 사례회의를 통해 서비스대상으로 적격성이 결정되면 직업재활계획을 수립하게 된다. 이때 작성되는 직업재활계획에 따라 향후 해당기관에서 제공하게 될 서비스의 방향이 정해지면서 직업적응훈련, 취업알선, 취업 후 적응지원 등 전문적인 서비스가 이루어지게 된다. 지원고용대상자인 경우에는 **지원고용을 중심으로 하는 직업재활계획서**를 작성할 수 있다.

> 지원고용 중심의 직업재활계획서에 대한 예시는 84-85쪽에서 확인할 수 있다.

직업적응훈련은 장애인이 실제적인 작업환경에서 적절한 행동, 가치, 태도를 발전시킬 수 있도록 개인·사회생활, 직업준비·직업수행, 직무능력 향상·직업유지 등에 대한 훈련을 통하여 도달 가능한 직업능력을 최대한 향상시킬 수 있도록 지원하는 서비스다. 직업적응훈련에서는 일상생활, 대인관계, 출퇴근 기술 등 개인 및 사회 생활에 대한 훈련을 통하여 장애인이 직업에 적응할 수 있도록 하며, 직업인식과 탐색, 작업습관 형성, 직업환경 적응 등 직업준비와 작업수행에 대한 훈련을 통하여 직업에 적응할 수 있도록 하고, 신체능력, 작업수행 능력 등 장애인의 직무능력 향상과 직업유지에 대한 훈련을 통하여 직업에 적응할 수 있도록 하는 데 목표를 둔다. 직업적응훈련과 지원고용과의 관련성을 보다 자세하게 살펴보면, 지원고용대상자가 직업적응훈련을 받을 수도 있고 그렇지 않을 수도 있다. 만약 지원고용대상자가 직업적응훈련을 받은 후 지원고용으로 나아가는 것이 더 적절하거나 지원고용대상자가 직업적응훈련을 받기 원하는 경우에는 개별화직업재활계획에서 직업적응훈련의 필요성과 프로그램 방향 등이 제시되어야 한다. 그러나 직업적응훈련을 받지 않고 취업알선의 지원고용으로 나아가는 경우도 많다.

취업알선은 구직 장애인의 흥미, 직업적 욕구, 직업능력과 사업체의 직무 등을 고려하여 직장을 알선하여 배치함으로써 일반고용, 지원고용, 보호고용, 자영업 등이 이루어지도록 지원하는 활동이다. 취업알선은 장애인의 욕구와 직업

능력에 적합한 직업을 알선하고 배치하는 과정에서 필요한 지원을 제공하여 직업재활의 최종 목표인 취업을 달성할 수 있도록 하는 데 목적이 있다. 구체적으로 취업알선을 위해 지역사회 내 장애인 고용을 희망하는 다양한 사업체를 개발하고, 사업체와 직무에 대한 구체적이고 정확한 정보를 수집하고 분석하며, 장애인의 욕구와 직업능력 및 사업체의 직무 등에 대한 적합성 비교를 바탕으로 취업을 알선하고 필요한 사항을 지원하게 된다.

취업 후 적응지원은 장애인이 취업된 이후 장애인, 사업주나 동료, 가족 등을 대상으로 직장 내 다양한 문제들에 대해 적절히 대처할 수 있도록 지원하는 서비스로 취업장애인의 고용안정 및 만족스러운 직장생활의 유지를 도모한다. 지원고용에서는 안정적인 직업생활을 유지할 수 있도록 취업 후에도 필요에 따라 적응지원을 하는 것이 필요하다. 취업장애인의 담당 직무에 변화가 있을 시에는 직무조정 및 지도 등 변화에 따른 적응을 지원하며, 직장 내 대인관계, 출퇴근, 규칙 준수, 자기관리 등의 어려움을 해결하여 원활한 직장생활을 지원한다. 또한 고용유지에 필요한 가족의 지원 사항을 파악하여 유기적인 관계를 조성하고 취업장애인의 직업생활과 직접적으로 연관된 가정 내 문제를 해결할 수 있도록 지원하며, 사업체 관계자들의 장애인 근로자에 대한 이해를 도모하여 지속적인 고용 창출과 발생할 수 있는 다양한 문제를 해결한다.

이와 같은 서비스들은 순차적으로 모두 제공되는 것은 아니다. 예를 들어, 직업재활계획 수립 후 직업적응훈련을 실시할 수도 있으나, 경우에 따라서는 직업적응훈련 없이 취업알선으로 이어지기도 한다. 또한 직업재활 서비스는 [그림 4-1]에서 점선으로 표시된 바와 같이, 과정 중 이전 서비스로 되돌아가는 경우도 있다. 예를 들어, 취업알선이 취업으로 연결되지 못하는 경우에는 직업재활계획 수립 단계에서 일부 수정을 거쳐 직업적응훈련이나 취업알선을 다시 제공할 수 있다.

[그림 4-1]에는 종결이 제시되어 있다. 종결은 직업재활 서비스 이용 목표 달성, 타 기관 의뢰, 기타 특별한 사유 등으로 인하여 기관의 서비스를 더 이상 받

예시: 지원고용 중심의 직업재활계획서

| NO. | 2000-001 | 직업재활계획서 | 담당자 | 한 ○○   (인/서명) |

1. 장애인 인적사항

성 명	이○○	생년월일	19○○.12.25.
장애유형 및 등급	지적장애 (1급)	서비스 기간	20○○.1.4.~20○○.12.31.
주 소	○○시 ○○구 ○○동 ○○○-○○호	연락처	02-842-0000 010-0000-0000

- 직업상담(초기면접) 실시 일자 : 20○○. 12. 15. (NO-2000-480)
- 직업평가(초기평가) 실시 일자 : 20○○. 12. 28. (NO-2000-322)
  - 장애인의 배경정보, 직업평가결과는 초기면접지, 직업평가보고서, 사례회의록 등을 참조

2. 장애인 및 보호자의 의견

- 장애인 : 지역사회 내 취업을 희망, 구체적인 직무는 청소일을 하고 싶어 함
- 보호자 : 장애인의 의견에 동의하고 있으며, 자녀의 자발적인 여가활용 능력이 향상되기를 원함

3. 직업목표

- 지원고용을 통한 3차 서비스 직종 취업

4. 장기목표

① 희망 취업 직종의 이해와 직무수행 능력 향상
② 자신에게 맞는 여가활동 선택 및 수행

5. 단기목표

① 대근육 중심의 작업기능 향상
② 단정한 옷차림 등 자기관리 능력 향상
③ 현장실습을 통한 직종에 대한 이해와 실질적인 직무수행 능력 습득
④ 다양한 여가활동 프로그램에 참여하여 적합한 여가 선택

6. 직업재활계획 수행 내용

장단기목표		기간	담당자	수행방법	수행달성 여부	
					예	아니요
희망 취업 직종의 이해와 직무수행 능력 향상	대근육 중심의 작업 기능 향상	20○○.01.-20○○.07.(7개월)	최○○	직업적응훈련반 이용 (주 5일/총 130일)	V	
	단정한 옷차림 등 자기관리 능력 향상	20○○.01.-20○○.07.(7개월)	김○○	일상생활훈련 (주 1회/총 25회)	V	
	현장실습을 통한 직종에 대한 이해와 실질적인 직무수행 능력 습득	20○○.07.-20○○.12. (6개월)	박○○	3차 직종 현장실습 (2회)	V	
자신에게 맞는 여가활동 선택 및 수행	다양한 여가활동 프로그램에 참여하여 적합한 여가 선택	20○○.07.-20○○.12.(6개월)	김○○	여가지원프로그램 (월 2회/총 10회)	V	

7. 사례회의

일시	내용	결과	참석자	비고
2000.01.02. 14:00-15:30	직업재활계획 수립	장애인 및 보호자의 동의 아래 2가지의 장기목표에 따른 4가지의 단기목표를 설정하고 지원서비스를 계획함	이용자, 부모(모) 직업재활팀장, 직업평가담당자, 취업알선, 지원고용담당자, 직업적응훈련반 담당자	회의실
2000.05.22. 16:00-17:00	적응훈련반 부적응 -동료훈련생과의 잦은 말다툼으로 인한 무단 결석	동료훈련생과의 작업장 배치를 변경하는 등의 스트레스 요인을 줄이고 일정 시간 동료훈련생과의 티타임 마련	직업재활팀장, 직업적응훈련반 담당자, 직업평가, 지원고용담당자	회의실

위의 직업재활계획을 검토하였고 이에 동의합니다.

작 성 일 : 20 ○○. 01. 02.

장 애 인 : 이 ○○　(인/서명)

보 호 자 : 한 ○○　(인/서명)

담 당 자 : 김 ○○　(인/서명)

　　　　　박 ○○　(인/서명)

출처: 한국장애인개발원(2010).

을 필요가 없어 직업재활 서비스가 종료되는 것을 의미한다. 먼저, 직업재활계획 수립 이전 종결은 초기면접 또는 직업평가를 실시하고 그 결과를 토대로 적격성 결정을 위한 사례회의에서 기관의 직업재활 서비스대상자로 부적격하다고 결정된 장애인이나, 적격하다고 결정되었지만 장애인 본인이 거절·포기하는 등 서비스를 이용하기 어려운 문제가 발생한 경우에 장애인과 보호자 등의 동의과정을 거쳐 이루어진다. 또는 타 기관이 직업평가만 의뢰한 경우, 직업평가 실시 후 직업평가 보고서를 발송하면서 종결될 수 있다.

직업재활계획 수립 이후부터 취업알선 또는 취업 이후 종결은 직업재활목표가 달성되었거나 장애인이 서비스 이용을 거절하거나 포기하는 경우, 기타 서비스를 이용하기 어려운 종결 사유가 발생하게 된 경우이며, 개별상담 후 사례회의를 개최하여 종결 여부를 결정하게 된다.

[그림 4-1]에 표기된 숫자(00-24)는 일종의 코드번호로 필요에 따라 사례관리나 행정업무 처리과정에서 활용할 수 있다. 00~08은 직업재활계획 수립까지이며, 10~16은 훈련이나 취업 등과 관련된다. 그리고 20, 22, 24는 종결을 나타낸다.

2. 지원고용의 과정

지원고용의 과정은 [그림 4-2]에 취업알선을 중심으로 보다 자세하게 제시되어 있다. 지원고용대상자는 직업재활의 과정도에서 이미 초기면접으로서의 직업상담과 직업평가를 받았고, 지원고용을 목표로 직업재활 서비스의 대상자로 적격하다는 판정을 받았다고 볼 수 있다. 그다음 직업재활계획 수립에서 지원고용을 중심으로 하는 계획서가 작성된 것으로 볼 수 있다.

지원고용의 과정은 구직장애인의 특성과 사업체 측면으로 구분할 수 있다. 지원고용을 실시하기 위해서는 먼저 구직장애인의 특성을 분석해야 하는데, 이 과정은 이미 직업상담과 직업평가 과정에서 수집한 정보를 바탕으로 정리될 수 있다. 무엇보다도 구직장애인의 흥미, 적성과 장애 정도 등을 고려하여 희망하는 직업의 종류를 탐색하고 개인의 구직욕구를 바탕으로 직업에 대한 구체적인 정보를 파악해야 한다.

사업체의 측면에서, 지원고용을 담당하는 기관이나 구직장애인은 지역사회 사업체에 대한 조사와 분석을 통하여 사업체를 개발한다. 지원고용을 담당하는 기관에서는 평소에 지역사회 내 사업체에 대한 다양한 정보를 수집하고, 필요에 따라 직무분석을 실시하며, 사업체 관계자와 원만한 관계를 유지하는 것이 필요하다. 구직장애인의 특성과 구직욕구 및 사업체의 직무분석 결과의 적합성 비교를 실시하여 지원이 필요한 사항에 대한 계획을 수립하게 된다.

1) 구직장애인

구직장애인인 지원고용대상자의 특성은 초기면접 및 직업평가 결과 또는 직업적응훈련 등의 직업재활 서비스 과정에서 지속적으로 진행된 상담과 평가의 내용을 바탕으로 파악할 수 있다. 이러한 구직장애인의 특성은 취업알선 시 사업체 및 직무에 요구되는 기능을 분석할 때 활용될 수 있다. 이와 더불어 장애인과 보호자 등이 가지고 있는 취업에 대한 욕구가 무엇인지, 구체적으로 개발된 사업체에 취업을 희망하고 있는지 등을 조사해야 한다. 구직장애인의 특성 및 구직욕구는 취업알선 시 사업체의 직무에서 요구되는 특성들과의 적합성을 비교하는 데 활용된다.

지원고용대상자에 대한 보다 자세한 내용은, 제5장에 제시되어 있는 바와 같이, 지원고용대상자에 대한 직업진로계획을 세우기 위하여 다양한 정보를 수집하고, 구직욕구를 조사하며, 개인정보와 직업특성 정보들을 수집하고 확인해야 한다. 이때 지원고용대상자의 강점, 관심, 흥미, 능력, 우선순위 등에 대하여 분석하고 그 결과를 사업체 개발이나 적합성 비교 등에 적절히 활용할 수 있어야

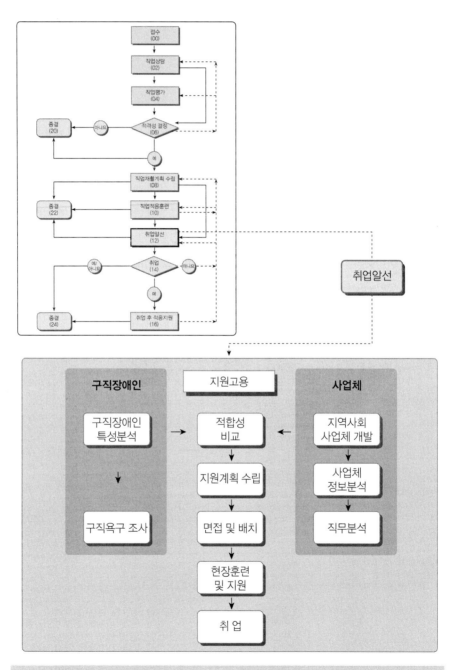

[그림 4-2] 직업재활과 지원고용의 과정

출처: 한국장애인개발원(2010).

한다.

2) 사업체

(1) 사업체 개발

사업체 개발은 지역사회 내 장애인이 직업을 가지고 생활할 수 있는 잠재적인 취업가능 사업체를 개발하는 전문적이고 종합적인 활동이다. 개발된 사업체는 장애인을 고용하고자 구인을 요청한 사업체이거나, 지원고용담당 기관이 장애인 고용에 대해 안내하고 장애인의 직무배치를 염두에 두어 직무조정 등의 과정을 통해 개발한 사업체를 말한다. 사업체 개발과 관련된 사업체 정보 조사 등은 제6장을, 직무분석과 관련된 내용은 제7장을 참조하기 바란다.

(2) 사업체 정보 분석

사업체가 장애인 채용에 대한 의사를 나타내면 사업체와 구인 직무를 구체적으로 파악하여야 한다. 이를 위해 사업체와 협의하여 방문일정을 계획하고 방문시 장애인 고용혜택 등의 제도, 지원고용 담당 기관 소개 자료 등을 준비하여 설명하고 안내한다. 사업체 정보는 크게 사업체의 현황과 구인조건으로 구분할 수 있으며, 이는 적합성 비교의 과정에서 사용되고 알선대상의 구직장애인에게 충분히 설명되어야 할 중요한 정보라고 할 수 있다.

(3) 직무분석

직무분석은 사업체의 일반 직무 또는 구인 직무를 수행하기 위해 필요한 신체능력, 인지, 작업수행, 변별력, 사회성 등의 기능 정도를 파악하는 것으로, 궁극적으로는 사업체 정보 조사와 함께 해당 직업의 적합성에 관련된 주요 요소를 평가하여 구직장애인에게 특정 직무가 적합한지 여부를 결정하는 핵심 자료다.

3) 적합성 비교와 직무배치

적합성 비교란 구직장애인의 성공적인 직업배치를 위하여 구직요건과 구인 요건이 일치하는지 상호 비교하여 구직장애인에게 알선할 사업체를 결정하는 과정이다. 구직장애인의 직업특성 및 구직욕구와 직무분석을 포함한 사업체 정보를 비교 · 분석 · 검토하여 실제 취업으로의 연결 가능성 여부를 결정하는 것이다. 적합성 비교는 앞서 언급한 구직장애인 특성 및 욕구에 대한 자료와 사업체 정보 및 직무분석 자료를 토대로 사례회의를 통해 진행된다. 사례회의 시 적합성을 결정하고 필요한 지원을 계획하여 그 결과를 적합성 비교지에 작성한다.

적합성 비교 결과를 바탕으로 지원고용이 결정되면 현장 직무배치 전후에 구직장애인에게 필요한 서비스 지원계획을 수립하고 계획을 실현하기 위한 시간과 절차들을 구체화한다. 적합성 비교 결과와 지원계획을 바탕으로 취업담당자는 사업주 및 구직장애인과 면접 일정을 세우고 본격적인 취업을 위한 준비를 한다. 사업주에게는 구직장애인에 관한 기본정보를 알려 주고, 구직장애인에게는 사업체에 대한 구체적인 정보와 이력서 및 자기소개서 등 필요한 구비 서류를 준비하도록 안내한다. 필요한 경우 면접을 보기 전 이력서 및 자기소개서 작성, 면접기술 및 면접 시 주의 사항 등에 대한 사전교육을 실시할 수 있다. 적합성 비교는 제8장을, 직무배치는 제9장을 참조하기 바란다.

4) 현장훈련 실시 및 지원

지원계획 수립 후 사업체에 지원고용대상자의 직무배치가 이루어지면 지원고용전문가는 현장훈련을 실시한다. 지원고용전문가는 현장훈련을 실시하면서 구직장애인의 직무수행 및 적응수준과 사업체의 요구사항에 대한 적합성 비교 결과에 따라 지원내용을 결정해야 한다. 현장훈련 시 지원방법은 구직장애인의 개인적인 특성이나 직무 난이도에 따라 다양하게 선택하고 적용될 수 있는데 과제분석(task analysis), 촉진, 모델링, 시범, 신체적 안내, 자연적 지원 등 다양한 방법을 시도할 수 있다.

　훈련과 지원전략은 작업장 밖에서도 제공할 수 있다. 작업장 밖에서의 지원은 개인이 고용을 유지하고 소속감을 확고히 하는 데 필요할 수 있다. 어떤 사람에게는 작업장 밖에서 주어지는 지원이 작업장 안에서 주어지는 지원보다 성공적인 배치에 더 중요할 수도 있다. 예를 들면, 만성의 중증정신장애인의 경우 작업과제 수행과 관련된 지원은 필요하지 않을 수 있으나 증상이 시작될 때 어떻게 대처해야 하는지, 작업 시작 전에 실시되는 상담, 사회적 기술훈련 등이 더 중요할 수 있다.

　지원고용전문가는 권익옹호와 사례관리와 같이 고용과 직접 관련된 다른 중재를 제공할 수도 있다. 지원고용전문가는 작업장 안팎에서 자연적 지원체계를 개발할 수 있도록 장애인을 도와 작업환경에 소속감을 가질 수 있게 해야 한다. 또한 작업장 내에서의 기초적인 직업기술 개발에서부터 작업동료 및 상급자가 가질 수 있는 장애인에 대한 낙인의 문제를 다루는 상담에 이르기까지 장애인의 요구에 알맞은 적절한 지원전략의 유형을 결정하고 실시할 수 있어야 한다.

5) 취업 후 적응지원

　취업 후 적응지원은 장애인, 사업주나 동료, 가족 등을 대상으로 장애인이 취업된 이후 직장 내 다양한 문제들에 대해 적절히 대처할 수 있도록 지원하는 서비스로 지원고용대상자의 고용안정 및 만족스러운 직장생활 유지를 도모하는 데 목적이 있다. 취업장애인이 직장생활에서 겪게 되는 여러 가지 문제를 해결하기 위해 장애인, 가족, 사업주 등을 대상으로 수행 직무, 사회심리적 관계, 직장환경 등의 측면에서 필요한 사항을 지원하여 취업장애인이 만족스러운 직장생활을 유지할 수 있도록 한다.

　취업 후 적응지원에서는 취업장애인의 담당 직무에 변화가 있을 시 직무 조

정 및 지도 등 변화에 따른 적응을 지원한다. 또한 직장 내 대인관계, 출퇴근, 규
칙 준수, 자기관리 등의 어려움을 해결하여 원활한 직장생활을 할 수 있도록 지
원하며, 고용유지에 필요한 가족의 지원 사항을 파악하여 유기적인 관계를 조
성하고, 취업장애인의 직업생활과 직접적으로 연관된 가정 내 문제를 해결할 수
있도록 지원한다. 그리고 사업체 관계자들에게 장애인 근로자에 대한 이해를 제
고하여 지속적인 고용 창출과 발생할 수 있는 다양한 문제를 해결할 수 있도록
한다.

◈ 제5장 ◈
지원고용대상자

1. 직업진로계획

인간은 태어나서 영유아기, 아동기, 청년기, 장년기, 노년기 등의 생애 주기를 거쳐 생을 마감하기까지 다양한 삶의 여정을 거친다. 대부분의 경우 아동기와 청년기에 학교를 다닌 후 사회로 나아가게 되며, 특수교육을 받는 학생 또한 학교를 다니는 동안 사회로 나아가기 위하여 자신의 직업진로계획을 설정하는 것이 바람직하다. 이 직업진로계획에 따라 장애청년들은 지원고용이나 보호고용 등 직업에 대한 방향을 설정하게 된다.

현재 우리나라에서 특수교육은 고등학교까지 의무교육이므로, 특수교육을 받는 고등학교 또는 전공과 학생이라면 자신의 졸업 이후의 직업에 대한 성과 또는 목표가 개별화교육계획에 반영되는 것이 바람직하다. 즉, 고등학교나 전공과 시기에 졸업 이후의 삶의 방향에 대한 직업진로계획을 세우는 것이다. 만약 중도장애를 입는 경우에는 장애인복지관이나 직업재활시설 등에서 개별화재활계획 또는 개별화고용계획을 작성하게 되고, 그 일부로서 일반고용, 지원고용, 보호고용 등의 방향을 설정하게 된다.

이 책에서는 현재 우리나라에서 고등학교 특수교육이 의무교육이라는 측면에서 '직업진로계획(career planning)'이라는 용어를 사용한다. 이 용어는 고등학교나 전공과를 다니는 학생의 경우에 가장 적절할 수 있으며, 장애 성인의 경우에는 개별화재활계획, 개별화고용계획, 개별화지원고용계획 등의 용어가 더 적합할 수 있다.

지원고용은 장애가 아무리 심하다고 할지라도 일을 할 권리가 있음을 강조하며, 통합된 지역사회에서 비장애인과 함께 일을 할 수 있도록 서비스를 제공한다. 직업진로계획은 지원고용전문가를 포함한 직업진로계획팀의 구성원들이 특수교육을 받고 있는 장애인을 지역사회에 배치하는 계획을 수립하고 향후 지원고용을 위한 다양한 의견을 제시하고 자원을 제공하기 위하여 작성하는 것이다. 이 계획은 지원고용을 위한 유용한 정보를 제공하는 도구로서 지원고용대상자의 구직욕구와 개인정보 및 직업특성에 대한 조사 결과를 바탕으로 작성하게 된다.

1) 직업진로계획팀의 조직

중증의 장애를 가지고 있는 사람은 자신의 생각을 조리 있게 표현할 수 있는 능력이 부족하거나 고용에 관한 폭넓은 생각을 표현하는 기회가 제한될 수 있기 때문에 지원고용전문가는 그들의 삶과 실질적으로 관련 있는 사람들의 조언을 구할 필요가 있다. 이는 건축가가 집을 지을 때와 많은 면에서 비슷하다. 예를 들어, 전기 기술자와 배관공, 페인트공 그리고 그 밖의 각종 숙련공의 도움이 없다면, 건축가가 집을 완성할 수 없을 것이다.

직업진로계획을 개발하는 데에 있어서 첫 번째 단계는 직업진로계획팀에 꼭

필요한 핵심 인사를 선정하고 그들이 참여할 수 있도록 하는 것이다. 직업진로
계획팀은 다음과 같이 다양한 관계자들로 구성되어야 한다.

- 지원고용대상자
- 특수교사
- 보호자
- 직업재활사
- 주거서비스 제공자 등 성인재활기관 관계자
- 가족 구성원
- 지원고용전문가
- 사업체 관계자

팀 구성원들은 그들이 지원고용대상자의 현재 삶에 어느 정도 관련되는지에
따라서 포함 여부가 결정된다. 가장 밀접하게 관련되는 구성원들은 팀 회의에
서 가장 유용하고 적절한 정보를 제공하게 된다. 여기서 지원고용전문가와 특수
교사의 역할은 이용할 수 있는 정보에 기초하여 계획을 조정하는 일이다. 만약
지원고용을 희망하는 장애인이 고등학생이거나 전공과 학생이라면 특수교사가
중심이 되어 지원고용전문가와의 협력 속에서 직업진로계획을 작성할 수 있다.
만약 지원고용을 희망하는 장애인이 2~3개월 내에 학교를 졸업하는 경우라면
지원고용전문가가 중심이 되어 특수교사와의 협력 속에서 직업진로계획을 작
성할 수 있다.

직업진로계획의 전형적인 정보로는 다음과 같은 내용이 포함된다.

- 각 개인이 좋아하는 것과 싫어하는 것들
- 달성하게 될 고용의 결과
- 고용을 획득하고 유지하는 데 방해가 되는 요소들

- 지원고용대상자의 고용 가능성 요인 평가(작업시간대, 이동 등)
- 고용을 획득하는 데 필수적인 것으로 확인된 지원내용들

2) 직업진로계획팀의 운영

(1) 효과적인 팀워크 조성

직업진로계획은 팀의 운영으로 이루어진다. 여기서 고용전문가나 특수교사는 직업진로계획을 작성하기 위하여 효과적인 팀워크를 촉진할 수 있어야 한다. 이들은 다음의 기법들을 사용함으로써 집단과정을 촉진시키는 기술을 향상시킬 수 있다.

- 첫 번째 만남을 준비하기 위해서 팀 구성원들이 서로 잘 알 수 있도록 소개하는 시간을 갖는다. 회의의 참여를 보다 효과적으로 이끌어갈 수 있는 질문이나 논의를 전개할 필요가 있다.
- 편안하고 협조적인 분위기를 갖도록 한다. 모든 아이디어를 받아들이고 창의력을 총동원한다.
- 지원고용대상자와 그의 삶의 긍정적인 면에 초점을 맞춘다. 직업진로계획 과정이 향후 적절한 직업연결로 이어질 수 있도록 긍정적인 분위기를 조성한다.
- 직업진로계획 과정에 초점을 맞춘다. 팀 회의가 지원고용대상자의 삶의 다른 측면에 대한 논의로 벗어나지 않게 한다. 직업진로계획 과정은 교육방법이나 주거생활과 같은 주제로 논점이 흐려지게 해서는 안 되며, 지원고용에 초점을 맞추어 실시해야 한다.

(2) 지원고용대상자에 대한 정보 수집 및 검토

이 단계는 지원고용대상자를 보다 잘 알기 위한 정보를 수집하고 검토하는 것

이다. 먼저, 직업진로계획을 수립하기 위한 팀 회의를 통해서 정보를 수집할 수 있다. 만일 지원고용전문가가 지원고용대상자와 팀 구성원들과 친밀한 관계라면 팀 회의에 앞서서 몇 가지 정보를 얻을 수 있으며, 이러한 정보는 팀 회의를 시작하는 데 사용할 수 있다. 관련 정보를 얻는 것은 회의의 매우 중요한 요소이므로 정보의 획득이나 교환을 제한하는 어떤 접근도 사용되어서는 안 된다.

지원고용대상자에 대한 정보는 팀 회의 과정 중에 혹은 팀 회의와 별도로 여러 가지 방법을 통하여 수집할 수 있다. 지원고용대상자의 기능에 관한 정보를 제공하는 가장 중요한 출처로는 사전에 실시한 공식적 평가(교육, 직업, 심리, 사회, 정서, 의료, 신체 등)에 대한 기록 검토 및 해석, 지원고용대상자 · 가족구성원 · 교사 · 이전 고용주 등에 대한 면담, 다양한 상황에서의 비공식적 지원고용대상자 관찰 등이 있다.

① 기록의 검토 및 해석

이 단계는 지원고용대상자에 관하여 공식적으로 보고된 교육, 직업, 사회, 심리, 의료, 신체 등에 관한 평가 보고서, 과거의 작업경력 및 사회환경적 요인들을 검토하는 일이다. 이러한 정보는 때로 오류가 포함되어 있거나 애매모호한 것일 수 있으므로 지원고용대상자 선정 여부를 결정하기 위한 중요한 자료로 사용하기보다는 지원고용대상자를 이해하는 참고자료로 활용하는 것이 좋다. 왜냐하면 이러한 자료들과 지원고용에서의 성공 여부와는 상호 관련성이 입증되지 않았기 때문이다.

오히려 지원고용대상자가 감독이나 지시에 얼마나 잘 반응하는지와 같은 일반적 작업특징, 새로운 업무를 시도하려는 동기 유무, 가족의 지원수준, 업무 완수를 위한 자극책에 대한 반응 등에 주목해야 한다. 또한 지원고용대상자가 작업현장에서 문제를 야기할 어떤 행동을 보이는지(예: 근로자의 공격적인 행동, 불량한 위생관리 상태)에 대해서도 파악할 수 있다. 이러한 검토는 지원고용에서의 성공 가능성을 향상시키기 위하여 수정되어야 할 행동들을 파악하는 데 도움이 된다. 기록의 검토 및 해석 단계에서는 가능한 한 최근의 기록에 대하여 주목하며, 각 기록에서 기술된 내용들이 어떤 점에서 일관성이 있는지 확인하는 것이 중요하다. 아울러 지원고용대상자에 대한 보다 명확한 이해를 위해 각 기록들로부터 수집된 정보들을 면담 및 관찰을 통해 얻어 낸 정보들과 비교하고 종합해야 한다.

② 면담

경도 내지 중등도의 지적장애를 가졌으나 의사소통 능력이 있는 장애인과는 개별적인 면담이 가능하다. 이를 통해 작업에 대한 의지, 개별적인 자기관리 능력, 의사소통 능력, 직업목표, 교통수단의 필요성 등에 관한 적절한 정보를 파악할 수 있다. 그러나 중도지적장애인의 경우에는 대상자 외에 보호자 및 주요 관계자 등과 면담을 실시할 수 있다. 부모의 지원이 고용의 성패를 좌우할 수 있는 중요한 요인이므로 지원고용대상자에 대한 직업진로계획을 작성하는 과정에서 면담을 통해 부모가 가질 수 있는 지원고용과 관련된 관심이나 두려움에 대해 논의해 보아야 한다. 만약 가족이 지원고용을 꺼린다면, 지원고용대상자에 대한 직무배치 이전에 이 문제를 심도 있게 논의해야 한다.

학교 교사나 과거 작업 감독자들과의 면담을 통해서는 대상자의 인내심, 체력, 작업습관, 지시수행력 그리고 작업과제를 수행하는 데 필요한 강화나 도움의 정도와 같은 가치 있는 정보를 얻을 수 있다. 직업에서의 수행에 영향을 미칠지 모르는 긍정적 혹은 부정적 행동특성에 대해서도 조사하는 것이 필요하다. 좀 더 많은 정보들을 확보할수록, 그 평가는 좀 더 신뢰적일 것이다.

지원고용전문가나 지원고용대상자 그리고 부모/보호자가 처음부터 신뢰관계를 형성한다면 모두에게 유익할 것이다. 프로그램 초기부터 부모의 걱정과 기대를 진정으로 이해하는 것은 지원고용전문가가 부모로 하여금 자녀의 고용 잠재력을 적극적·현실적으로 바라볼 수 있도록 돕는 데 효과적이다. 만약 자녀가 지원고용 프로그램에 참가하는 것을 꺼리는 부모에 대하여 대수롭지 않게 생각하면 장차 여러 가지 문제를 초래할 수 있다.

부모, 양육자 및 그 밖의 양육책임자들은 일반적으로 지원고용대상자의 관심 사나 비관심사, 행동이나 습관 그리고 기능적 생활기술 등에 대한 정보의 훌륭 한 출처다. 면담을 하는 동안에 지원고용전문가는 지원고용대상자와 같이 일하 며 그를 배치하고 훈련하는 것을 용이하게 해 주는 부모나 보호자 등이 제공하 는 정보를 세심하게 기록해야 한다.

▶ 지원고용대상자 면담

지원고용대상자 면담은, 그것이 적절하고 가능하다면 지원고용대상자를 파 악할 수 있는 소중한 방법이다. 지원고용전문가는 기술적인 질문을 통해 지원고 용대상자의 의사소통 능력, 직업적 강점과 약점, 일에 대한 욕구, 직업목표 그리 고 사회적 기술들을 간파할 수 있다. 면담이 효과적이려면 인지, 의사소통, 정서 적 문제를 가진 사람의 욕구에 맞게 내용이나 방법이 조정되어야 한다. 다음에 제시되는 방안들은 인지, 청각, 의사소통 등에서 어려움이 있는 지원고용대상자 와 면담할 때 유용하게 사용될 수 있다.

- 간단하고 구체적인 어휘를 사용한다.
- 질문을 간결하게 하고 간단한 문장으로 구성한다.
- 지원고용대상자가 답변할 수 있는 충분한 시간을 허용한다. 어떤 사람은 다른 사람보다 언어적 이해와 답변을 구상하는 데 더 많은 시간을 필요로 한다.
- 지원고용대상자의 답변에 대한 가치판단을 하지 않는다.
- 지원고용대상자가 한 번에 이해하지 못하면 질문 내용을 다시 설명한다.
- 생각을 전달하기 위해 몸짓, 얼굴 표정 등을 사용하고, 지원고용대상자도 답변을 그와 같은 방법으로 표현하도록 격려한다.
- 필요하다면 질문 내용이나 생각들을 전달할 수 있도록 그림을 사용한다.

- 답변을 위해 그림 선택지를 제공한다.
- 의사소통을 위해 적절한 보조공학기구를 활용한다.
- 청각장애 지원고용대상자와 대화하기 위해 필요시 수화통역자를 활용한다.

▶ 부모 · 보호자 혹은 양육책임자 면담

장애인의 부모 또는 양육자들은 장애를 가진 사람의 생활에서 매우 중요한 영향을 미친다. 특별히 장애인이 소비자로서 지원고용 서비스를 받고자 할 때 더욱 그렇다. 부모나 보호자로부터의 지원여부가 지원고용대상자의 직업에서의 성공과 실패를 좌우할 수도 있다. 이러한 이유 때문에 지원고용전문가는 서비스를 제공받는 사람의 부모나 보호자와의 의사소통 통로를 확립하고 유지하는 것이 중요하다.

면담은 직업배치 결정이 이루어지기 전 초기 단계에서 지원고용대상자의 부모/보호자와 지역사회에서 실시될 지원고용과 관련하여 그들의 희망과 걱정들에 대한 논의를 위해 계획되어야 한다. 다음과 같은 중요한 논점들이 다루어질 수 있다.

- **부모가 자녀에게 가장 적절하게 생각하는 직업들이나 직업군**: 부모가 생각하기에 자녀에게 가장 적절하다고 생각하는 직업 또는 자녀가 성인으로서 달성하기를 희망해 왔던 지위를 지닌 직업에 대하여 논의한다. 이에 대한 논의과정에서는 비현실적이고 앞으로 상처받게 될지 모르는 의견이 표면화될 수 있다. 지원고용전문가는 이러한 논점을 솔직함과 감성을 가지고 다루어야 한다.
- **부모가 자녀를 위해 반대하는 직업들이나 직업군**: 부모가 반대하는 직업이나 작업장소에 관해서 물어보는 것은 매우 중요하다. 여기에는 도덕적 · 종교적 관심뿐만 아니라 직업이 가족의 위상에 미칠 영향에 대한 가족의 감정에 이르기까지 다양한 가족의 가치관이 작용할 수 있기 때문이다. 주의

깊게 경청하고 그 상황을 정확히 해석하는 것이 중요하다.

- **자녀가 고용될 때 그 결과에 대해 부모가 예측하는 문제**: 이는 이동수단의 문제부터 개인이나 가족이 당면할 복잡한 어려움에 이르기까지 다양할 수 있다. 지원고용전문가는 앞으로 발전될지 모르는 문제 상황에 대한 인식을 위해 이 영역을 주의 깊게 조사해야 한다.

- **가능한/불가능한 작업 스케줄**: 일주일 중 며칠 혹은 낮이든 밤이든 어떤 일정한 시간에 지원고용대상자가 일을 하게 될 경우, 지원고용대상자나 그 가족에게는 심각한 어려움이 발생할 수 있다. 따라서 지원고용대상자를 직업에 연결시키기 전에 스케줄상의 문제점이나 어려움은 없는지 미리 파악하는 것이 중요하다.

- **교통**: 이동을 위한 교통은 출퇴근을 위해 필수적으로 확인해야 할 사안이다. 많은 지역에서 교통수단이 한정되어 있거나 존재하지 않을 수 있고, 대부분의 프로그램들은 지원고용대상자에게 교통수단을 무한정 제공할 만한 충분한 재원을 가지고 있지 못하는 경우가 많다. 그 때문에 지원고용대상자가 스스로 이동할 수 없을 경우 이 임무는 보통 부모와 가족 구성원에게 전가된다. 따라서 교통문제는 부모/보호자와 논의하는 것이 바람직하다.

- **고용 후 장애인에게 주는 수혜금의 상실 가능성**: 지원고용을 통하여 일정 금액 이상의 급여를 받게 되는 경우, 지원고용대상자나 그 가족이 기초생활수급을 통한 수입이 감소하거나 상실될 가능성이 있으므로 지원고용대상자는 이를 논의해야 한다.

▶ **교사 · 직업평가사, 기타 전문가들과의 면담**

지원고용대상자를 직접 가르친 교사나 직업평가를 실시한 평가사와의 면담은 지원고용대상자의 학업이나 직업에서의 수행 정도에 대한 정보를 제공해 준다는 측면에서 중요하다. 만약 지원고용대상자에 대한 기록 문건이나 보고서가 부적절하거나 유용하지 못하다면, 최근에 지원고용대상자를 가르치고 평가하고 훈련시켰던 전문가들을 면담하는 것이 중요하다. 이러한 전문가들은 지원고용대상자의 학업성취 정도, 작업습관, 지시수행 능력, 사회적 기술 그리고 인내력 등에 관한 정보를 제공 및 확인해 줄 수 있다.

▶ 이전 근무지 고용주 · 상사 · 작업훈련 요원들과의 면담

이전에 직업경력을 가지고 있는 지원고용대상자가 지원고용에 의뢰되는 일이 있다. 이전의 고용에 대한 면담은 실제 작업현장의 환경 속에서 지원고용대상자가 작업을 어떻게 수행하였는지에 대한 또 다른 정보가 될 수 있다. 이전 근무지의 상사와 작업훈련 요원들은 지원고용대상자의 작업과제의 수행, 직업에서의 사회적 상호작용, 의사소통과 지시수행 능력 그리고 작업에서의 강화 필요 정도에 관한 정보를 제공할 수 있다.

▶ 행동관찰

학교나 복지관, 가정의 모의 상황이나 실제 상황에서 지원고용대상자가 과제를 어떻게 수행하는지에 대하여 관찰하면서 정보를 수집할 수 있다. 가능하다면 지원고용대상자가 장차 일하기 희망하는 작업상황이나 지역사회 내에 있는 작업현장에서의 행동을 관찰하는 것이 좋다. 평가와 훈련의 목적을 위한 작업현장을 확보하기 위해 많은 시간과 노력을 필요하겠지만, 성공적인 지원고용 프로그램을 실시한 고용주들의 협조를 구하는 것이 필요하다. 기록의 검토, 면담이나 비공식적인 관찰에서 얻은 정보에 어느 정도 자신이 있다면, 실제 작업현장에서의 평가나 훈련을 필수적으로 하지 않아도 된다. 지역사회 내 작업현장을 확보하는 데 어려움이 있는 경우에는 기능상 유사한 모의 상황을 설정하여 행동평가를 실시할 수도 있다.

만약 지원고용대상자가 조직화된 프로그램(예: 특수학교, 작업활동이나 주간보호 프로그램)에 속해 있다면, 그 환경 속에서 그를 관찰하면 된다. 지원고용전문가가 다른 프로그램에 있는 담당자들과 직무상 양호한 관계형성을 하고 있다면,

지원고용대상자가 앞으로 일하게 될 작업현장에서 요구되는 것과 유사한 작업을 수행하도록 하여 그것을 관찰할 수 있도록 조정이 가능하다. 이러한 방법으로 작업과 관련된 요인들(행동, 사회적·작업적 기술, 체력, 인내력, 의사소통 능력, 강화 필요성)을 관찰함으로써, 근로자로서 앞으로 일하게 될 지원고용대상자에 대한 보다 깊은 이해가 가능해진다.

(3) 직업진로계획 정보 조직

지원고용대상자에 대한 제반 정보를 수집하였다면, 직업진로계획팀 회의에서 발표할 수 있도록 정보를 조직하고 요약할 필요가 있다. 지원고용전문가는 수집된 정보들을 괘도나 게시판에 배열하여 팀 구성원들이 정보를 보고 의견을 교환할 수 있게 한다. 이와 같은 방법으로 수집된 정보를 배열하는 것은 팀이 지원고용대상자에게 초점을 맞추어 회의를 진행하도록 도와줄 것이다.

직업진로계획을 위한 팀 회의 과정에서 지원고용전문가나 특수교사 등 회의를 주도하는 사람은 긍정적인 토의를 유도하고, 수집된 정보 가운데 모순점들이 있으면 해결해야 할 필요가 있다. 또한 직업진로계획 과정을 검토하고 진로계획 과정이 직무개발 준비를 도와주는 도구로 사용될 수 있도록 검토할 필요가 있다.

2. 구직욕구

지원고용전문가는 구직욕구에 관한 정보를 얻기 위해 부모/보호자와 지원고용대상자를 면담해야 한다. 이 경우, 부모/보호자와 지원고용대상자를 분리해서 질문함으로써 그들 각각이 어떤 생각을 가지고 있는지 파악할 수 있다. 질문사항은 되도록 쉽게 이해될 수 있는 말로 표현되어야 한다. 필요시 질문의 그 내용이 명확하게 전달되도록 수정하여 질문해야 한다.

〈표 5-1〉 구직욕구 면담 질문

---

   * 지원고용을 위한 배치를 준비하기 위하여 지원고용대상자와 부모/보호자에게 각각 다음과 같이
구직욕구에 대하여 질문한다. 각 질문에서 ①번 질문은 지원고용대상자에게, ②번 질문은 부모/보호자
에게 실시한다.

[질문 1]   ① 당신에게 최고의 직업은 무엇입니까?

            ② ○○(지원고용대상자 이름)에게 최상의 직업은 무엇입니까?

[질문 2]   ① 당신이 직업을 통해 추구하는 가장 중요한 것(예: 직무 · 직업명 · 급여 · 작업시간 · 사
            업체 소재지)은 무엇입니까?

            ② ○○(이)가 직업을 통해 추구하는 가장 중요한 것은 무엇입니까?

[질문 3]   ① 당신이 작업하기에 가장 좋은 장소(예: 공간의 크기, 사람들의 태도 등)는 어디입니까?

            ② ○○(이)가 작업하기에 가장 좋은 장소는 어디입니까?

[질문 4]   ① 당신이 가장 잘하는 것은 무엇입니까?

            ② ○○(이)가 가장 잘하는 것은 무엇입니까?

[질문 5]   ① 당신이 가장 좋아하는 작업의 종류는 무엇입니까?

            ② ○○(이)가 제일 좋아하는 작업의 종류는 무엇입니까?

[질문 6]   ① 당신이 좋아하고 잘하는 다른 종류의 일은 무엇입니까?

            ② ○○(이)가 좋아하고 잘하는 다른 종류의 일은 무엇입니까?

[질문 7]   ① 당신이 배우거나 일하기에 너무 어려운 작업 종류는 무엇입니까?

            ② ○○(이)가 배우거나 일하기에 너무 어려운 작업 종류는 무엇입니까?

[질문 8]   ① 당신이 일하기 싫어하는 직무는 무엇입니까?

            ② ○○(이)가 일하기 싫어하는 직무는 무엇입니까?

[질문 9]   ① 당신이 필요하다고 느끼는 훈련의 종류는 무엇입니까?

②○○(이)가 필요로 하는 훈련의 종류는 무엇입니까?

[질문 10]   ① 당신을 일하기 어렵게 만드는 어떤 신체/건강 문제들이 있습니까?

②○○(을)를 일하기 어렵게 만드는 어떤 신체/건강 문제들이 있습니까?

부가설명:

출처: 오길승(1994). 일부 내용 수정함.

- [질문 1]의 "당신에게 최고의 직업은 무엇입니까?"는 "모든 직업 중 당신이 가장 좋아하는 직업이 무엇입니까?"와 같이 바꿀 수 있다.
- [질문 2]의 "당신이 직업을 통해 추구하는 가장 중요한 것은 무엇입니까?" 는 여러 부분으로 나누되 "예/아니요"의 답변 패턴을 피할 수 있도록 하는 것이 좋다. 이 질문은 "당신이 하고자 하는 직업의 종류는 무엇입니까? 그것이 아주 중요한 것입니까, 조금 중요한 것입니까, 아니면 전혀 중요하지 않습니까?" "당신이 하고자 하는 직업명 혹은 직업의 이름은 무엇입니까? 그것이 아주 중요합니까? 조금 중요합니까? 아니면 전혀 중요하지 않습니까?"와 같이 바꿀 수 있다.
- [질문 3]의 "당신이 작업하기에 가장 좋은 장소는 어디입니까?"는 일부 지원 고용대상자에게는 너무 개방적인 질문이 될 수 있다. 이러한 질문은 구체적인 부분으로 나누어 다음과 같은 특정한 여러 가지 질문으로 하는 것이 더욱 효과적일 수 있다. 예를 들면, "당신은 큰 회사에서 일하길 원합니까? 아니면 작은 회사에서 일하기를 더 원합니까?" "당신은 산뜻하고 깨끗한 장소를 좋아합니까? 아니면 다소 지저분한 곳이라도 괜찮습니까?" "당신은 한 두 사람하고 일하기 원합니까? 아니면 많은 사람과 같이 일하고 싶습니

까?" "당신은 말이 많은 사람과 일하고 싶습니까? 아니면 조용한 사람과 일하고 싶습니까?"와 같이 바꿀 수 있다.

- [질문 4]의 "당신이 가장 잘하는 것은 무엇입니까?"는 주로 직업적성과 관련이 깊다. 지원고용대상자에게 지필용 직업적성검사를 실시하는 것은 한계가 있으므로 이 질문을 통하여 적성과 관련이 있는 가장 잘할 수 있는 일을 파악한다.

- [질문 5]의 "당신이 가장 좋아하는 작업의 종류는 무엇입니까?"는 주로 직업흥미와 관련이 깊다. 지원고용은 개인의 흥미, 좋아하는 사항에 대한 고려가 중요하므로 이 질문을 통하여 흥미와 관련이 있는 사항을 파악한다.

- [질문 6]의 "당신이 좋아하고 잘하는 다른 종류의 일은 무엇입니까?"는 [질문 4]와 [질문 5]에서 언급된 좋아하거나 잘하는 직업 외에 추가적으로 지원고용대상자가 관심을 가진 일이 무엇인지 파악하는 데 활용된다.

- [질문 7]의 "당신이 배우거나 일하기에 너무 어려운 작업 종류는 무엇입니까?"는 지원고용대상자에게 추후 현장훈련이나 지원 시 고려해야 할 사항을 파악하는 데 도움이 된다. 지원고용을 위해서는 지원고용대상자에 대한 현장훈련과 지원이 필수적이므로 만약 배우거나 일하기에 너무 어려운 직업이 있는 경우에는 사업체에 직업조정을 요청하거나 지원고용대상자에게 더 적합한 직업을 선정하는 등의 필요가 있다.

- [질문 8]의 "당신이 일하기 싫어하는 직무는 무엇입니까?"는 지원고용대상자의 개인적인 선호, 좋아함 등을 반영해야 하는 지원고용의 특성상 고려해야 할 사항이다. 이는 지원고용을 통한 장기적인 고용과 직업 안정성과도 관련된다.

- [질문 9]의 "당신이 필요하다고 느끼는 훈련의 종류는 무엇입니까?"는 지원고용대상자나 부모/보호자가 평소에 어떤 훈련을 하고자 하는지를 파악하는데 활용된다. 지원고용전문가는 이 질문을 통하여 지원고용대상자가 필요하다고 느끼는 훈련의 종류와 해당 직무에서의 훈련이 일치하는지 파악

할 수 있으며, 지원고용을 실시할 때 어떤 훈련을 제공할지를 판단하는 데
참고할 수 있다.

- [질문 10]의 "당신이 일하기 어렵게 만드는 어떤 신체/건강 문제들이 있습니
  까?"는 지원고용 시 고려해야 할 신체 및 건강에 관한 사항을 파악하는 데
  도움이 된다. 신체적인 조건이나 어려움으로 인하여 취업이나 직업의 유지
  에 어려움을 겪는 경우가 많이 있으므로 지원고용을 실시할 때 이러한 신
  체/건강 문제를 어떻게 지원할 수 있을지 충분히 고려한다.

3. 개인정보

지원고용대상자의 진로직업계획을 작성하기 위하여 지원고용대상자에 대
한 일반사항 및 장애관련 특성, 취업관련 내용 등을 분석해야 한다. 지원고용대
상자에 대한 특성분석은 개인정보 양식과 직업특성 양식을 중심으로 실시할 수
있다.

지원고용대상자 개인정보 양식은 지원고용대상자 개인에 대한 정보를
수집하고 종합하는 데 도움을 준다. 이 양식은 크게 개인정보, 부모/보호
자 정보, 서비스 경력, 개인의 장애특성의 4개 부분으로 구성된다.

> 지원고용대상자
> 개인정보 양식은
> 108-111쪽에서
> 확인할 수 있다.

- 개인정보: 지원고용대상자의 이름, 성별, 생년월일, 주소, 전화번호, 이메일
  주소, 최종 학교명을 기록한다.
- 부모/보호자 정보: 부모 또는 보호자의 이름, 관계, 주소, 전화번호, 경제 상
  황을 기록한다.
- 서비스 경력: 학교 교내 실습, 지역사회 현장실습, 복지일자리, 보호고용, 지
  원고용 등 일자리 경험이 있는 경우, 기간, 프로그램명, 주관 기관명, 프로
  그램 내용, 프로그램 성과를 기록한다.

- 개인의 장애특성: 개인의 특성과 관련하여 어떤 장애를 가지고 있는지 주 장애와 수반장애를 적는다. 장애와 관련되는 기능들로 이동, 시각, 청각, 대근육 및 소근육 정도, 심리행동, 인지 등의 특성을 기록한다. 그 외에 지원고용대상자에게 중요한 사항들을 기재한다.

〈표 5-2〉 **지원고용대상자 개인정보 양식**

지원고용대상자 개인정보

접수번호: _____

개인정보

1. 이름: _____   2. 성별: 남 _____   여 _____

3. 생년월일: _____ 년 ____ 월 ____ 일   4. 전화번호: _____

5. 주소: _____

6. 이메일 주소: _____   7. 최종 학교명: _____

부모/보호자 정보

8. 이름: _____   관계: _____

9. 주소: _____

10. 전화번호: 자택: _____   직장: _____

11. 경제 상황: □ 기초생활수급권자 □ 차상위계층

서비스 경력

12. 학교 교내 실습, 지역사회 현장실습, 복지일자리, 보호고용, 지원고용 등 일자리 경험이 있는 경우 적어 주십시오.

기간	프로그램명	주관 기관	프로그램 내용	프로그램 성과

(계속)

개인의 장애특성

13. 복지카드에 기재되어 있는 주 장애 및 수반장애를 기입하십시오.

장애명		장애등급	
수반장애			

14. 건강 상태

병명	발병일	치료기관	약물복용 여부

15. 이전에 실시한 검사에 관한 정보를 기입하십시오.

검사도구명	검사일	검사기관	검사결과

16. 장애와 관련하여 해당하는 항목에 체크하십시오.

가. 이동	① 장애 없음	☐
	② 불안정한 걸음걸이 / 느림	☐
	③ 이동보장구(클러치, 지팡이 등) 사용, 다른 사람의 도움이 필요하지 않음	☐
	④ 휠체어 사용, 다른 사람의 도움이 필요하지 않음	☐
	⑤ 이동보장구(클러치, 지팡이 등) 사용, 다른 사람의 도움이 필요함	☐
	⑥ 휠체어 사용, 다른 사람의 도움이 필요함	☐
	※ 사용 보장구 _____	
	※ 필요로 하는 작업환경 수정 요구 _____	

(계속)

나. 시각	① 장애 없음(치료 가능한 시력결손은 포함) ☐ ② 보장구를 이용하여 글자 해독 가능 ☐ ③ 보장구를 이용하여 사물 변별 가능 ☐ ④ 법적 맹 ☐ ※ 사용 보장구 _____ ※ 필요로 하는 작업환경 수정 요구 _____
다. 청각	① 장애 없음(치료 가능한 청력결손은 포함) ☐ ② 구화를 이용하여 의사소통 가능 ☐ ③ 수화를 사용하여 의사소통 가능 ☐ ④ 수화를 사용하나 의사소통에 제한적임 ☐ ⑤ 구화나 수화 사용에 어려움이 있고 의사소통이 불가능 ☐ ※ 사용 보장구 _____ ※ 필요로 하는 작업환경 수정 요구 _____
라. 대근육	① 장애 없음 ☐ ② 하지에 장애가 있으나 작업활동에 제한이 없음 ☐ ③ 상지에 장애가 있으나 작업활동에 제한이 없음 ☐ ④ 하지에 장애가 있어 작업활동에 일부 제한이 있음 ☐ ⑤ 상지에 장애가 있어 작업활동에 일부 제한이 있음 ☐ ⑥ 상지 혹은 하지 장애로 인하여 작업활동에 제한이 큼 ☐ ※ 필요로 하는 작업환경 수정 요구 _____
마. 소근육	① 장애 없음 ☐ ② 손에 장애가 있으나 작업활동에 제한이 없음 ☐ ③ 손에 장애가 있으나 작업활동에 일부 제한이 있음 ☐ ④ 손에 장애가 있어 작업활동에 제한이 큼 ☐ ※ 필요로 하는 작업환경 수정 요구 _____
바. 심리행동	① 특별한 심리행동적 특성을 나타내지 않음 ☐ ② 과도한 우울감과 무력감 ☐ ③ 공격적인 행동 ☐ ④ 상동행동 ☐ ⑤ 부적절한 성적 행동 ☐ ⑥ 자해 ☐ ⑦ 사회적 부적응(청소년 비행, 도벽, 기물 파괴 등) ☐ ⑧ 욕설 및 폭력적인 언어 ☐ ⑨ 기타 ☐

(계속)

※체크한 행동에 대한 개략적인 설명을 해 주십시오.

_____

_____

_____

_____

_____

사.
인지

• 언어 수용 :

• 언어 표현 :

• 읽기 :

• 쓰기 :

작성자: _____   작성일자: _____ 년 ____ 월 ____ 일

출처: 박희찬 외(1996). 일부 내용 수정함.

4. 직업특성

지원고용대상자
직업특성 양식은
118-125쪽에서
확인할 수 있다.

　　지원고용대상자 직업특성 양식은 사업체 직무분석 양식과 비교하고 분석할 수 있도록 동일하거나 유사한 영역과 항목들로 구성되어 있다. 지원고용대상자 직업특성 양식과 사업체 직무분석 양식을 모두 작성한 후에 지원고용대상자와 직무 간의 적합성 비교분석을 하는 데 사용할 수 있다. 다만, 지원고용대상자 직업특성 양식은 지원고용대상자의 입장에서 직업에 대한 요구와 희망 및 능력 등을 중심으로 작성하도록 되어 있고, 사업체 직무분석 양식은 사업체 입장에서 직무를 수행하는 데 요구되는 능력이나 특성 등을 중심으로 작성하도록 되어 있는 점이 차이가 난다.

　　적합성 비교분석 결과 적합성이 높은 경우는 지원고용대상자가 그 직무에서 성공할 가능성이 높다는 것을 의미한다. 지원고용대상자와 직무분석 요인들 사이에서 낮은 수준의 관계성은 적합성이 떨어짐을 나타내는 것으로서 이는 지원고용대상자가 그 직업에서 성공할 가능성이 적음을 시사한다.

　　지원고용대상자 직업특성 양식은 취업과 관련된 사항들을 중심으로 조사하고 있다. 먼저, 개인정보로서 이름(성별), 생년월일, 작성자, 작성일자 그리고 이 양식에 대한 작성시기가 지원고용을 시작할 시기인 초기 단계, 지원고용을 진행하여 고용된 시기인 진행 중/고용상태, 지원고용을 진행하였으나 실직인 경우의 진행 중/실직상태 중에서 골라 기록한다. 이 양식은 지원고용대상자에 대한 관찰, 주요 관련인들과의 면담, 기록검토 등을 토대로 작성한다. 그리고 다음과 같은 요소들에 대하여 기록한다.

1) 개인적 특성

　　'개인적 특성'에는 지원고용대상자의 용모, 행동, 의사소통, 주의집중, 업무의 변화 및 사회적 상호작용에 관하여 기록한다.

- **용모**: 옷차림, 단정함, 위생, 청결 등을 포함한다. 지원고용대상자가 특정한 작업상황에서 단정함(예: 전반적으로 용모가 단정하고 옷차림에 맵시가 있음)과 청결함(예: 깨끗한 옷차림, 몸, 머리카락, 손톱 등이 깨끗함)을 갖추거나 유지할 수 있는지를 기준으로 기록한다.
- **행동**: 행동은 내부적 또는 외부적 자극들에 대한 관찰 가능한 반응 요소로서, 어떤 활동이나 반응 또는 수행은 모두 행동으로 볼 수 있다. 지원고용대상자의 행동이 어느 정도 긍정적이며 건설적(예: 업무 중점적, 주의집중적, 협조적)인지 또는 부정적(예: 산만함, 비협조적, 공격적, 몸을 흔들거나 혼자 이야기함, 과도한 감정 표현 등)인 행동이 어느 정도 빈도를 보이는지 등을 기준으로 기록한다.
- **의사소통**: 지원고용대상자가 특정한 작업상황이나 생활 중 말이나 손 또는 몸짓으로 생각, 의견과 정보를 교환할 수 있는 정도. 명확한 표현 언어로 의사소통을 하는지 혹은 제스처나 핵심적인 단어만을 사용하여 의사소통하는지 등을 구분하여 작성한다.
- **주의집중**: 손쉽게 업무에 집중할 수 있는 능력은 업무 달성에 필수적이며 작업의 질에 영향을 미친다. 일부 지원고용대상자는 업무에 대해 적절한 주의집중을 유지하기 위해 동료 근로자나 상급자로부터 일정 수준의 단서나 관리감독을 필요로 한다. 또 다른 일부 지원고용대상자는 일하는 데 스스로 집중할 수 있으며 단서나 관리감독을 거의 필요로 하지 않을 수 있다.
- **업무의 변화**: 지원고용대상자가 특정한 업무와 작업순서에 있어서의 변화에 적응하는 정도를 기준으로 기록한다. 또한 지원고용대상자가 특정한 작업을 수행하는 요일이나 시간이 변화되거나 자신이 맡은 일의 내용이나 순서가 변화될 때 어느 정도 적응하는지를 기준으로 기록한다.
- **사회적 상호작용**: 지원고용대상자가 주어진 일자리에서 적절한 기능을 수

행하기 위해 어느 정도 사회적 상호작용을 할 수 있는지를 기준으로 기록한다. 이러한 사회적 상호작용은 직무에 따라 다를 수 있으므로 사전에 지원고용대상자의 능력을 파악하는 것이 필요하다.

2) 시간과 이동

'시간과 이동'에는 작업시간대, 출퇴근 수단, 시간 분별, 작업공간 분별 및 이동에 관하여 기록한다.

- 작업시간대: 지원고용대상자와 그 가족들이 작업에 참여할 수 있는 시간과 날짜를 말한다. 야간 또는 주말에도 일을 하고자 하는지, 전일제 작업과 시간제 작업 중 어느 것을 원하는지 등을 결정하는 것이 중요하다. 해당하는 것을 모두 체크하여 작업시간대의 융통성 정도를 살펴본다.
- 출퇴근 수단: 지원고용대상자가 출퇴근을 할 때의 가능한 수단을 알아보는 것이다. 출퇴근 수단은 공공적인 것부터 사적인 것까지, 아주 제한적인 것부터 완전히 독립적인 것까지 다양하다. 해당하는 것 모두를 체크하여 출퇴근 수단의 가능성 정도를 살펴본다.
- 시간 분별: 지원고용대상자가 휴식이나 점심시간과 같은 아주 간단한 것부터 시간의 흐름에 대한 인식, 시간과 분을 얼마나 정확하게 파악할 수 있는지 정도 등을 기준으로 기록한다.
- 작업공간 분별: 지원고용대상자가 공간상에서 방향을 찾을 수 있는 능력이다. 건물 내 한 공간에 대한 분별부터 건물 전체와 야외에 대한 분별 가능성까지 어느 정도의 방향감각이 있는지 살펴봄으로써 넓고 복잡한 작업공간에서 길을 잃어버릴 가능성이나 직무수행에 어려움이 있는지를 판단한다.
- 이동: 지원고용대상자가 어느 정도 이동할 수 있는지를 기준으로 기록한다. 예를 들어, 이동이 어려워서 한 장소에 머물러 있어야 하는지 혹은 제

한 없이 충분히 이동할 수 있는 능력이 있는지 등을 기준으로 판단한다.

3) 작업수행

'작업수행'에는 지구력, 체력, 작업 주도성, 순차적 수행, 변별력, 작업속도 및 강화 정도를 기록한다.

- **지구력**: 지원고용대상자가 휴식 없이 작업을 몇 시간 정도 지속적으로 할 수 있는지 정도를 알아보는 것이다. 여기서 지구력이란 일의 요건을 유지하고 견뎌 내는 능력이다.
- **체력**: 신체적인 힘의 하나로 지원고용대상자가 들 수 있는 물건의 무게를 중심으로 약함부터 강함까지 등급이 매겨진다.
- **작업 주도성**: 업무를 시작하고 그다음 업무를 추진하는 데 있어서 지원고용대상자가 어느 정도 독립적인지 살펴보는 것이다. 일부 지원고용대상자는 한 과제를 수행한 후 다음 과제를 회피하거나 작업지시를 기다리고 있지만, 다른 일부는 독립적으로 일을 착수하고 재촉이나 환기 없이도 다음 업무로 이동할 수 있다.
- **순차적 수행**: 지원고용대상자가 업무나 작업을 순차적인 단계로 수행하는 정도를 기준으로 기록한다. 작업을 완성하기 위해 필요로 하는 단계는 2가지 이상일 수 있으며, 이때 지원고용대상자가 어느 정도 순차적으로 수행할 수 있는지는 작업수행 능력과 관련이 될 수 있다.
- **변별력**: 지원고용대상자가 도구와 작업재료를 어느 정도 구분할 수 있는지를 중심으로 기록한다. 작업재료를 거의 구분하지 못하는 지원고용대상자가 있는가 하면 단서를 주면 구분할 수 있는 경우도 있고, 독립적으로 항상 작업재료를 구분하기도 하는 지원고용대상자가 있다.
- **작업속도**: 지원고용대상자가 어느 정도의 속도로 작업을 할 수 있는지를 기

준으로 기록한다. 작업속도는 특정한 사업체에서 필수적으로 요구되기도
하고 생산성과 밀접한 관련성이 있으므로 지원고용대상자의 능력을 파악
하는 것이 요구된다.

- **강화 정도**: 지원고용대상자가 작업을 수행할 수 있도록 하기 위해 어느 정
  도의 강화가 주어져야 하는지를 기록한다. 예를 들어, 빈번하게 강화가 주
  어져야만 작업이 수행되는지 혹은 별도의 강화없이 급여만으로 가능한지
  등에 대하여 그 정보를 파악하는 것이다.

4) 기능적 학업기술

'기능적 학업기술'에는 읽기, 쓰기, 셈하기 및 금전관리에 관하여 기록한다.

- **읽기**: 읽기란 적혀 있는 문자와 상징을 해독하는 것이다. 지원고용대상자
  의 읽기능력의 정교성 정도가 매우 초보적인 수준일 수도 있고, 보다 높은
  수준으로 숙달되어 있을 수도 있다.
- **쓰기**: 지원고용대상자의 쓰기능력이 자신의 이름을 적는 것과 같은 아주
  단순한 수준일 수도 있고, 자신의 생각을 문장의 형태로 작성하는 수준일
  수도 있다. 쓰기기술을 증진시키기 위해 중재를 실시하는 것은 어려우므로
  쓰기의 정도를 정확하게 파악하는 것이 필요하다.
- **셈하기**: 셈하기는 수세기, 다양한 형태의 계산(예: 덧셈, 뺄셈, 곱셈, 나눗셈 등)과
  관련된다. 지원고용대상자가 작업상황이나 생활과정에서 어느 정도의 산
  수능력을 수행하고 있는지를 기준으로 기록한다.
- **금전관리**: 동전이나 지폐를 구분하는 수준부터 비교적 어려운 화폐 계산에
  이르기까지의 범위를 말한다. 금전관리 능력은 지역사회에서 일하며 일상
  생활을 하는 지원고용대상자에게 가장 중요한 기능적 생활기술이다.

5) 환 경

'환경'에는 장애인에 대한 태도, 안전, 편의시설, 기온/조명, 분위기 및 청결/질
서에 관하여 기록한다.

- **장애인에 대한 태도:** 고용주의 장애인에 대한 태도는 지원고용대상자의 사
  업체 적응과 장기적인 고용 실현으로 나아가는 바탕이 된다. 고용주의 태
  도가 긍정적인 것이 바람직하겠지만, 현실적인 상황을 감안할 때 지원고
  용대상자가 고용주의 태도를 어느 정도까지 감내할 수 있는 상황인지 판
  단한다.
- **안전:** 안전한 작업을 위해 지원고용대상자가 어느 정도 위험상황에 대처할
  수 있는지를 파악하는 것으로서, 안전에 대한 조정이 매우 요구되는지 혹
  은 비교적 스스로 대처할 수 있는 편인지를 구분한다.
- **편의시설:** 지원고용대상자가 사업체 내의 편의시설을 어느 정도 이용해야
  하는지 파악하는 것으로서, 작업도구의 조정, 화장실, 현관의 연석 제거, 경
  사로나 엘리베이터 등의 이용 필요성을 파악하여 해당하는 것을 모두 기록
  한다.
- **기온/조명:** 지원고용대상자가 기온이나 조명에 어느 정도 민감한지 파악하
  는 것으로서, 적당한 기온이나 조명만 가능한지 혹은 그 외의 조건도 가능
  한지 기록한다.
- **분위기:** 지원고용대상자가 사업체의 분위기에 어느 정도 민감한지 파악하
  는 것으로서, 우호적이고 개방적인 분위기만 가능한지 혹은 그 외의 조건
  도 가능한지 기록한다.
- **청결/질서:** 지원고용대상자가 사업체의 환경에 어느 정도 민감한지 파악하
  는 것으로서, 청결하고 질서정연한 환경만 가능한지 혹은 그 외의 조건도
  가능한지 기록한다.

〈표 5-3〉 지원고용대상자 직업특성 양식

지원고용대상자 직업특성

등록번호 : _20_ – _____

개인정보

이름/성별 : _____ (남, 여)   생년월일 :   년   월   일

작성자 : _____   작성일자 :   년   월   일

작성 시기 : □ 초기단계   □ 진행 중/고용 상태   □ 진행 중/실직 상태

* 지원고용대상자에 대한 관찰, 주요 관련인들의 면담, 기록검토 등을 토대로 작성한다.

---

1. 개인적 특성

1-1. 용모

1) 단정하지 않으며, 위생이 불량함 ☐

2) 단정하지는 않으나 청결함 ☐

3) 단정하고 청결하나 옷맵시가 나지 않음 ☐

4) 단정하고 청결하며 옷맵시가 좋음 ☐

※ 부가설명 : _____

_____

1-2. 행동

1) 하루에 5회 이상 부적응 행동을 함 ☐

2) 하루에 3~4회 부적응 행동을 함 ☐

3) 하루에 1~2회 부적응 행동을 함 ☐

4) 부적응 행동이 없음 ☐

※ 부가설명 : _____

_____

1-3. 의사소통

1) 제스처 사용/핵심적인 단어를 사용하여 의사소통함 ☐

2) 짧은 문장의 글씨를 적어서 의사소통함 ☐

3) 불명확한 표현 언어로 의사소통함 ☐

4) 명확한 표현 언어로 의사소통함 ☐

※ 부가설명 : _____

_____

(계속)

1-4. 주의집중

1) 잦은 단서/행동적 도움을 필요로 함　　☐
2) 간헐적 단서/많은 관리감독을 필요로 함　　☐
3) 간헐적 단서/적은 관리감독을 필요로 함　　☐
4) 낮은 단서/적은 관리감독을 필요로 함　　☐

※ 부가설명 : _____
_____

1-5. 업무의 변화

1) 변화에 적응하지 못함　　☐
2) 하루에 1~2회 변화에 적응함　　☐
3) 하루에 3~4회 변화에 적응함　　☐
4) 하루에 5회 이상 변화에 적응함　　☐

※ 부가설명 : _____
_____

1-6. 사회적 상호작용

1) 상호작용을 하지 못함　　☐
2) 단지 예의바른 태도만 요구됨　　☐
3) 사회적 상호작용이 가능함　　☐
4) 사회적 상호작용을 주도함　　☐

※ 부가설명 : _____
_____

2. 시간과 이동

2-1. 작업시간대 (해당 내용 모두 체크)

1) 주간(월~금요일)에 시간제로 작업이 가능함　　☐
1) 주간(월~금요일)에 전일제로 작업이 가능함　　☐
1) 야간 근무도 가능함　　☐
1) 주말 근무도 가능함　　☐

※ 부가설명 : _____
_____

(계속)

2-2. 출퇴근 수단 (해당 내용 모두 체크)

1) 도보로 출퇴근할 수 있음 ☐

1) 대중교통으로 출퇴근할 수 있음 ☐

1) 회사통근 차량을 이용하여 출퇴근할 수 있음 ☐

1) 자가용으로 출퇴근할 수 있음 ☐

※ 부가설명 : _____

_____

2-3. 시간 분별

1) 시간/시계 기능을 알지 못함 ☐

2) 휴식 시간과 점심시간을 파악함 ☐

3) 시간을 분별함 ☐

4) 분 단위의 분별이 가능함 ☐

※ 부가설명 : _____

_____

2-4. 작업공간 분별

1) 건물 내 한 장소에 대한 분별이 가능함 ☐

2) 건물 내 한 층의 여러 장소의 분별이 가능함 ☐

3) 건물 내 전체에 대한 분별이 가능함 ☐

4) 건물 전체와 야외에 대한 분별이 가능함 ☐

※ 부가설명 : _____

_____

2-5. 이동

1) 이동의 어려움으로 한 장소에서만 머물 수 있음 ☐

2) 계단/장애물 없는 곳에서 이동이 가능함 ☐

3) 계단/약간의 장애물이 있는 곳에서 이동이 가능함 ☐

4) 제한 없이 이동이 가능함 ☐

※ 부가설명 : _____

_____

(계속)

3. 작업수행

3-1. 지구력

1) 휴식 없이 2시간 이하의 작업이 가능함 ☐
2) 휴식 없이 2~3시간 이하 작업이 가능함 ☐
3) 휴식 없이 3~4시간 이하 작업이 가능함 ☐
4) 휴식 없이 4시간 이상 작업이 가능함 ☐

※ 부가설명 : _____
_____

3-2. 체력

1) 1kg 미만의 물건을 들 수 있음 ☐
2) 1~5kg의 물건을 들 수 있음 ☐
3) 6~10kg의 물건을 들 수 있음 ☐
4) 15kg 이상의 물건을 들 수 있음 ☐

※ 부가설명 : _____
_____

3-3. 작업 주도성

1) 전담 직원이 다음 과제를 제시해야 함 ☐
2) 전담 직원이 다음 과제를 하도록 단서를 제공해야 함 ☐
3) 다음 과제로 이동하도록 단서를 제공해야 함 ☐
4) 독자적으로 다음 작업을 함 ☐

※ 부가설명 : _____
_____

3-4. 순차적 수행

1) 1가지 작업과제만 수행할 수 있음 ☐
2) 2~3가지 작업과제를 순차적으로 수행함 ☐
3) 4~5가지 작업과제를 순차적으로 수행함 ☐
4) 6가지 이상 작업과제를 순차적으로 수행함 ☐

※ 부가설명 : _____
_____

(계속)

3-5. 변별력

1) 작업재료를 전혀 구분하지 못함 ☐
2) 단서를 주면 작업재료를 구분함 ☐
3) 때때로 스스로 작업재료를 구분함 ☐
4) 독립적으로 항상 작업재료를 구분함 ☐

※ 부가설명 : _____

_____

3-6. 작업속도

1) 작업속도가 매우 느림 ☐
2) 작업속도가 조금 느림 ☐
3) 작업속도가 보통 이상이며 꾸준한 속도를 유지함 ☐
4) 작업속도가 빠름 ☐

※ 부가설명 : _____

_____

3-7. 강화 정도

1) 과제 수행 중 빈번한 강화가 요구됨 ☐
2) 매일 강화가 요구됨 ☐
3) 주마다 강화가 요구됨 ☐
4) 별도의 강화가 요구되지 않고 급여만으로 가능함 ☐

※ 부가설명 : _____

_____

4. 기능적 학업기술

4-1. 읽기

1) 자신의 이름만 읽을 수 있음 ☐
2) 간단한 단어나 신호, 기호들만 읽을 수 있음 ☐
3) 간단한 문장을 읽을 수 있음 ☐
4) 책, 신문, 잡지 등을 읽을 수 있음 ☐

※ 부가설명 : _____

_____

(계속)

4-2. 쓰기
....

1) 자신의 이름만 쓸 수 있음 □

2) 자신의 이름, 간단한 단어를 쓸 수 있음 □

3) 이야기를 듣고 간단한 메모를 할 수 있음 □

4) 자신의 생각을 문장의 형태로 쓸 수 있음 □

※ 부가설명 : _____

_____

4-3. 셈하기
....

1) 5 이하의 수를 셀 수 있음 □

2) 6~100의 수를 셀 수 있음 □

3) 간단한 사칙연산이 가능함 □

4) 분수/소수 계산이 가능함 □

※ 부가설명 : _____

_____

4-4. 금전관리
....

1) 동전과 지폐만 구분함 □

2) 1,000원 단위의 화폐 계산이 가능함 □

3) 10,000원 단위의 화폐 계산이 가능함 □

4) 100,000원 단위의 화폐 계산이 가능함 □

※ 부가설명 : _____

_____

5. 환 경

5-1. 장애인에 대한 태도
....

1) 부정적이어도 가능함 □

2) 무관심해도 가능함 □

3) 다소 수용적이어야 가능함 □

4) 매우 수용적이어야 가능함 □

※ 부가설명 : _____

_____

(계속)

5-2. 안전 (해당 내용 모두 체크)

1) 안전시설이 필요함 ☐
1) 안전장비가 필요함 ☐
1) 안전훈련이 필요함 ☐
1) 안전요원이 필요함 ☐

※ 부가설명 : _____

_____

5-3. 편의시설 (해당 내용 모두 체크)

1) 작업대나 도구 조정 필요함 ☐
1) 화장실 편의시설 이용 필요함 ☐
1) 연석이 제거된 출입구 이용 필요함 ☐
1) 경사로나 엘리베이터 이용 필요함 ☐

※ 부가설명 : _____

_____

5-4. 기온/조명

1) 부적당한 기온/부적당한 조명도 가능함 ☐
2) 부적당한 기온/적당한 조명도 가능함 ☐
3) 적당한 기온/부적당한 조명도 가능함 ☐
4) 적당한 기온/적당한 조명만 가능함 ☐

※ 부가설명 : _____

_____

5-5. 분위기

1) 배타적 분위기/폐쇄적 분위기도 가능함 ☐
2) 배타적 분위기/개방적 분위기도 가능함 ☐
3) 우호적 분위기/폐쇄적 분위기도 가능함 ☐
4) 우호적 분위기/개방적 분위기만 가능함 ☐

※ 부가설명 : _____

_____

(계속)

5-6. 청결/질서
....

1) 불결하고 무질서한 환경도 가능함 ☐

2) 청결하고 무질서한 환경도 가능함 ☐

3) 불결하고 질서정연한 환경도 가능함 ☐

4) 청결하고 질서정연한 환경만 가능함 ☐

※ 부가설명 : _____

_____

출처: 박희찬 외(1994). 일부 내용 수정함.

실습하기

- 지원고용대상자에 대한 구직 특성 및 욕구조사에 대한 실습은 다음의 과정을 참고하여 실시할 수 있다. 각 과정에서는 지원고용대상자에게 최선이 될 수 있는 방향으로 다양한 정보를 수집하고 브레인스토밍을 실시한다.

① 직업진로계획팀을 구성한다. 3~7명의 지원고용대상자 관련자 및 전문가들로 지원고용을 계획하고 실시할 팀을 구성한다.

② 지원고용대상자 및 부모를 대상으로 구직욕구를 조사한다.

③ 직업진로계획팀의 회의를 통하여 지원고용대상자 개인정보 양식을 작성한다.

④ 직업진로계획팀의 회의를 통하여 지원고용대상자 직업특성 양식을 작성한다.

◆ 제6장 ◆
취업 가능한 사업체 개발

1. 지역의 상업과 산업

　지원고용대상자가 달성하고자 하는 바람직한 고용에 도달하도록 돕기 위한 직업진로계획을 작성한 다음에는 그 대상자를 위해서 가장 알맞은 사업체가 지역사회에 있는지 찾기 시작해야 한다. 이를 위해 직업진로계획팀은 지원고용대상자에게 알맞은 사업체와 직무를 찾기 위한 적절한 정보를 파악할 수 있어야 한다. 그들은 지원고용대상자가 좋아하고 싫어하는 것이 무엇인지, 장점과 단점이 무엇인지 협의한 후 이에 상응하는 직업을 개발해야 한다. 사업체 고용주가 필요로 하는 노동력과 지원고용대상자의 능력을 연결시키는 직업배치는 상당한 기술이 요구된다.

　지원고용대상자가 통합고용에 도달할 수 있도록 고용전문가는 지역사회 내 노동시장의 전반적인 경향성을 파악해야 한다. 이러한 경향성을 파악한 후 가능성이 있는 사업체를 탐색하는 것이 필요하다. 사업체를 개발한 후에는 장애인을 위한 직무발굴, 직무분석, 고용의 협상, 취업 등의 과정이 이어진다. 직원채용 절차가 회사마다 다르기 때문에 지원고용전문가는 사업주와 접촉하여 그것을 이해함으로써 취업 가능한 사업체의 정보를 수집하여야 한다.

　지원고용전문가가 해야 할 일은 먼저 지역사회 내 어떤 사업 영역이 확대되고 있으며 그 결과 고용 가능성이 높아질 수 있는지를 파악하는 것이다. 일단 노동시장의 경향을 파악한 후 적절한 사업체를 찾아내고 지원고용대상자가 사업체에 접근할 수 있도록 도와주어야 한다. 고용 가능한 사업체를 찾기 위해 친척, 가족 구성원, 친구, 기타 친분있는 사람들과의 개인적인 접촉을 포함하여 가능한 한 많은 자원을 활용해야 한다. 지원고용대상자와 직업진로계획팀은 함께 앉아 과연 누가 어떻게 지원고용대상자의 취업을 위한 사업체를 찾는 데 도움이 될 수 있을지 생각해야 한다.

　지원고용대상자는 어떤 종류의 직업을 원하는지에 관하여 지원고용전문가를 비롯한 직업진로계획팀의 모든 사람에게 말해야 한다. 왜냐하면 지원고용대상자의 의사는 관련되는 사람들이 올바른 직업을 찾을 수 있는 실마리가 될 수 있기 때문이다. 지역사회 내 노동시장에서 직업기회를 확인하기 위하여 지원고용대상자 자신, 지원고용전문가, 직업진로계획팀은 다음과 같은 질문에 답하면서 정보를 수집해야 한다.

- 지역사회 내에 사업을 새로이 시작하는 곳이 있는가?
- 새로운 생산품이나 서비스 라인을 위해 사업장이 확장되는 곳이 있는가?
- 노동집약적인 작업이 이루어지는 사업장을 알고 있는가?
- 직원의 이직이나 결근이 잦은 사업장을 알고 있는가?
- 사업체협의회나 사업주 모임 등에서 향후 추세를 어떻게 제시하고 있는지 아는가?
- 장애인이나 직원의 가족, 친구, 기타 아는 사람들이 소유하고 있거나 운영

하고 있는 사업장을 알고 있는가?

• 이제까지 접촉해 본 사업장들 가운데 장애인 고용에 대한 긍정적인 견해를 보여 주었던 곳이 어디인가?

2. 지역사회 직업정보 분석

지역사회의 직업정보, 즉 노동시장의 동향과 고용 가능성을 분석하는 것은 지원고용대상자의 현실적인 직업목표를 설정하는 데 가치 있는 도구가 될 수 있다. 노동시장 분석은 몇몇 특정한 직종의 고용창출을 가능하게 하겠지만, 고용주를 찾아내기 위해 고용전문가는 대안적인 방법들도 보충해 나갈 필요가 있다. 지역사회의 어떤 직업 분야에서 사람을 구하고, 누가 사람을 구하는지는 다음에 제시되는 방법들을 통해서 알아낼 수 있다.

1) 인터넷 검색

최근 구인과 구직에 관한 웹사이트가 방대하게 구축되어 잠재적인 고용주를 찾을 수 있는 데이터에 접근이 가능해 졌다. 우리나라의 경우, 한국고용정보원의 워크넷(http://www.work.go.kr)에서 다양한 정보를 검색할 수 있다. [그림 6-1]의 메인화면에서 볼 수 있듯이, 다음과 같이 세 가지를 중심으로 정보가 제시된다. ① 구직- 일자리 찾으시나요? ② 구인- 일할 사람 찾으시나요? ③ 직업 · 진로- 직업정보 · 심리검사 궁금하세요?

[그림 6-1] 워크넷 메인화면

'구직' 화면([그림 6-2] 참조)은 일자리를 찾는 메뉴로, 채용정보를 검색할 수 있다. 일자리를 찾기 위한 조건 검색으로는 근무지역, 희망직종, 희망임금이 있다. 그 외에 학력, 경력, 우대조건에 대한 사항도 있으므로 이러한 사항들을 입력한 후 검색하면 된다.

'구인' 화면([그림 6-3] 참조)에서는 사업체 등에서 인재를 찾기 위한 정보입력 및 검색을 할 수 있다. 일할 사람을 찾기 위한 조건 검색으로는 희망직종, 희망 근무지역, 희망임금, 학력, 전공, 경력 등이다.

'직업 · 진로' 화면([그림 6-4] 참조)에서는 직업정보를 검색할 수 있으며, 직업심리검사, 직업 · 취업 · 학과 동영상, 직업탐방 등이 가능하여 직업과 진로에 대한 정보들을 제공한다.

[그림 6-2] 워크넷 '구직' 화면

[그림 6-3] 워크넷 '구인' 화면

[그림 6-4] 워크넷 '직업 · 진로' 화면

한편, 한국장애인고용공단의 장애인고용포털(http://worktogether.or.kr)에서도 장애인 고용과 관련된 채용정보, 인재정보, 취업가이드, 지원정책에 대한 내용을 제공하고 있다([그림 6-5]~[그림 6-8] 참조). '채용정보'에서는 기본적으로 근무지역, 희망직종, 희망임금 등을 기입하고 검색을 할 수 있다. 또한 대기업 채용정보, 공공기관 채용정보, 최신 채용정보 등에 대한 내용도 포함하고 있다. 장애인고용포털에서는 채용정보와 인재에 대한 상세검색도 가능하며, 장애인고용장려금과 사업주 지원제도에 대한 안내도 있다. 장애인 고용에 관심이 있는 사업체, 장애인 그리고 관련 기관에서 이 포털을 이용하여 잠재적인 고용주를 찾고 실제 고용으로 연결하기 위한 다양한 시도를 할 수 있다.

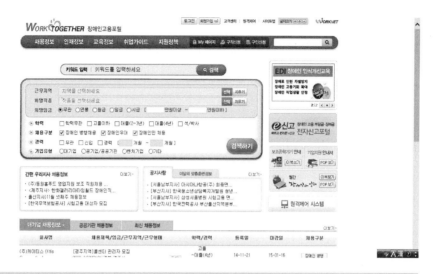

[그림 6-5] 장애인고용포털 메인화면

[그림 6-6] 장애인고용포털 '채용정보' 화면

[그림 6-7] 장애인고용포털 '인재정보' 화면

[그림 6-8] 장애인고용포털 '지원정책' 화면

2) 신 문

신문을 통하여 지역사회 내 직업정보를 찾을 경우, 지역신문의 구인광고와 같은 가장 확실한 방법부터 알아보기 시작한다. 신문의 구인란을 잘 살펴보면 지역사회 내에서 주로 어떤 분야에서의 구인이 있는지 파악할 수 있다. 지역사회 신문은 주로 인근 지역에 사는 주민을 대상으로 발간하므로 전국을 대상으로 하는 일간지에 비하여 그 지역사회의 특성을 반영한 직업들이 포함될 가능성이 많다. 구인광고는 가능한 모든 직업 안내를 제공하거나 모든 노동시장 경향을 나타내지 않는다는 것을 기억해야 한다.

3) 사업체의 직접 방문

직업정보를 찾기 위한 좋은 방법의 하나는 때때로 그냥 다니면서 사업체 입구에 붙여놓은 구인광고를 찾는 것이다. 사업체의 구인광고를 찾은 후에는 그 내용을 파악하고 구인 관계자들의 시간을 고려하여 사전에 전화를 한 후에 방문하는 것이 좋다. 대부분의 고용주는 일방적인 전화 통보 후 방문하거나 약속 없이 방문하는 것을 좋아하지 않는다.

4) 사업체 목록

지역의 관공서나 협회 등을 통해 확보할 수 있는 사업체 목록에는 가나다 순서, 생산물품, 소재지 등에 따라 제조회사들이 나열되어 있다. 또한 목록에는 선임 관리자와 사무원의 이름도 있다. 이러한 추가적인 정보는 구인자의 구직욕구와 흥미에 따라 업체를 선별하는 것을 도울 수 있기 때문에 고용전문가의 시간과 에너지를 절약하게 해 준다.

5) 고용전망 보고서

고용전망과 관련하여 한국고용정보원(https://www.keis.or.kr)에서는 『고용동향브리프』를 매월 발간하고 『지역고용동향브리프』를 분기별로 발간한다. 『고용동향브리프』에서는 주요 고용이슈에 대한 심층분석, 고용에 대한 통계 포커스, 고용 및 고용서비스 주요 지표 등이 소개된다. 예를 들면, 2015년 4월의 『고용동향브리프』에서는 '4년제 대졸자의 취업 사교육 기간 및 비용'을 집중적으로 분석하고 있으며, 통계 포커스로 '비경제활동인구 증가 현황'을 싣고 있다. 또한 '2015년 3월 고용 및 고용서비스 주요 지표'를 제시하고 있다. 이러한 통계 및 지표 자료들은 매월 고용동향이 어떠한지에 대하여 전반적인 파악을 할 수 있게 한다. 『지역고용동향브리프』는 매 분기마다 16개 시·도별 고용동향을 제시하고 있어 각 지역별로의 고용동향을 파악하는 데 도움이 된다. 이 자료에서는 지역별로 미충원 비중이 높은 직종에 대한 자료가 제시되어 지원고용 사업체를 탐색하는 데 활용할 수 있다.

[그림 6-9] 『고용동향브리프』와 『지역고용동향브리프』

6) 한국장애인고용공단 지사

한국장애인고용공단 지사는 2015년 현재 18개가 설치되어 있으며, 각 지사에 취업지원부와 기업지원부가 있다. 취업지원부에서는 취업알선, 지원고용, 직무지도원 관리, 직업평가 등을 실시하고 있으므로 취업지원부와 연계하여 지역사회 내 사업체에 관한 정보를 공유할 수 있다.

7) 장애인복지관 직업재활팀

각 지역사회에 위치하고 있는 장애인복지관에는 직업재활 업무를 담당하고 있는 부서가 있다. 복지관에서 수행하는 직업재활 업무는 다양할 수 있으나 대체로 직업상담, 직업평가, 지원고용, 직업적응훈련 등을 실시하는 경우가 대부분이다. 따라서 이미 지원고용을 실시하고 있는 지역사회 내 장애인복지관은 지역사회 내 사업체 현황을 파악하는 데 중요한 정보를 제공할 수 있으므로 이들 기관과 협력하는 것이 필요하다.

8) 고용센터

고용노동부는 모든 실업계층을 위해 전국의 주요 도시에 고용센터를 설치 · 운영하고 있는데, 다음과 같은 사업을 주로 하고 있다.

- **취업지원**: 구직자에게는 취업지원 서비스를 제공하고 구인업체에게는 구인업체 인력지원 서비스를 제공한다.
- **고용보험 관리**: 근로자에게는 실업급여와 능력개발 비용을, 사업주에게는 고용유지와 교육훈련 비용을 지원하는 제도를 운영 · 관리한다.
- **고용안정사업**: 산업구조의 변화와 기술진보 과정에서 근로자의 고용안정

을 보장하면서 기업의 고용조정을 합리적으로 지원한다.

- **집단직업상담**: 직업탐색 및 효과적인 취업기술을 제공하고, 실업자가 자신 감을 회복하여 신속히 취업할 수 있도록 다양한 프로그램을 운영한다.
- **직업능력개발**: 「근로자직업능력 개발법」 또는 「고용보험법」에 따라 실업 자, 자영업자 등의 자율적인 직업능력개발을 지원하기 위하여 '내일배움카 드'를 발급하고 일정 금액의 훈련비를 지원하여 직업능력개발 훈련에 참여 할 수 있도록 하며, 직업능력개발 관련 훈련 이력을 종합적으로 관리한다.
- **외국인채용지원**: 국내 인력을 구하지 못한 기업이 적정 규모의 외국인 근로 자를 합법적으로 고용할 수 있도록 허용하는 제도를 운영 · 관리한다.
- **실업급여**: 근로자가 근로의 의사 및 능력을 가지고 있음에도 불구하고 실직 한 상태에서 적극적인 재취업활동을 하는 경우에 지급한다.
- **모성보호**: 임산부에게는 유해 및 위험한 일 금지, 시간 외 근로 제한, 야간 및 휴일 근로를 원칙적으로 금지하고 요건을 갖춘 경우에만 예외적으로 허 용, 임산부가 요청하면 가벼운 일로 전환 등의 업무를 담당한다.

고용센터의 경우 비장애인을 대상으로 서비스를 제공하는 경우가 대부분이 나 장애인도 중요한 이용대상자이며, 특히 경증장애인의 경우 많은 도움이 될 수 있다.

9) 대한상공회의소

대한상공회의소(http://www.korcham.net)는 법정 경제단체로서 전국 및 지역 에 조직을 갖추고 있다. 각 지역의 상공회의소는 월별 혹은 분기별 등 정기적으 로 기관지를 발행하며, 기관지에는 지역사회 내 사업체에 대한 소식이나 경기전 망, 고용관련 정보를 싣고 있다. 예를 들어, 수원상공회의소는 『수원상의』를 발 행하며 2015년 3월호에는 회원사 탐방, 지역 내 업계 소식, 경제지표 등을 포함

[그림 6-10] 『수원상의』 2015년 3월호 목차

하였는데, 지원고용전문가는 이러한 내용을 중심으로 지역의 사업체 및 고용에 대한 정보를 수집할 수 있다.

10) 연결망

지원고용 서비스를 제공하는 다른 기관의 실무진과 연결망을 확보하는 방법이다. 지원고용을 실시하는 다른 기관들과 협조하고 전문가들과 직업개발 정보를 공유하도록 한다. 연결망을 확보하게 되면 구인자, 지역의 고용주 그리고 지원고용전문가 모두에게 이익이 될 것이다. 예를 들어, 한국 장애인복지관협회나 장애인고용촉진공단과 같이 전국적인 조직망을 가지고 있는 단체와 협력 관계를 유지하여 정기적으로 장애인의 취업과 노동시장의 경향에 관하여 정보를 교환할 수 있다.

노동시장 분석은 인터넷 검색이나 전화 접촉을 통하여 이루어질 수 있다. 인터넷 검색이나 전화 접촉으로 다음의 항목들을 알아볼 필요가 있으며, 이를 통해 노동시장 분석에 대한 보고서를 작성할 수 있다.

- 고용주와 연락 책임자의 이름
- 전일제 근로자와 시간제 근로자의 수
- 작업교대 시간
- 노동조합 방식
- 직원 채용에 사용되는 기준
- 가장 많이 채용되는 직위
- 새롭게 시작하는 작업목록
- 고용에 장애로 인식되는 요소

3. 취업 가능 사업체 접촉하기

1) 취업 가능 사업체 조사

사업체와 관련된 많은 정보들은 신문, 노동시장보고서, 사업체 목록, 관련 단체 등 앞서 언급한 다양한 자원들로부터 수집된다. 지원고용전문가는 연결 조직상 접촉 가능한 사람들, 잠재적인 고용주와 기업의 이름, 전화번호, 주소를 분류하고 기록하기 위한 나름대로의 방법을 갖고 있

취업 가능 사업체 조사 양식은 143쪽에서 확인할 수 있다.

는 것이 좋다. 취업 가능 사업체 조사 양식은 이러한 정보를 관리하기 위한 도구로 활용된다. 주기적으로 또는 지역사회의 고용동향의 변화에 따라 필요한 만큼 이 양식의 내용을 갱신할 수 있다. 산업 성장이 제한되고 직업에 대한 변동이 적은 소도시 지역에서 근무하는 지원고용전문가는 아마도 급속하게 성장하고 있는 지역사회에서 일하는 지원고용전문가보다 양식의 내용을 그렇게 자주 갱신하지 않아도 될 것이다. 이때 취업 가능 사업체 조사 양식의 정보를 다루기 위해 컴퓨터 데이터베이스(예: 엑셀 프로그램)로 작성하면 방대한 양의 자료들을 다양한 방식으로 저장·갱신·접근할 수 있어 편리하다.

취업 가능 사업체 조사 양식에서 나타나는 첫 번째 내용은 '빈도 높게 제공되는 취업 자리'인데, 이는 지역 신문의 구인 광고란, 상점 입간판, 고용 서비스 광고에서 종종 나타나는 일자리를 말한다. '직업명'에는 자주 나타나는 취업 자리와 이직률이 높은 것으로 알려진 직업에 대한 목록을 작성한다. '직업요건/훈련'에는 직업에서 요구되는 훈련유형 및 훈련수준, 필수적인 면허 또는 자격증, 우선적으로 필요한 경험 등을 기록한다. 또한 신문, 지역사회 소식지 또는 정보를 제공하는 기관이나 사람의 이름 등과 같은 '정보 출처'도 열거한다. 이러한 목록은 취업이 어려운 시기에 지원고용전문가가 손쉽게 참고할 수 있는 안내 자료가 된다. 자주 나타나는 취업 자리들은 경직된 노동시장 상황 속에서도 채용 가능성이 있는 것이다.

그다음의 내용으로 빈도 높은 직업명을 찾고 일자리를 제공하는 고용주의 이름과 주소, 전화번호 등을 작성한다. '대상 사업체/고용주'는 장애인 고용을 지원하거나 직원을 추가로 채용하는 사업체, 지원고용대상자에게 적합하거나 지리적으로 좋은 위치에 있는 사업체 등을 중심으로 기록한다. 지원고용 문제를 논의할 사람의 명단과 함께 대상 사업체의 이름, 주소, 전화번호 목록을 작성한다. '사업체 유형'에는 그 회사의 사업 성격을 기록한다. 이 부분에 대하여 상세히 살펴보면 다음과 같다.

▶ 장애인 고용을 지원함

고용주가 지원고용 프로그램에 스스로 접근하여 지원고용대상자를 고용함에 흥미를 나타내거나 지원고용대상자를 고용하고 싶다고 마음 터놓고 이야기할 수도 있다. 이런 고용주는 장애인이 생산적인 근로자로서 일할 능력이 있음을 설득시킬 필요가 없이도 장애인을 고용할 준비를 이미 갖추고 있음을 보여 준다. 이러한 태도를 가진 고용주의 마음을 얻는 것은 그 지역사회와 지원고용 프로그램에 대한 엄청난 재산이 된다.

▶ 추가 인원에 대한 필요

직원의 이직률이 높아서 계속적으로 직원 채용 광고를 내는 사업체들이 있다. 흔히 그러한 고용주는 앞으로 그 회사에 꾸준히 남아서 안정성 있게 일할 직원을 적극적으로 찾는다. 따라서 직업을 배우고 오랫동안 그 직업에 종사하길 원하는 지원고용대상자를 기꺼이 고용할 것이다.

▶ 지원고용대상자에게 적합한 직업 유형

서비스 지향의 직업은 지원고용대상자가 많이 배치될 수 있으므로 지원고용 프로그램에서는 자주 이용되는 직종이다. 또한 전통적으로 노동 집약적인 서비스 직종을 제공하는 사업체 역시 지원고용대상자를 배치할 가능성이 높다.

▶ 좋은 지리적 위치

좋지 못한 교통 여건은 지원고용대상자가 직장을 갖는 데 주된 걸림돌이 된다. 대중교통 수단의 노선상에 사업체가 위치해 있거나 지원고용대상자의 집에서 걸어서 도달할 수 있는 거리에 위치한 사업체들은 많은 돈을 들여 교통수단을 마련할 필요가 없다. 가정이나 대중교통 시설에 대한 접근성은 그 기업을 선정할 수 있는 좋은 이유가 된다.

〈표 6-1〉 **취업 가능 사업체 조사 양식**

취업 가능 사업체 조사

작성자: _____   작성일: _____

빈도 높게 제공되는 취업 자리

직업명	직업 요건/훈련	정보 출처

대상 사업체/고용주

회사명	주소	전화번호	접촉자	사업체 유형

잠재적 사업체/고용주

회사명	주소	전화번호	접촉자	사업체 유형

▶ 훌륭한 고용주로서의 평판

일부 고용주는 지역사회에서 자신의 근로자에 대한 복지에 관심이 많은 지역사회 지도자로 알려져 있다. 이들은 사람에 대한 연민을 가지고 있어서 광범위한 훈련이 필요할지 모르는 근로자의 어려움을 감수하며 기꺼이 채용한다. 이들은 엄격하게 생산성만을 추구하는 고용주에 의해서는 결코 고려될 수 없는 사람에게도 직장을 제공한다.

▶ 잦은 접촉으로 인한 높은 진입 가능성

사업체를 가지고 있는 지원고용대상자의 부모나 친지, 친구들과 직무지도원의 친구 또는 가족이 지원고용대상자 고용에 흥미를 가질 수도 있다. 이러한 경우에는 지원고용에 대한 협력 관계가 이미 확립되어 있거나 성공적인 배치를 위한 토대가 마련되어 있을 수 있다.

'잠재적 사업체/고용주'에는 더 많은 정보를 수집한 후에 또는 이후 좀 더 조사되어야 할 필요가 있는 사업체의 목록을 작성한다. 작성 방법은 '대상 사업체/고용주'의 작성법과 같다.

2) 취업 가능 사업체 고용주 접촉하기

고용주와 접촉하기 위하여 편지와 함께 안내책자와 자료를 보낸다. 여기에는 지원고용전문가가 고용주에게 제공할 수 있는 서비스의 형태, 프로그램의 목적, 지원고용대상자의 지식, 기술, 능력들의 프로파일이 포함되어 있어야 한다. 고용전문가의 궁극적인 목적은 개인적인 방문을 성사시키는 것이다. 구직이 아니라 일단 면담을 신청하며, 고용주가 지원고용대상자를 만나도록 해야 한다. 한 연구(Marrone, 1989)에 따르면, 직무배치의 성공과 직업 면담 설정 횟수는 중요한 상관관계가 있다. 그러므로 구직자들이 가능한 한 많은 면담을 할 수 있도록 노력해야 한다.

지원고용전문가는 고용주와 만나기 위해 사전준비를 해야 한다. 만나기 전에 가능한 한 고용주에 대해서 많은 정보를 얻어야 한다. 고용전문가의 목적은 고용 가능한 곳을 찾아내는 것과 고용주의 잠재적인 욕구를 파악하는 것이다. 따라서 고용전문가는 고용주가 필요로 하는 노동력을 이해해야 하며, 어떤 정보를 제공하기 전에 고용주에게 그들의 욕구가 무엇인지 설명하도록 한다. 최초의 만남은 짧게 진행될 수 있다. 이 만남은 제공 가능한 서비스와 서비스 제공 기관을 간결하게 설명할 기회를 갖는 것이다. 이때 약 20~30분 정도의 만남을 요청해야 한다. 이 만남에서는 다음의 다섯 가지가 설명될 수 있도록 준비하여야 한다.

- 지원고용전문가인 당신이 누구인가?
- 지원고용전문가가 원하는 것이 무엇인가?
- 지원고용전문가가 누구를 대신하는가?
- 지원고용전문가가 제공할 수 있는 것이 무엇인가?
- 고용주에게 무엇을 기대하는가?

과거의 성공사례를 제시하고 고용주에게 의문 사항을 질문할 수 있게 한다. 사업체 견학을 시도하거나 만약 적합한 후보자가 있다면 면접을 성사시키도록 시도해 본다.

(1) 고용주와의 전화 접촉

미래 고용주와의 최초의 접촉은 보통 전화로 이루어지며, 이는 시간과 노력을 줄일 수 있는 방법이다. 미리 선정된 접촉 대상자나 또는 고용문제를 다루는 지위에 있는 사람과의 통화를 요청하는 것이 가장 좋은 방법이다. 이때 지원고용전문가는 직업 유용성에 대한 질문과 관련된 대화에 국한하여 접촉하도록 한다. 만약 취업 자리가 있다면 다음 정보를 요구해야 한다.

- **직무:** 그 일자리와 관련하여 요구되는 작업활동
- **근무시간/일수:** 지정된 근로 일수 및 시간, 작업일정
- **임금:** 일에 대한 급료 또는 재정적인 보수
- **수당/혜택:** 유급 휴가, 병가, 4대보험, 수당, 고용의 결과로서 고용주에 의해 근로자에게 주어지는 기타 소득
- **교육요건:** 그 직업에서 요구되는 공식적인 학력으로서 학업과정, 학점 이수, 재학 기간 또는 고용을 위해 필요한 졸업증/학위
- **훈련요건:** 공식적 직업 프로그램, 현직 경험 또는 고용을 위해 필수적인 실습 기간
- **기술요건:** 그 작업을 완수하는 데 요구되는 과제와 작업수행 능력
- **사업체의 위치:** 주요 차도, 도로 및 고속도로에의 접근성
- **교통요건:** 대중교통 시설(예: 버스, 지하철), 작업현장까지의 승합차와 자가용 동승 가능성

만약 그 일자리가 지원고용대상자에게 어느 정도 전망이 있는 것으로 여겨진다면, 지원고용전문가는 지원고용 프로그램의 간결한 개요를 고용주에게 설명하고, 앞서 여러 가지 정보를 요구한 목적은 지원고용대상자에게 적합한 직업을 찾기 위해서였다는 사실을 명확히 알려야 한다. 만일 고용주가 흥미를 보인다면, 프로그램에 관해 논의하고 직업분석을 수행하기 위해 만남의 약속을 정하는 것이 필요하다(Moon et al., 1986).

고용주와의 첫 대화에서부터, 지원고용전문가는 자신의 지원고용대상자가 자선을 요하는 장애 근로자가 아니라 적절한 훈련과 지원을 받으면 생산적인 근로자로서 기능할 수 있음을 강조하는 마케팅 접근법을 활용해야 한다. 지원고용 프로그램이 자선사업이 아니라, 장애인을 고용함으로써 고용주가 현명한 사업상의 결정을 하는 것이라는 메시지를 전달하는 것이 중요하다.

(2) 사업체 초기 접촉 양식

고용주와의 첫 전화 통화로부터 얻어진 정보는 **사업체 초기 접촉 양식**에 기재되어야 한다. 긍정적이거나 부정적인 또는 양면적인 고용주의 반응을 파일에 기록하고 정리하여 참고할 수 있도록 보관한다. 이처럼 파일에 기록하고 정리하는 것은 다음과 같은 긍정적인 면이 있다.

사업체 초기 접촉 양식은 148쪽에서 확인할 수 있다.

- 지원고용전문가가 해야 할 과다한 작업과 동일한 과정을 반복하는 일의 감소
- 직업접촉에 대한 영구적인 기록의 확보
- 추후 접촉할 수 있는 토대 마련
- 지원고용전문가 집단에 의한 정보 추가 수집과 활용의 용이성

사업체 초기 접촉 양식은 고용주와 처음 접촉한 사람에 의해 작성되어야 한다. 그러므로 직업재활사 또는 지원고용전문가는 자신의 이름을 '접촉 개시자'에 적고, 첫 번째 '접촉 일자'도 기입한다. 그다음 '회사명, 전화번호, 주소'를 기입한다. '대중교통'에는 버스, 지하철 노선, 기타 대중교통 정류장에 의한 접근성 여부를 기록한다. 다음으로 '회사 생산품/기업활동'을 기술하고 회사와의 '접촉 대상자' 이름과 그의 '직책명'을 기재한다. 경영자의 이름을 알고 있는 것이 도움이 되므로 이러한 정보를 기재할 칸도 마련되어 있다.

고용주와의 모든 탐색적 접촉은 성과 여부와 무관하게 기록되어야 한다. '일반적 반응'의 괄호에는 고용주의 흥미 여부와 직업 획득 가능성을 표시한다.

'고용주에 대한 정보 출처'에는 직업정보를 제공해 준 사람의 이름을 적는다. 만약 지원고용전문가가 다른 출처로부터 사업체의 이름을 알아냈다면 그 출처를 기재한다. '접촉 방법'에는 초기 접촉이 이루어졌던 방식을 표시한다. '회사 내 확보될 수 있는 직책'에는 직업명칭과 직무에 관해 간단히 적고, 이어 고용 전에 필요한 기술과 훈련에 관한 내용을 기록한다. '부가설명'에는 지원고용전문가

〈표 6-2〉 **사업체 초기 접촉 양식**

사업체 초기 접촉 양식

접촉 개시자: _____   접촉 일자: _____

회사명: _____   전화번호: _____

주소: _____

대중교통: _____

회사 생산품/기업활동: _____

접촉 대상자: _____   직책명: _____

관리자/경영자 성명: _____

일반적 반응: (　) 관심을 보임   (　) 현재 취업 기회 확보되어 있음

　　　　　　　(　) 관심을 보이지 않음   (　) 취업 기회 확보 불가

고용주에 대한 정보 출처: _____

접촉 방법: (　) 전화   (　) 서신   (　) 방문   (　) 기타 _____

회사 내 확보될 수 있는 직책: _____

직업명칭/서술	작업요건/훈련

부가설명: _____

_____

_____

출처: 오길승(1994). 일부 내용 수정함.

가 관찰하거나 관심 있는 내용들을 기록한다.

　사업체 초기 접촉 양식은 사업체 유형, 직업군/직명, 지역적 위치 또는 직업정보 파일을 이용하는 직원들에게 의미 있는 또 다른 방식으로 분류될 수도 있다. 만약 파일로 서류 정리를 하는 데 한 가지 이상의 방법이 있다면, 그 양식은 복사하여 독립적인 파일로 만들어 따로 보관할 수도 있다.

4. 사업체정보지 작성하기

　만약에 지원고용전문가가 전화 접촉이 아니라 처음부터 사업체를 직접 방문한 경우에는 사업체에 대한 기본적인 정보 및 구인에 대한 내용을 **사업체정보지**에 기록한다. 이 정보지는 크게 '사업체 현황'과 '구인(근로)조건'으로 구분된다. '사업체 현황'에는 사업체의 이름, 소재지, 연락처, 근로자 수 등 기본적인 내용을 기입한다. 그다음에는 사업체의 환경에 대한 내용으로서 편의시설, 작업장 위치, 안전성, 온도, 청결성, 소음도, 조명, 교통편 등에 관한 내용을 기록할 수 있다. 그리고 장애인 고용환경으로 고용주 및 동료들의 태도, 물리적 작업환경, 장애인 배치 직무조건 등을 기록할 수 있다. 또한 장애인 고용현황 및 복리후생에 대한 내용도 기록한다.

　'구인(근로)조건'에는 구인유형, 성별, 작업내용, 구인자 연령, 기술 및 기능 정도, 구비서류, 장애유형 및 보장구 등을 기록한다. 근무여건으로는 고용형태, 고용기간, 근무시간, 급여조건, 퇴직금, 4대보험 지급 여부 등을 기록한다.

　사업체정보지는 사업체와 계속적인 연락을 취하기 위한 기본적인 정보를 수록할 뿐만 아니라 사업체의 물리적 환경이나 고용환경에 대한 내용도 담고 있어 사업체를 전반적으로 이해하는 데 도움이 된다. 또한 구인(근로)조건을 파악할 수 있게 함으로써 사업체와 지원고용대상자가 적합할 수 있는지 여부를 일차적으로 판단하는 데에도 도움이 된다. 지원고용전문가는 사업체를 방문하여 고용

사업체정보지 양식은 150쪽에서 확인할 수 있다.

〈표 6-3〉 사업체정보지 양식

NO		
작성일	20 년 월 일	
작성자	(서명/인)	

사업체정보지

<table>
<tr><td rowspan="7">사
업
체
현
황</td><td>사업체명</td><td colspan="3"></td><td colspan="2">대표자명</td><td></td></tr>
<tr><td rowspan="4">소 재 지</td><td colspan="3" rowspan="4"></td><td rowspan="4">연
락
처</td><td>전화번호</td><td></td></tr>
<tr><td>FAX</td><td></td></tr>
<tr><td>홈페이지</td><td></td></tr>
<tr><td>담당자</td><td></td></tr>
<tr><td>사업자등록번호</td><td colspan="3"></td><td colspan="2">근로자 수</td><td>총 명/남: 명/여: 명</td></tr>
<tr><td>업종/생산품</td><td colspan="6"></td></tr>
</table>

사 업 체 환 경

<table>
<tr><td rowspan="6">사
업
체
현
황</td><td rowspan="6">• 편 의 시 설
- 화장실: □ 입식 □ 좌식
- 계 단: □ 유 □ 무
- 엘리베이터: □ 유 □ 무
- 경사로: □ 유 □ 무
- 휠체어 사용: □ 가능 □ 불가</td><td>• 작업장 위치:</td><td>• 청결성: □ 청결 □ 보통 □ 불량</td></tr>
<tr><td>• 안전성: □ 안전 □ 보통 □ 염려</td><td>• 소음도: □ 높음 □ 보통 □ 낮음</td></tr>
<tr><td>• 온 도: □ 추움 □ 보통 □ 더움</td><td>• 조 명: □ 어두움 □ 보통 □ 밝음</td></tr>
<tr><td colspan="2">• 교통편(노선 및 승하차 지점)</td></tr>
<tr><td colspan="2">- 지하철:</td></tr>
<tr><td colspan="2">- 버 스:
- 통근차량: □ 유 □ 무</td></tr>
</table>

기타(부연설명):

장 애 인 고 용 환 경	
고용주 및 동료들의 태도	
물리적 작업환경	
장애인 배치 직무조건	
기 타	

장 애 인 고 용 현 황 및 복 리 후 생			
고용여부	□ 유 □ 무	고용형태	□ 간부 □ 사무 □ 생산 □ 기타
고용인원		장애유형	
기숙사	□ 유 □ 무	식사제공	□ 조식 □ 중식 □ 석식

<table>
<tr><td rowspan="18">구
인
근
로
조
건</td><td>구인유형</td><td colspan="2">□ 취업 □ 부업 □ 훈련</td><td>성별</td><td colspan="2">남: 명 / 여: 명 / 무관: 명</td></tr>
<tr><td rowspan="2">작업내용</td><td colspan="5">□ 주 작업: □ 보조작업:</td></tr>
<tr><td colspan="5">□ 직무중요도(근력, 지속력, 활동범위, 속도, 상호관계, 위험요소 등):</td></tr>
<tr><td>구인자 연령</td><td colspan="2"></td><td>혼인관계</td><td colspan="2">□ 미 혼 □ 기 혼 □ 무 관</td></tr>
<tr><td>학 력</td><td colspan="2"></td><td>자 격 증</td><td colspan="2"></td></tr>
<tr><td>기술 및 기능 정도</td><td colspan="5">□ 미숙련기능자 □ 반숙련기능자 □ 숙련기능자 □ 기타( )</td></tr>
<tr><td rowspan="2">구비서류</td><td colspan="5">□ 이력서 □ 자기소개서 □ 성적증명서 □ 졸업증명서</td></tr>
<tr><td colspan="5">□ 주민등록등본 □ 기타( )</td></tr>
<tr><td rowspan="2">장애유형 및
보장구</td><td colspan="5">□ 희망장애유형: 사유:</td></tr>
<tr><td colspan="5">□ 필요보장구:</td></tr>
<tr><td colspan="6">근 무 여 건</td></tr>
<tr><td>고용형태</td><td colspan="5">□ 상용 □ 일용 □ 시간제 상용 □ 시간제 일용 □ 기타( )</td></tr>
<tr><td>고용기간</td><td colspan="3">□ 정규직 □ 계약직 □ 일용직 □ 시간제</td><td>수습</td><td>개월</td></tr>
<tr><td rowspan="2">근무시간</td><td colspan="3">□ 근무시간: : ~ : □ 잔업시간: : ~ :</td><td colspan="2">□ 2교대 □ 3교대</td></tr>
<tr><td colspan="5">□ 연장근로시간: 주 평균 시간(주 회)</td></tr>
<tr><td rowspan="4">급여조건</td><td colspan="5">□ 월급제: 기본급 원 + 제수당 원 = 원</td></tr>
<tr><td colspan="5">□ 일급제: 기본급 원( )일 = ( )원 + 제수당( )원 = ( )원</td></tr>
<tr><td colspan="5">□ 제수당: □ 야근수당 □ 연/월차수당 □ 기타수당( )</td></tr>
<tr><td colspan="2">□ 상여금: %</td><td colspan="3">급여지급일</td></tr>
<tr><td rowspan="2">퇴 직 금</td><td colspan="2">□ 유</td><td rowspan="2">4대보험</td><td>□ 산재보험 □ 고용보험</td></tr>
<tr><td colspan="2">□ 무 (사유:)</td><td>□ 건강보험 □ 국민연금</td></tr>
</table>

출처: 한국장애인개발원(2010).

주나 사업체 관계자와 면담을 실시하고, 홈페이지 등에서 자료를 수집하고, 사업체에서 발간한 자료를 검토함으로써 사업체정보지를 가능한 한 정확하게 기록하고, 정기적으로 수정·보완해야 한다.

실습하기

- **사업체**: 취업 가능 사업체 개발에 대한 실습은 다음의 과정을 참고하여 실시할 수 있다. 각 과정에서는 지원고용대상자에게 최선이 될 수 있는 방향으로 다양한 정보를 수집하고 브레인스토밍을 실시한다.
  ① 인터넷 검색을 통하여 지역사회 직업정보를 분석한다.
  ② 지역사회 내 취업이 가능한 사업체를 조사하여 양식을 작성한다.
  ③ 지역사회 내 취업이 가능한 사업체 중 우선적으로 접촉해야 할 사업체를 구분하고 양식을 작성한다.
  ④ 처음 접촉에서 얻어진 정보를 사업체 초기 접촉 양식에 기재하되, 처음부터 직접 방문이 이루어진 경우에는 좀 더 구체적으로 사업체정보지를 작성한다.

◈ 제7장 ◈
직무분석

 직업은 생계를 유지하기 위하여 자신의 적성과 능력에 따라 일정한 기간 동안 계속하여 종사하는 일을 말한다(국립국어원, 2014). 이러한 직업의 개념은 연구의 방향이나 목적에 따라 다양하게 정의되기도 하며, 유사한 개념도 많다. 예를 들면, 영어에서는 'vocation, occupation, career, job' 등이 직업으로 번역되면서 강조점이 다르게 사용된다.
 직무분석은 근로자가 무엇을 하는지 또한 최종 결과를 달성하기 위하여 어떤 방법을 사용하는지를 포함하여 직무의 구성 요인, 특성, 요건 등에 관한 정보를 수집, 분석, 구조화 하는 과정이다(황기돈, 2010). 직무분석의 기법은 과업중심 직무분석, 근로자 중심 직무분석, 혼합적 직무분석의 3가지 유형으로 구분된다(주인중, 서유정, 장주희, 2011). 이 3가지 유형에도 다양한 분석 기법들이 있는데, 예를 들어 과업중심 직무분석에 TI(Task Inventories)가 있다. TI 기법은 하나 또는 하나 이상의 직무를 완성하기 위해 수행하는 활동의 리스트를 의미한다. 이 기법에서는 직무가 많은 과업(task)으로 세분화되는 특징이 있다. TI 기법의 과정은 직무분석자가 개발한 설문지에 재직자와 감독자가 응답하고 직무분석자가 결과를 분석하는 방식으로 진행된다. 직무분석 결과 각 직무의 빈도 및 시간이 체크되고, 각 직무에서 요구되는 지식, 기술, 태도가 추론되며, 직무와 지식, 기술, 태도에 대한 비중이 추론된다.

직무분석에서 과업(task), 직위(position), 직무(job), 직군(job family)과의 관계는 〈표 7-1〉과 같이 제시될 수 있다(황기돈, 2010 재인용). 〈표 7-1〉에서와 같이, 비서라는 직무는 과업 A, B, C를 수행하는 사람 1, 2가 차지하는 직위를 포괄하는데, 직위는 다시 과업 A(서류 타이핑), B(회의 일정 잡기), C(지시 이행)으로 나누어진다. 그리고 비서는 서로 다른 과업을 담당하는 접수원, 장부기재원과 함께 사무직군이라는 직무군의 하위 체계에 속하는 직무다.

〈표 7-1〉 과업, 직위, 직무, 직군 간의 관계

직무군	사무직군					
직무	비서		접수원		장부기재원	
직위	과업 A, B, C 수행자 1	과업 A, B, C 수행자 2	과업 D, E, F 수행자 3	과업 D, E, F 수행자 4	과업 G, H, I 수행자 5	과업 G, H, I 수행자 6
과업	A: 서류 타이핑 B: 회의 일정 잡기 C: 지시 이행		D: 전화 응대 E: 손님 접대 F: 명부 작성		G: 자료 입력 H: 서류 갱신 I: 회계장부 정리	

이렇듯 개개의 직업이 요구하는 조건을 파악하고 이해하기 위한 효과적인 기법으로 직무분석을 수행할 수 있다. 직무분석은 과제를 달성하는 과정, 노동자에게 요구되는 능력, 작업장의 요구를 확인하는 것이다. 직무분석의 결과는 다음의 3가지 외에도 지원고용전문가에 의해 다양하게 사용될 수 있다.

첫째, 직무분석은 수행하게 될 작업의 내용을 명확하게 분석하고 제공함으로써 직업개발 과정을 안내하게 된다. 직무분석의 결과로 지원고용대상자 자신의 관심과 직업진로계획 과정에서 확인된 고용선별요인을 비교할 수 있다. 그리고 고용전문가는 그 직업이 지원고용대상자에게 적합한지 결정하고, 지원서비스 계획을 세우는 데 이 정보를 사용할 수 있다.

둘째, 직무분석은 지원고용대상자가 일을 시작할 때 앞으로 어떻게 평가와 훈련을 하게 될지에 관한 청사진을 제공한다. 또한 지원고용대상자에게 직업과정의 특정한 요소를 가르치기 위해 세부적인 과제분석을 수행할 수도 있다.

셋째, 직무분석은 고용주와의 의사소통과정에서 고용전문가가 사용할 것이다. 초기에는 직무분석이 고용주와 고용전문가가 직업의 특정한 요소에 대하여 협의하고 전반적인 상황을 파악하는 데 활용될 수 있다. 그리고 후기에는 지원고용대상자가 직업의 어떤 부분에 필요한 기술을 지니고 있고, 직업의 어떤 부분들이 변경되거나 수정될 필요가 있으며, 지원고용대상자가 수행할 능력이 없는 부분은 어떤 것인가를 확인하는 데 유용할 것이다. 이처럼 직무분석은 직업조정의 협상에서 모든 관계자들이 쉽게 이해하도록 돕는 의사소통의 기초를 제공할 수 있다.

지원고용전문가가 직무분석의 기술과 원리를 습득할 수 있는 가장 좋은 방법은 경험 있는 전문가의 지도 아래서 이론과 실제를 배우는 것이다. 직무분석의 수행과 관련된 단계를 제시하면 다음과 같다.

- 1단계: 작업장을 방문하여 다양한 과제를 수행하고 있는 현재 근로자들의 태도를 관찰한다.
- 2단계: 상급자와 동료직원을 만나고, 작업장의 문화적 상황을 파악해야 한다. 모든 근로자를 대상으로 작업장에서 실시되는 오리엔테이션에도 참여한다.
- 3단계: 구체적인 작업과정을 사업체 근로자 혹은 누군가에게 배운다. 일과의 절차와 복잡성, 단서 그리고 제공 가능한 지도수준을 기록한다. 작업의 모든 부분에서 편안함을 느낄 때까지 과제를 수행해 본다. 작업의 내용과

방법에 대해 친밀해질수록 고용주와 직업에 대해 논의할 때 긍정적인 영향을 미칠 수 있다. 또한 작업에 친숙해짐으로써 앞으로 실시하게 될 현장훈련과 지원전략을 체계적이고 효과적으로 구성할 수 있게 된다.

• 4단계: 제안된 직무분석을 검토하기 위하여 고용주와 만난다. 이 과정에서 필요하게 될 직업조정 또는 수정에 대해 협의할 수 있게 된다.

고용전문가가 직업연결을 성공적으로 마치고 필요한 직업조정을 계획한 후에는 직무분석결과를 지원고용대상자의 훈련계획을 수행하기 위한 청사진으로 사용할 수 있다. 지원고용전문가는 직무에 대한 현장훈련과 지원방향을 계획하고 사업장에 익숙하게 됨으로써, 지원고용대상자를 위해 필요한 직업조정에 대한 동의를 얻을 수 있게 된다.

이 장에서는 지원고용에서 사용되는 사업체 직무분석 양식을 작성하는 방법과 일반적인 직무분석 과정으로 나누어 사례와 함께 구체적으로 살펴보고자 한다. 전자는 제5장에서 살펴본 지원고용대상자 직업특성 양식과 대응하여 적합성 비교에 적용함으로써 보다 적절한 직무배치를 준비하기 위한 과정에서 유용하게 사용될 수 있다. 후자는 직무를 수행하는 데 필요한 핵심작업, 작업요소, 필요지시, 필요기능, 소요재료 및 장비 등에 초점을 둠으로써 직무배치 이후의 현장훈련 및 지원과정에 보다 유용하게 사용될 수 있다.

1. 지원고용에서 사용되는 사업체 직무분석 양식

사업체 직무분석 양식은 주어진 직무의 본질과 구조를 이해하고 파악하는 데 필요한 다양한 요인들을 포함하고 있다. 이 양식은 지원고용전문가가 작업현장에서 그 직무를 실제적으로 수행하고 있는 근로자에 대해 관찰하거나 면담한 내용을 중심으로 기록하도록 구성되어 있다. 지원

사업체 직무분석 양식은 169-173쪽에서 확인할 수 있다.

고용전문가는 작업환경 속에서, 시작부터 끝까지 그 일을 수행하는 비장애인을 관찰하기 위한 준비를 해야 한다. 이 과정을 실시하기 전에 지원고용전문가는 해당 직무를 완수하는 데 필요한 모든 단계들을 확실히 관찰하기 위하여 그 직업을 수행하는 데 숙달된 근로자와 면담하는 것이 바람직하다.

　이 양식을 통해 사업체 직무분석 결과와 지원고용대상자 직업특성 분석 결과를 비교하여, 지원고용전문가는 사업체 직무에 지원고용대상자가 어느 정도 적합한지 판단할 수 있게 됨으로써 지원고용대상자가 그 직무를 성공적으로 수행할 수 있게 하는 기틀을 마련하게 된다. 지원고용대상자의 개인적 특성과 관련된 조건, 이동 및 작업수행에 관한 조건, 기능적 학업기술, 환경 등에 대한 분석을 철저히 함으로써, 지원고용전문가는 지원고용대상자의 배치와 훈련을 위한 논리적이고 체계적인 자료를 수집할 수 있게 된다. 이것은 특히 지적장애 및 정서장애가 있는 지원고용대상자에게 중요한데, 지원고용을 시도하는 단계에서부터 사업체의 요구 조건을 명확하게 제시함으로써 불필요한 스트레스, 불안, 혼란 등을 줄일 수 있기 때문이다. 또한 이러한 분석 결과를 제시해 줌으로써 지원고용대상자의 직업에 대한 훈련 및 수행 정도를 예측할 수 있다.

　신체적 한계를 가지고 있는 지원고용대상자도 신중하게 실시된 직무분석 결과에서 여러 가지 이점을 얻을 수 있다. 예를 들어, 일을 완수하는 데 필요한 보조공학기구나 편의시설, 대체 전략 등은 철저한 직무분석을 바탕으로 더욱 효과적으로 선택될 수 있다. 직무분석의 목적은 성공적인 직무완수를 위해 필요한 기술이나 능력을 파악하는 데 있다. 직무분석의 결과를 통하여 필수적인 모든 직업기술을 미처 갖추지 못한 지원고용대상자의 배치를 막거나 지원고용대상자들을 제외시켜서는 안 된다. 특정한 직업을 수행하는데 요구되는 필수적인 모든 행동과 기술을 갖추지 못했을지라도 신중하게 선정된 지원고용대상자들은 배치 후 필요한 훈련과 지원을 제공한다면 훌륭한 근로자가 될 수 있기 때문이다.

　〈표 7-2〉는 지원고용전문가가 직무분석을 수행할 때 고려해야 할 영역, 요인

및 근거를 제시한 것이다.

사업체 직무분석 양식은 크게 두 부분으로 구분된다. 첫째 부분은 사업체 일반 현황으로 사업체의 일반적인 사항뿐만 아니라 직무명이 기록된다. 사업체 직무분석 양식은 지원고용대상자의 구체적인 직무를 개발하기 위하여 작성되므로 동일 사업체 내에서 직무에 따라 여러 개가 작성될 수 있다.

둘째 부분에서는 직무 요인별로 작업에 대한 관찰이나 고용주, 상급자, 작업동료들과의 면접을 통해 각 항목에서 가장 적절한 답에 표시를 하게 된다. 각 항목은 체크리스트 형식이며, 대체로 한 가지 항목에만 표시하도록 하고 있지만,

〈표 7-2〉 **직무분석의 영역, 요인, 근거**

영역	요인	근거
개인적 특성	용모, 행동, 의사소통, 주의집중, 업무의 변화, 사회적 상호작용	많은 직업에서는 개인적이고 독립적인 기술들을 요구한다. 이러한 요인들은 대부분의 직무를 수행하는 데 필수적이다.
시간과 이동	작업시간대, 출퇴근 수단, 시간 분별, 작업공간 분별, 이동	모든 직업은 근로자로 하여금 시간과 공간에 대해 어느 정도의 인지 능력을 갖고 있을 것을 요한다. 어떤 직무(예: 조립라인 근로자, 건축물 수리, 우편 배달원 등)에서는 이러한 요소들이 특히 중요하다.
작업수행	지구력, 체력, 작업 주도성, 순차적 수행, 변별력, 작업속도, 강화 정도	체력이나 지구력과 같은 신체적 특성은 작업을 수행하는 데 있어서 기초가 된다. 수행기술은 직접적으로 작업의 생산성과 질에 영향을 미치며, 작업과제의 순차적 수행에 영향을 미친다.
기능적 학업기술	읽기, 쓰기, 셈하기, 금전관리	직업과 밀접하게 연관된 읽기, 쓰기, 셈하기, 금전관리 등 기능적 학업기술 또한 작업수행 시 요구된다.
환경	장애인에 대한 태도, 안전, 편의시설, 기온/조명, 분위기, 청결/질서	이 영역은 장애인에 대한 태도를 비롯하여, 물리적 상황과 작업환경에 대한 정서적 분위기 모두를 포함한다. 장애인은 특히 환경에 존재하는 물리적·정서적 상황에 민감하게 영향 받을 수 있기 때문에 이 요인들이 포함되어야 한다.

일부 항목에서는 해당하는 모든 항목을 체크하는 경우도 있다. 각 항목의 오른쪽에는 CI(아주 중요함), I(중요함), LI(조금 중요함), 또는 NI(중요하지 않음)가 기재되어 있어, 각 항목이 그 직무를 수행하는 데 있어서 어느 정도 중요한지를 표시하도록 하고 있다. 이는 각 항목이 그 직무를 수행하는 데 있어 중요도가 다름을 반영하기 위한 것이다. 또한 항목 앞의 숫자는 지원고용대상자 직업특성을 직무분석 한 내용과 비교할 때 사용할 수 있는 코드번호다.

이 양식의 각 항목에 대해 자세히 살펴보면 다음과 같다.

1) 개인적 특성

각 직무에 요구되는 근로자의 개인적인 조건들이 있다. 어떤 직무에서는 정장의 말쑥한 옷차림을 요구하나 어떤 직무에서는 편안한 복장을 요구한다. 매우 포용적인 상황에서 눈에 띄지 않은 직무에 종사하는 근로자에게 수용될 수 있는 행동의 종류와, 눈에 잘 띄고 매우 공식적인 환경에 고용된 근로자에게 요구되는 행동의 종류는 상당히 다르다. 개인이 작업장에 다니고 대화를 통해 의사소통을 하며, 과제에 집중하고, 업무의 변화에 대응하는 정도 및 사회적 상호작용의 요구 정도도 직무에 따라 달라질 수 있다.

(1) 용 모

매우 민감한 부분이라 할 수 있는 이 항목에는 옷차림, 단정함, 위생, 청결 등을 포함된다. 어떤 특정한 직업이 요구하고 있는 개인적 용모에 대한 유형을 결정하는데 있어서, 단정함(말쑥함과 적절한 옷차림, 머리 및 손톱 손질 등)과 청결함(깨끗한 옷차림, 몸, 머리 및 손톱 포함)이 우선적이다. '부가설명'은 근로자의 개인 용모에 대해 관찰한 것과 이 항목에서 기대되는 것으로서 고용주가 언급한 내용을 기록할 수 있다.

(2) 행 동

행동은 내부적 또는 외부적 자극에 대한 관찰 가능한 반응 요소로서 어떤 활동이나 반응 또는 수행은 모두 행동이라 할 수 있다. 행동은 긍정적이며 건설적(예: 업무 중점, 주의집중, 협조)일 수도, 부정적(예: 산만, 비협조, 공격)일 수도 있고, 또는 주어진 환경에 부적절(예: 공개적인 장소에서 몸을 흔들거나 혼자 이야기하며 과도한 감정의 표현을 하는 등) 할 수도 있다. 부적응 행동은 작업현장에 적합하지 않은 활동으로 정의될 수 있으며, 이는 부정적이고 부적절한 행동 모두를 포함한다.

(3) 의사소통

의사소통은 생각, 의견, 정보의 교환으로 정의되는 것으로서, 이 양식에서의 의사소통이란 말이나 손 또는 몸짓의 교환으로 국한된다. 명확한 언어로 표현된 의사소통은 명료한 발음과 이해할 수 있는 수준을 포함한다. 일부 직업에서는 근로자의 극히 적은 어휘 능력을 요구하지만, 다른 직업에서는 매우 세련된 화술을 요구할 수 있다.

(4) 주의집중

손쉽게 업무에 집중할 수 있는 주의집중 능력은 업무의 성과를 달성하는 데 필수적이며 작업의 질에도 영향을 미친다. 지원고용대상자가 작업동료나 슈퍼바이저로부터 일을 계속하라든가 또는 다음 작업으로 이동하라는 단서나 관리감독을 제공받는 정도는 각기 다르다. 따라서 직무분석 단계에서 작업동료와 슈퍼바이저가 단서나 감독을 제공할 수 있는 능력과 그것을 기꺼이 하려고 하는지의 여부를 조사하는 일이 중요하다.

(5) 업무의 변화

업무의 변화란 한 작업에서 다른 직업(예: 병 씻기에서 테이블 서빙으로, 피자 반죽 준비에서 치즈 덮는 일, 상자 풀기에서 포스터 압축 포장 등)으로의 이동이라 정의된다. 업무뿐만 아니라 일과상의 변화 역시 고려해야 하는데, 예를 들어 금요일의 작업을 목요일에 하거나 통상 아침에 하던 일을 오후에 수행하거나 또는 병가로 결근한 작업동료가 복귀할 때까지 그의 작업을 대신하는 것 등이다.

(6) 사회적 상호작용

주어진 일자리에서 적절한 기능을 위해 요구되는 다른 사람들과의 상호작용 정도로서 지원고용대상자를 배치하기 전에 검토되어야 할 요소다. 사회적 상호작용은 직무나 작업장 상황에 따라 다양할 수 있다. 예를 들어, 접대원들은 매일 많은 사람들을 만나고 맞이하는 일을 해야 하지만, 서류정리 사무원들은 한쪽의 독립적인 환경에서 일한다. 상호작용은 빈번한 사회적 접촉을 다룰 수 있어야 하는 접대원에게 많이 요구되나, 서류정리 사무원은 바로 가까이에 있는 사람들에게 예의 바르게 행동할 수만 있다면 직장생활을 지속할 수 있다.

2) 시간과 이동

이 요인들은 쉽게 다룰 수 있을 것처럼 보일지 모르지만 실제로는 극복할 수 없는 어려운 문제가 될 수 있다. 어떤 좋은 일자리라 하더라도 만일 지원고용대상자가 규정된 시간 동안 일할 수 없거나 직장에 오갈 수 있는 교통수단이 없다면 아무 소용이 없는 것이다. 또한 각 사업체에서는 직무에 따라 요구되는 작업시간대가 다르고 이러한 작업시간대를 지키는 것이 중요한 요소라면 지원고용대상자도 그러한 능력이나 여건을 갖추어야 하는 것이다. 지원고용대상자를 위한 현명한 배치 결정이 이루기 위해서는 그들의 시간과 이동의 측면에서 직업상 요구되는 것들을 검토해야 한다.

(1) 작업시간대

작업시간대는 고용주가 일하도록 규정하고 있는 근무 시간과 근무 일수를 말한다. 요즘처럼 독창적으로 작업시간을 설정할 수 있는 시대에는 다양한 작업시간 배치가 가능하다. 직무분석 양식은 주말 및 야간 시간이 포함된 전일제와 시간제 작업에 대한 내용이 포함되어 있다. 이 항목에서는 해당하는 내용을 모두 체크하도록 한다.

(2) 출퇴근 수단

고용주들은 지원고용대상자의 고용과 관련된 협의를 하게 될 때 그들이 직장에 오가는데 필요한 교통수단이 충분히 가능한지에 대한 의문을 갖는다. 이는 출퇴근 수단이 작업수행과 직접 간접적으로 관련된다는 것을 시사한다. 안전하고 확실한 방법으로 직장에 오갈 수 있는 능력은 고용주, 근로자, 지원고용전문가 모두에게 중요한 요소다. 직무분석 양식은 작업장이 버스 노선 상에 있는지 아니면 버스 노선을 벗어나 있는지 또는 근로자가 작업장까지 도보로 이동할 수 있는 환경인지, 장애인 콜택시를 이용하여 접근할 수 있는지, 사업체에서 통근버스를 제공하는 등의 여부를 해당하는 내용 모두 체크해야 된다. 다른 교통수단은 이후 지원고용대상자 평가를 하는 동안에 검토된다.

(3) 시간 분별

이 요인은 휴식과 점심시간에 대한 아주 간단한 인식으로부터 시, 분에 따라 시간을 파악할 수 있는 훨씬 더 상세한 내용이나 시간의 흐름을 인식할 수 있는 다양한 수준과 관련된다. 주어진 작업상황에 있어서 시간을 파악하는 능력이 어느 정도 요구되는가에 따라서 선택하여 기록한다.

(4) 작업공간 분별

일부 직업현장들은 그리 넓지 않기 때문에 동선을 확보하거나 작업공간의 차원에 적응하는 능력에 큰 한계를 가지고 있는 사람들을 배치하는 데 별 무리가 없다. 하지만 다른 일부 작업상황들은 직업영역이 넓고 벽이 없기 때문에, 일할 공간에 대한 높은 수준의 방향감각을 필요로 한다. 이 요인을 적절하게 평가하지 못할 때, 넓고 복잡한 작업공간에 방향감각이 부족한 지원고용대상자를 배치하여 길을 잃어버리거나 직무로부터 이탈하게 만드는 것과 같은 잘못된 배치를 초래할 수 있다.

(5) 이 동

이동이란 움직일 수 있는 능력으로, 직업의 적합성 평가 시 반드시 고려되어야 한다. 작업에 따라서는 주어진 장소에서 앉은 자세나 선 자세로 수행하기 때문에 이동을 거의 요하지 않는 경우(예: 자료 입력, 부품 조립 등)도 있다. 그러나 한 위치에서만 일하는 작업일지라도 작업공간 내에서 이리 저리 약간의 이동이 요구되는 경우가 있다. 이 경우보다 이동이 좀 더 요구되는 상황은 계단을 오르고 서류 상자와 같은 작은 장애물들을 피해 옮겨 다니는 것이다. 또한 계단 오르기, 웅크리기, 허리 구부리기, 피해야 할 장애물들이 있을지 모르는 작업공간에서 달리기와 같은 활동들이 요구되는 작업도 상당수 존재한다. 지원고용대상자들이 휠체어, 지팡이, 보행기 등을 사용하거나 시각 장애를 가지고 있을 수도 있으며 또는 쉽게 움직일 수 있는 능력에 한계를 가져오는 신경학적 혹은 정형외과적인 문제를 가지고 있을 수 있기 때문에, 이 요인을 정확하게 평가하는 것이 중요하다.

3) 작업수행

이 요인은 업무수행상 요구되는 신체적 요건인 지구력과 체력, 해야 할 작업과 그 일을 수행하는 데 필요로 되는 도구들을 식별하고, 일을 시작하며, 업무를 단계적으로 처리해 가고, 일을 종결하는 것과 관련된다.

(1) 지구력

지구력이란 일의 요건을 유지하고 견뎌 내는 능력이다. 따라서 작업을 분석할 때, 근무일 동안 반복적으로 그 일을 수행하는 데 필요한 에너지에 대해 인식하는 것이 중요하다. 작업에 의해 요구되는 지구력의 수준을 평가하기 위해 직무분석 양식에서는 작업시간의 길이와 함께 휴식 시간이 주어지는 빈도에 대한 선택 항목들을 제공하고 있다. 지구력에는 보다 명확한 신체적 요소뿐만 아니라 심리적인 요소들이 관련된다.

(2) 체 력

체력 요인은 작업을 수행하는 데 요구되는 근력의 양과 관련된다. 봉투를 붙이거나 서류를 대조하는 데는 별다른 체력이 요구되지 않는다. 그러나 자르는 도구를 사용하여 상자를 해체하기 위해서는 비교적 강한 체력이 필요하다. 무거운 사료 자루를 들어 올리거나 그것을 트럭에 싣는 일을 위해서는 훨씬 많은 힘을 필요로 한다. 여기에서는 주로 물건을 드는 힘을 중심으로 요구되는 체력을 기록한다.

(3) 작업 주도성

작업 주도성이란 업무를 시작하고 그 다음 업무를 추진하는 데 있어서 근로자에 대해 요구되는 독립성의 정도다. 어떤 작업현장에서는 일을 시작하거나 다른 업무로 이동할 때 근로자가 쉽게 적응할 수 있도록 주변이 잘 구조화되어 있다. 반면, 어떤 작업에서는 독립적으로 일에 착수하고 재촉이나 주변의 환기 없이도 다음 업무로 이동할 수 있는 근로자를 필요로 한다. 직무분석 양식에서는 일을 시작하고 다음 업무로 이동하는 과정에서 사업체가 어느 정도 단서를 제공할 수 있는지를 제시하고 있다.

(4) 순차적 수행

업무의 순차적 수행이란 업무나 작업이 수행되는 단계적인 순서를 의미한다. 하나의 업무완성에 관련되는 단계나 증가분의 수는 직업을 분석할 때 중요하다. 이때 가장 단순한 업무의 순차적 수행은 그 작업활동을 완성하기 위해 오직 한 단계만을 필요로 한다.

(5) 변별력

이 요인은 물리적 품목들을 구별해 내는 능력(예: 도구와 부품을 구별하고, 더러운 것과 깨끗한 것을 분별하며, 물건의 수를 세는 것)이다. 하루 종일 같은 스탬프로 서류 더미에 소인을 찍는 근로자의 경우 변별력을 거의 필요로 하지 않다. 반면에 근로자가 약품 병에 붙어 있는 많은 숫자와 유효기간을 읽고 그것들을 순서적으로 선반에 배열하는 작업에서는 상당한 변별력을 요구한다.

(6) 작업속도

작업속도는 작업이 달성되는 정도와 관련된다. 고용주들은 대개 이 영역에서 분명한 기대를 가지고 있는데, 특히 지원고용대상자가 시간제로 보수를 받거나 생산량이 많을 때 더욱 그러하다. 하지만 느긋한 작업속도가 수용되거나 오히려 바람직한 것으로 인정되는 직업들이 있다. 따라서 고용주가 기대하고 있는 작업속도를 확실히 아는 것이 중요하다. 그렇게 해야 궁극적으로 그 생산성에 부합할 수 있는 능력을 가진 근로자가 그 직업에 배치될 수 있을 것이다.

(7) 강화 정도

긍정적 강화는 어떤 작업을 적절한 또는 우수한 방식으로 수행하는 것에 대한 보상이다. 작업장에서의 강화로는 칭찬, 급료를 포함하는 재정적 보상, 휴가 등이 있다. 강화 정도는 제공되는 보상의 빈도를 말한다. 사람들은 긍정적 피드백과 보상을 받고자 하는 등 다양한 욕구를 가지고 있다. 장애인이든 아니든 간에 대다수의 사람들은 작업 생산성을 유지하기 위해 외적인 강화 지원을 필요로 한다.

4) 기능적 학업기술

기능적인 학업기술은 읽고, 쓰고, 계산하고, 금전을 관리하는 능력을 포함한다. 일부 일자리들은 이 영역에서 높은 수준의 수행을 요구하지만, 또 다른 일자리에서는 이러한 능력을 매우 한정적으로 요구하기도 한다. 특정한 직업에서 요구되는 학업기술을 정확하게 평가하는 것은 중요하다. 학업기술에 대한 중재는 대개 현장훈련에서 쉽게 지도할 수 없기 때문이다.

(1) 읽 기

읽기는 적혀있는 문자와 상징을 해독하는 것이다. 다른 기술과 마찬가지로 직무에 따라 요구되는 읽기 정도는 매우 초보 수준일 수도 있지만 그 숙달 정도는 다양한 등급으로 구분될 수도 있다.

(2) 쓰 기

쓰기는 언어를 부호화하는 것이다. 쓰기는 사람의 이름을 기술하는 것과 같은 아주 단순한 수준에서 수행될 수도 있지만, 고도로 기술적인 용어로 복잡한 내용을 전달하는 수준에서 수행될 수도 있다. 작업수행 과정에서 쓰기기술의 요건은 주의 깊게 검토되어야 한다. 쓰기기술을 증진시키기 위한 중재는 지원고용 전문가에게 쉽지 않기 때문이다.

(3) 셈하기

셈하기는 수개념, 수 세기, 다양한 형태의 계산(예: 덧셈, 뺄셈, 곱셈, 나눗셈, 분수, 소수 등)과 관련된다. 분명히 셈하기 성취도에 있어서 여러 가지 가능한 수준들이 존재하나, 여기에서의 관심 사항은 각 직무에서 요구하고 있는 셈하기 능력의 숙달 수준이다.

(4) 금전관리

셈하기와 관련되는 항목으로서, 동전이나 지폐를 인식하는 구체적인 수준에서부터 비교적 어려운 기술인 잔돈 교환에 이르기까지의 범위를 말한다. 금전관리 능력은 지역사회에서 일하고 생활하는 사람에게 가장 중요한 기능적 생활기술이다.

5) 환 경

이 영역은 작업현장의 특성 및 정서적 분위기를 말한다. 장애인에 대한 태도, 안전, 편의시설과 청결, 질서, 기온과 조명, 동료 직원들의 친절성 그리고 정서적 지지를 받을 가능성과 같은 특징들이 다루어진다. 지원고용전문가는 이러한 요소를 평가하는 데 있어서 자신의 관찰력에 의존해야 하므로 전체 작업장을 돌아보고, 지원고용대상자가 일하게 될 장소와 그곳의 정서적 분위기에 대해 잘 알고 있는 상급자나 작업동료와 말해 보는 것이 필요하다.

(1) 장애인에 대한 태도

장애인에 대한 태도는 지원고용전문가가 고용주와 면담하거나 고용주가 사업체 내 장애인 근로자와 대화를 나눌 때 보이는 언어적 또는 비언어적(즉, 신체언어, 음조, 눈 맞춤, 얼굴 표정) 인상에 기초하여 판단을 내릴 수 있다. 대화 중 사용되는 언어는 긍정적이고 명확하지만 그 의도는 분명하게 파악하기 어려운 경우가 있다. 직무분석 양식은 매우 긍정적인 것에서부터 부정적인 것까지 고용주의 태도를 평가하기 위한 연속적인 선택 항목을 제시한다. '부가설명'란은 직속 상관과 작업동료의 태도를 기록하는 데에 사용하는데 그 이유는 그들이 직장에서 지원고용대상자가 생활하는 데 분명한 영향을 끼치고 있기 때문이다. 장애인에 대한 감정이 극도로 부정적인 근무처에 지원고용대상자를 배치하는 것은 해로울 수 있기 때문에 이 요인을 정확하게 평가하는 것은 중요하다.

(2) 안 전

작업장에서의 안전은 그렇게 단순하지는 않다. 일부 특정한 직업은 그 자체가 위험스러울 수도 있지만 뛰어난 안전 대책이 갖추어져 있다면, 최대한의 안전을 보장할 수도 있다. 같은 논리로 생각해 보면, 매우 안전하다고 생각되는 직업도 안전 대책이 마련되어 있지 않거나 환경에 위험 요소가 있을 때 해를 입게 될 수도 있을 것이다. 작업장의 안전을 평가할 때, 물웅덩이나 마루에 묻은 기름, 날카로운 가장자리, 안전장치가 없는 도구, 지지대 없는 계단 등과 같이 겉으로 보기에는 조그마한 사항이라 하더라도 세심한 주의를 기울이는 것이 중요하다.

(3) 편의시설

장애인을 위한 일반적인 편의시설은 특히 보행의 어려움을 갖고 있는 사람들에게 도움이 되도록 고안되어 있다. 이러한 대부분의 사람들은 휠체어, 지팡이, 보행기 등을 사용하지만, 때로는 보조기를 사용할만큼이 아닌, 단순히 걷는 데 어려움을 갖고 있는 사람들도 있다. 따라서 다양한 편의시설을 갖추는 것이 필요하다. 예를 들면, 주차장에 있는 연석 제거나 경사로, 출입구의 경사로, 계단과 경사로의 난간, 화장실에서 휠체어를 타고 있는 사람들을 위해 낮게 설치된 급수대와 세면대, 휠체어가 드나들 수 있게 만들어진 출입문과 화장실, 엘리베이터 등이다.

(4) 기온/조명

이는 춥거나 따뜻함과 같은 기온과 작업장의 밝고 어두움을 말한다. 온도가 너무 높거나 낮게 되면 많은 사람들이 오랜 시간 일하는 데 어려움을 겪기 때문

〈표 7-3〉 사업체 직무분석 양식

NO.	
작성일	
작성자	

사업체 직무분석

결재	담당	부장

Ⅰ. 사업체 일반 현황

> *이 사업체 직무분석 양식은 지원고용대상자의 구체적인 직무를 발굴하기 위하여 작성되므로 동일 사업체 내에서 직무에 따라 여러 개가 작성될 수 있습니다.

사업체일반현황	업체명		현장관리자	(직급 :)	
	소재지			전화번호	
				FAX	
	업종		직무명		

Ⅱ. 직무 요인별 분석

> • 작업에 대한 관찰이나 고용주, 감독자, 그리고 동료들과의 면접을 통해 각 항목에서 가장 적절한 답에 표시하십시오. 또한 각 항목에서 CI(매우 중요함), I(중요함), LI(조금 중요함), 또는 NI(중요하지 않음)에 ○ 표시 혹은 해당사항을 기재하십시오.
> • 한 가지 이상 체크될 수 있는 요인들을 제외하고 각 요인 별로 한 가지 항목만을 체크하십시오. 각 항목 앞의 숫자는 지원고용대상자 직업특성을 직무분석과 비교할 때 사용할 수 있는 코드번호입니다.

1. 개인적 특성

항목	중요도	세부 내용	직무요구 수준	부가설명
1-1. 용모	CI	1) 관계없음		
	I	2) 단정하지 않으나 청결해야 함		
	LI	3) 청결하고 단정해야 함		
	NI	4) 청결하고 단정하며 수시로 점검해야 함		
1-2. 행동	CI	1) 하루에 5회 이상 부적응행동 수용함		
	I	2) 하루에 3~4회 부적응 행동 수용함		
	LI	3) 하루에 1~2회 부적응 행동 수용함		
	NI	4) 부적응 행동 수용 불가함		

(계속)

1-3. 의사소통	CI	1) 언어적 의사소통을 필요로 하지 않음		
	I	2) 간단한 언어표현과 상대방의 말을 이해할 수 있어야 함		
	LI	3) 발음이 불명확해도 어느 정도의 언어적 의사소통을 필요로 함		
	NI	4) 원활한 언어적 의사소통을 필요로 함		
1-4. 주의집중	CI	1) 잦은 단서 제공이 가능함		
	I	2) 간헐적 단서/많은 양의 관리감독이 가능함		
	LI	3) 간헐적 단서/적은 양의 관리감독이 가능함		
	NI	4) 드문 단서/적은 양의 관리감독이 가능함		
1-5. 업무의 변화	CI	1) 변화 없음		
	I	2) 하루에 1~2회 변화가 있음		
	LI	3) 하루에 3~4회 변화가 있음		
	NI	4) 하루에 5회 이상 변화가 있음		
1-6. 사회적 상호작용	CI	1) 사회적 상호작용이 거의 필요하지 않음		
	I	2) 단지 예의바른 태도 정도만 필요함		
	LI	3) 가끔 사회적 상호작용이 요구됨		
	NI	4) 빈번하게 사회적 상호작용이 요구됨		

2. 시간과 이동

항목	중요도	세부 내용	직무요구수준	부가설명
2-1. 작업시간대 (해당 내용 모두 체크)	CI	1) 주간 시간제로 작업해야 함		
	I	1) 주간 전일제로 작업해야 함		
	LI	1) 야간에도 근무해야 함		
	NI	1) 주말에도 근무해야 함		
2-2. 출퇴근 수단 (해당 내용 모두 체크)	CI	1) 도보로 출근해야 함		
	I	1) 대중교통으로 출근해야 함		
	LI	1) 통근버스를 이용해야 함		
	NI	1) 자가용으로 출퇴근해야 함		
2-3. 시간 분별	CI	1) 시간분별이 중요하지 않음		
	I	2) 휴식 시간과 점심시간의 분별이 요구됨		
	LI	3) 시간 단위의 분별이 요구됨		
	NI	4) 분 단위의 분별이 요구됨		
2-4. 작업공간 분별	CI	1) 작은 작업장소에 대한 분별이 필요함		
	I	2) 한 층 내 작업장소에 대한 분별이 필요함		
	LI	3) 건물 전체 공간의 분별이 필요함		
	NI	4) 건물 전체와 야외에 대한 분별이 필요함		

(계속)

2-5. 이동	CI	1) 이동하는 것이 요구되지 않음		
	I	2) 계단이나 장애물이 없는 곳에서의 이동이 요구됨		
	LI	3) 계단을 이용하는 이동이 요구됨		
	NI	4) 이동에 제한이 없어야 함		

3. 작업수행

항목	중요도	세부 내용	직무요구수준	부가설명
3-1. 지구력	CI	1) 휴식 없이 2시간 이하의 작업수행이 요구됨		
	I	2) 휴식 없이 2~3시간의 작업수행이 요구됨		
	LI	3) 휴식 없이 3~4시간 이하의 작업수행이 요구됨		
	NI	4) 휴식 없이 4시간 이상의 작업수행이 요구됨		
3-2. 체력	CI	1) 1kg 미만의 물건을 들 수 있어야 함		
	I	2) 1~5kg의 물건을 들 수 있어야 함		
	LI	3) 6~10kg의 물건을 들 수 있어야 함		
	NI	4) 10kg 이상의 물건을 들 수 있어야 함		
3-3. 작업 주도성	CI	1) 직원이 다음 과제를 제공해 줌		
	I	2) 직원이 다음 과제로의 이동을 지시해 줌		
	LI	3) 다음 과제로의 이동을 위한 단서를 제공해 줌		
	NI	4) 다음 과제로의 이동을 스스로 주도해야 함		
3-4. 순차적 수행	CI	1) 한 가지 과제만 수행하면 됨		
	I	2) 2~3가지 과제를 순차적으로 수행해야 함		
	LI	3) 4~5가지 과제를 순차적으로 수행해야 함		
	NI	4) 6가지 이상 과제를 순차적으로 수행해야 함		
3-5. 변별력	CI	1) 작업재료의 구분이 필요하지 않음		
	I	2) 단서를 제공할 때 작업재료를 구분해야 함		
	LI	3) 간단한 작업재료를 구분해야 함		
	NI	4) 복잡한 작업재료를 구분해야 함		
3-6. 작업속도	CI	1) 매우 느린 작업속도도 수용 가능함		
	I	2) 조금 느린 작업속도도 수용 가능함		
	LI	3) 보통 정도의 비장애 근로자와 비슷한 작업속도가 요구됨		
	NI	4) 빠른 정도의 비장애 근로자와 비슷한 작업속도가 요구됨		
3-7. 강화 정도	CI	1) 과제수행 중 빈번한 강화가 제공됨		
	I	2) 매일 강화가 제공됨		
	LI	3) 주마다 강화가 제공됨		
	NI	4) 별도의 강화가 제공되지 않고 급여만 지급됨		

(계속)

4. 기능적 학업기술				
항목	중요도	세부 내용	직무요구수준	부가설명
4-1. 읽기	CI	1) 읽기 능력이 요구되지 않음		
	I	2) 간단한 단어/신호/기호들을 인지해야 함		
	LI	3) 간단한 문장을 읽을 수 있어야 함		
	NI	4) 신문이나 잡지를 읽을 수 있어야 함		
4-2. 쓰기	CI	1) 쓰기 능력이 요구되지 않음		
	I	2) 익숙한 글자를 쓸 수 있어야 함		
	LI	3) 간단한 메모를 할 수 있어야 함		
	NI	4) 자신의 생각을 문장으로 작성해야 함		
4-3. 셈하기	CI	1) 5 이하를 셀 수 있어야 함		
	I	2) 6~100 정도의 수세기가 필요함		
	LI	3) 간단한 사칙 연산이 필요함		
	NI	4) 분수/소수계산이 필요함		
4-4. 금전관리	CI	1) 화폐계산 능력이 요구되지 않음		
	I	2) 1,000원 단위의 화폐 계산이 요구됨		
	LI	3) 10,000원 단위의 화폐 계산이 요구됨		
	NI	4) 100,000원 단위의 화폐 계산이 요구됨		

5. 환경				
항목	중요도	세부 내용	직무요구수준	부가설명
5-1. 장애인에 대한 태도	CI	1) 부정적임		
	I	2) 무관심함		
	LI	3) 다소 수용적임		
	NI	4) 매우 수용적임		
5-2. 안전 (해당 내용 모두 체크)	CI	1) 안전시설이 설치되어 있음		
	I	1) 안전장비가 구비되어 있음		
	LI	1) 안전훈련을 실시하고 있음		
	NI	1) 안전요원이 지정되어 있음		
5-3. 편의시설 (해당 내용 모두 체크)	CI	1) 작업대나 도구가 설치되어 있음		
	I	1) 화장실 편의시설이 설치되어 있음		
	LI	1) 출입구의 연석이 제거되어 있음		
	NI	1) 엘리베이터나 경사로가 설치되어 있음		

(계속)

5-4. 기온/조명	CI	1) 부적당한 기온/부적당한 조명임		
	I	2) 부적당한 기온/적당한 조명임		
	LI	3) 적당한 기온/부적당한 조명임		
	NI	4) 적당한 기온/적당한 조명임		
5-5. 분위기	CI	1) 배타적 분위기/폐쇄적 분위기임		
	I	2) 배타적 분위기/개방적 분위기임		
	LI	3) 우호적 분위기/폐쇄적 분위기임		
	NI	4) 우호적 분위기/개방적 분위기임		
5-6. 청결/질서	CI	1) 불결하고 무질서한 환경임		
	I	2) 청결하고 무질서한 환경임		
	LI	3) 불결하고 질서정연한 환경임		
	NI	4) 청결하고 질서정연한 환경임		

출처: 박희찬 외(1996). 일부 내용 수정.

에 신중하게 검토되어야 한다. 일부 사람들, 특히 빛에 예민하거나 시력손상을 갖고 있는 사람들은 매우 어둡거나 너무 밝은 빛 속에서 일하기 힘들다.

(5) 분위기

이 항목은 작업장의 사회적 · 정서적 기류를 말한다. 개방성과 서두름, 스트레스에 관한 여러 내용들을 지원고용전문가가 반영할 수 있도록 하고 있다. 분위기에 대한 감을 잡기 위해 다른 근로자들과 대화를 나눠 보는 것이 매우 중요하다.

(6) 청결/질서

이 요인들은 비교적 쉽게 관찰 · 기록된다. 말 그대로 작업장에서의 청결 상태와 질서 정연한 정도를 파악하는 것이다. 이는 경우에 따라 평가가 달라질 수 있다. 예를 들어, 온실에서 화분을 관리하고 키우는 사업체라면 발생하는 먼지와 늘어진 작업도구들의 모습이 당연하다. 따라서 작업장에 대한 평가를 내리기 전에 수행되는 작업에서 불결함이나 무질서가 어쩔 수 없이 수반되는 것인지, 아닌지의 여부를 주목하는 것이 중요하다.

2. 일반적 직무분석 과정

앞서 언급한 지원고용에서 사용되는 사업체 직무분석 양식을 사용하는 방법
은 지원고용대상자 직업특성 양식과 대응하여 적합성 비교분석에 적용함으로
써 보다 효과적인 직무배치를 하기 위해 사용될 수 있으나, 이와 달리 일반적인
직무분석 과정은 직무배치 이후 효과적인 현장훈련 및 지원을 수행하는 데 도움
을 주는 정보를 제공해 준다. 일반적인 직무분석의 구체적인 예로『장애인복지
일자리 직무매뉴얼 II』(한국장애인개발원, 2011)에서 제시하고 있는 관공서 정원
관리도우미의 사례를 살펴보면 다음과 같다.

1) 직무 개요

(1) 직무의 모형

책무	작업				
A 화단 조성하기	A-1 화단 고르기	A-2 골 파기	A-3 모종 심기	A-4 주변 물 주기	A-5 주변 정리하기
B 물 주기	B-1 물 주기 요령 알기	B-2 물 담기 및 호스 준비하기	B-3 화단 특성에 맞게 물 주기	B-4 확인하고 정리하기	
C 거름 주기	C-1 화초 및 계절에 따른 거름 확인하기	C-2 거름 준비하기	C-3 나무 주변 골 파기	C-4 거름 뿌리기	C-5 흙을 덮고 주변 정리하기
D 잡초 제거하기	D-1 잡초와 화초 구분하기	D-2 잡초 뿌리 뽑기	D-3 뽑은 잡초에 흙 털어내기	D-4 땅 고르기	D-5 뽑은 잡초 정리 및 버리기
E 정원 청소하기	E-1 정원 상태 확인하기	E-2 청소도구 준비하기	E-3 정원 청소하기	E-4 쓰레기 모아 분리 수거하기	E-5 주변 정리하기

(2) 직업명세서

1. 작업 분류					
직업명	관공서 정원관리도우미		K.S.C.O	없음	
현장직업명	정원관리사		유사자격명	원예사, 조경사	
2. 직무수행에 필요한 조건					
성별	남·여	적정연령	18세 이상	최소훈련정도	없음
적정훈련기관	공공훈련기관	훈련기간	2개월	신체제약조건	이동 및 손사용 불가자/ 색맹 제외
직업활동 영역	-공원(수목원, 생활권공원, 주제공원 등) -관공서(구청, 주민자치센터 등) -기타(복지관, 복지센터 등)				
소요특질	정신적	식물에 대한 기본지식을 갖고 정원의 중요성에 대한 이해와 상황에 따라 관리방식을 결정할 수 있는 판단력, 신중함이 요구됨			
	신체적	식물 및 관련 물품을 들거나 옮기는 등 체력이 요구되며 특히 손기능이 원활해야 하고 앉아서 작업하는 경우가 많아 상체의 유연함이 요구됨			
3. 작업환경 조건					
집무자세	앉기(35%), 구부리거나 웅크리기(35%), 걷거나 서기(15%), 옮기기(10%), 기타(5%)				
작업장소	실외(90%), 실내(10%)				
작업조건	주로 실외작업이 대부분이어서 계절적인 요소가 많이 포함				
안전 및 위생	-육체적으로 힘든 직업이므로 과로에 유의해야 함 -앉거나 구부리는 직무가 많아 허리나 무릎관절 손상에 대비해야 함 -직접적인 계절의 영향을 받는 직무로 여름, 겨울 등 기온 차에 대비해야 함				
4. 관련 직업과의 관계					
직업행렬	K.S.C.O 231 작업재배 종사자 K.S.C.O 2314 원예직물재배원 K.S.C.O 2315 조경원				
설명	한국 표준직업분류표상에 하나의 직종으로 등록되어 있지 않으나 일의 특성상 K.S.C.O 231 작업재배 종사자의 하위 행렬과 유사함				

(3) 직무명세서

1. 직무기술서
원예사 및 주변 동료를 도와 공원의 화단을 조성하고, 꽃이나 나무를 심고 가꾸거나 공원 주변을 청소하는 업무를 함으로써 자연환경을 보전하고 유지하도록 지원하는 자

2. 작업 일람표

책무	No	작업명	작업의 난이도	작업의 중요도	작업빈도
화단 조성 하기	1	화단 고르기	①②❸④⑤	①②❸④⑤	①②❸④⑤
	2	골 파기	①②❸④⑤	①②③❹⑤	①②❸④⑤
	3	모종 심기	①②③❹⑤	①②③❹⑤	①②❸④⑤
	4	주변 물 주기	①②❸④⑤	①②③❹⑤	①②❸④⑤
	5	주변 정리하기	①❷③④⑤	①②❸④⑤	①②❸④⑤
물 주기	1	물 주기 요령알기	①②❸④⑤	①②❸④⑤	①②❸④⑤
	2	물 담기 및 호스 준비하기	①❷③④⑤	①②❸④⑤	①②❸④⑤
	3	화단특성에 맞게 물 주기	①②③❹⑤	①②③❹⑤	①②③❹⑤
	4	확인하고 정리하기	①❷③④⑤	①②❸④⑤	①②❸④⑤
거름 주기	1	화초 및 계절에 따른 거름 확인하기	①②❸④⑤	①②❸④⑤	①②❸④⑤
	2	거름 준비하기	①❷③④⑤	①②❸④⑤	①②❸④⑤
	3	나무주변 골 파기	①②③❹⑤	①②③❹⑤	①②❸④⑤
	4	거름 뿌리기	①②❸④⑤	①②③❹⑤	①②③❹⑤
	5	흙을 덮고 주변 정리하기	①②❸④⑤	①②❸④⑤	①②❸④⑤
잡초 제거 하기	1	잡초와 화초 구분하기	①②③❹⑤	①②③❹⑤	①②❸④⑤
	2	잡초 뿌리 뽑기	①②❸④⑤	①②❸④⑤	①②③❹⑤
	3	뽑은 잡초에 흙 털어내기	①②❸④⑤	①②❸④⑤	①②③❹⑤
	4	땅고르기	①②❸④⑤	①②❸④⑤	①②❸④⑤
	5	뽑은 잡초 정리 및 버리기	①❷③④⑤	①②❸④⑤	①②❸④⑤

정원청소하기	1	정원 상태 확인하기	①②❸④⑤	①②❸④⑤	①②③❹⑤
	2	청소도구 준비하기	①❷③④⑤	①②❸④⑤	①②❸④⑤
	3	정원 청소하기	①②❸④⑤	①②③❹⑤	①②③❹⑤
	4	쓰레기 모아 분리수거하기	①②❸④⑤	①②③❹⑤	①②③❹⑤
	5	주변 정리하기	①❷③④⑤	①②❸④⑤	①②❸④⑤

* 작업의 난이도 ①매우 쉽다 ②쉽다 ③보통이다 ④어렵다 ⑤매우 어렵다

* 작업의 중요도 ①전혀 중요하지 않다 ②중요하지 않다 ③보통이다 ④중요하다 ⑤매우 중요하다

* 작업빈도 ①거의하지 않는다 ②자주하지 않는다 ③보통이다 ④자주한다 ⑤매우 자주한다

(4) 작업명세서

핵심 작업	작업요소	필요지식	필요기능	소요재료 소요장비
모종 심기	−모종 심을 장소 선정 −모종의 특성 파악	−모종의 이해	−모종 심는 요령 −크기 형태 변별 −손가락 기민성 −양손 협응력	−작업복 −모종 −포트 −모종삽
물 주기 요령 알기	−식물의 특성 파악	−물 주기의 효과 −식물의 특징 이해	−판단 능력	−교육교재
화단 특성에 맞게 물 주기	−물 주는 범위 선정 −계절 및 식물 상태에 따라 횟수 파악	−분무기 및 호스 사용방법	−분무기 및 호스 조작 −물 주는 요령 −손과 팔 힘 사용 −양손 협응력	−작업복 −분무기 −호스
화초 및 계절에 따른 거름 확인하기	−식물의 종류 확인 −거름의 종류 파악	−식물의 특징 이해 −거름 재료 이해	−판단 능력	−교육교재

거름 뿌리기	-식물 선정 -거름 방법 선택 -거름의 양 선택	-거름의 효과	-거름 주는 요령 -눈손 협응력 -양손 협응력 -손가락 기민성	-작업복 -모종삽 -거름
잡초와 화초 구분하기	-잡초의 종류 및 특성 파악 -화초의 종류 및 특성 파악	-식물의 특징 이해 -잡초, 화초의 이해	-판단 능력	-교육교재
잡초 뿌리 뽑기	-잡초 뿌리 뽑는 장소 선정 -잡초 뿌리 뽑는 방법 선택	-잡초, 화초의 이해	-잡초 제거 요령 -판단 능력 -양손 협응력 -손가락 기민성	-작업복 -호미
잡초 정리 및 버리기	-정리방법 선정 -버릴 위치 선정 -물품 정리	-정리정돈 방법	-정리정돈 요령 -판단 능력 -양손 협응력 -손가락 기민성	-작업복 -포대 -장갑
정원 청소하기	-정원 상태 점검 -청소 방법 선택 -분리수거 방법 선택	-체크리스트 활 용 방법 -분리수거 방법	-체크 요령 -분리수거 요령	-점검 체크 리스트 -청소도구

(5) 직업기초 능력

영 역	세부항목	수준		
		낮음	보통	높음
신체능력	① 대근육 능력(당기기, 밀기, 굽히기, 앉기)			○
	② 소근육 능력(쥐기, 들기, 잡기, 손가락 사용)			○
	③ 이동능력(서기, 걷기, 보행, 계단 오르기, 균형잡기)			○
	④ 감각능력(청력, 시력, 촉각, 미각)			○
의사소통 능력	① 읽기능력	○		
	② 쓰기능력	○		
	③ 듣기능력		○	
	④ 말하기 능력	○		
	⑤ 비언어적 표현능력	○		
수리능력	① 사칙연산 이해능력		○	
	② 금전관리 능력	○		
	③ 시간관리 능력	○		
문제해결 능력	① 사고력(지시이해 능력, 변별력)		○	
	② 문제인식 능력		○	
	③ 대안선택 능력	○		
	④ 대안적응 능력		○	
자기관리 및 개발능력	① 자기관리 능력(개인용모, 복장 등)		○	
	② 진로개발 능력		○	
	③ 직업에 대한 건전한 가치관과 태도		○	
자원활용 능력	① 자원확인 능력		○	
	② 자원계획 능력		○	
	③ 자원할당 능력		○	
대인관계 능력	① 협동능력		○	
	② 리더십 능력	○		
	③ 갈등관리 능력(스트레스, 위기대처)	○		
	④ 고객서비스 능력	○		
정보능력	① 정보수집 능력	○		
	② 정보분석 능력	○		
	③ 정보활용 능력		○	
기술능력	① 업무이해 능력		○	
	② 기술선택 능력		○	
	③ 기술적용 능력		○	

2) 작업도구

장화 발과 신체가 더러워지지 않도록 보호하기 위해 신는 신발	**장갑** 손이 다치거나 더렵혀지지 않도록 손을 보호하기 위해 사용	**모자(선캡)** 더위를 이기기 위해 쓰는 도구
호미 땅을 캐거나 흙을 고를 때 사용	**모종삽** 식물을 옮겨 심을 때나 땅을 팔 때 사용	**집게** 손이 닿지 않는 곳의 물건을 집거나 물건을 용이하게 집을 때 사용
분무기 가까운 곳에 물을 주거나 적은 양의 물을 줄 때 사용	**호스** 먼 곳에 물을 주거나 많은 양의 물을 줄 때 사용	**빗자루/쓰레받기** 먼지나 쓰레기를 쓸고 담을 때 사용
거름(비료) 식물이 잘 자라도록 땅을 기름지게 하는 용도	**영양제** 식물에 영양분을 보충하기 위해 뿌리는 용도	**포대** 자루, 부대와 같은 말로 대량의 물건을 넣을 때 사용
모종 옮겨 심기 위해 가꾼 씨앗	**나무(묘목)** 옮겨 심는 어린 나무	**화초** 꽃이 피는 풀과 나무 또는 꽃이 없더라도 관상용이 되는 모든 식물
포트 식물에 옮겨 심기 전 담는 용기	**수레** 물건을 운반하는 데 사용하는 소형 짐수레	**팔토시** 더위를 이기기 위해 쓰는 도구

실습하기

직무분석은 제6장에서 제시한 지역사회 내 사업체 조사 양식과 사업체정보지를 참고하면서 실시한다. 각 과정에서는 지원고용대상자에게 최선이 될 수 있는 방향으로 정보를 수집하고 브레인스토밍을 실시한다. 직무분석에 대한 실습은 다음의 과정을 참고하여 실시할 수 있다.

① 지원고용에서 사용되는 양식에 따라 직무분석을 실시한다.

② 일반적 직무분석 과정에 따라 직무를 분석한다.

◆ 제8장 ◆
적합성 비교와 지원계획

　성공적인 직업연결을 위해서는 지원고용대상자의 직업특성과 사업체 직무분석 결과와의 적합성을 주의 깊게 비교할 필요가 있다. 직무적합성 비교는 지원고용대상자의 강점, 능력, 관심, 욕구 등의 특성을 구체적인 직무에서 요구하는 조건과 비교하는 것이다. 고용전문가는 사업체 직무분석 양식의 항목들과 개인의 직업특성 양식의 항목들을 비교함으로써 적합성 정도를 판단하게 된다.

　적합성 비교를 실행하는 것에는 다음의 두 가지 목적이 있다. 첫째, 지역사회 사업체의 직무에 알맞은 지원고용대상자를 선정하기 위한 것이다. 적합성 비교는 지역사회 사업체 직무분석 양식의 항목들을 중심으로 지원고용대상자 다수의 직업특성 양식의 항목들을 비교함으로써 특정 직무에 보다 적합한 지원고용대상자를 선정하기 위한 목적이 있다. 둘째, 사업체 직무분석 양식의 항목들과 지원고용대상자의 직업특성 양식의 항목들 간의 적합성 정도를 비교함으로써 지원고용대상자가 그 직무를 수행하기 위하여 필요한 훈련과 지원을 계획하기 위한 목적이 있다.

　적합성 비교는 사업체 직무분석 양식과 지원고용대상자 직업특성 양식을 중심으로 실시할 수 있는데, 추가적으로 사업체 관계자와의 면담 결과, 직업진로계획팀이 수집한 정보나 자료, 직업평가 결과 등을 충분히 반영하여야 한다. 적합성 비교 결과, 직무와 지원고용대상자 간의 적합성이 높은 것으로 나타난다면 근로자로 선정될 가능성이 높다. 다만, 적합성 정도가 높지 않은 경우에는 부적합한 항목들에 대한 훈련이나 지원을 계획함으로써 근로자로 선정할 수 있다.

　적합성 비교 결과, 사업체의 직무와 지원고용대상자 간의 적합성이 낮다면 현장훈련과 지원서비스를 통하여 지원고용대상자가 직무를 성공적으로 수행하도록 도울 것인지 아니면 지원고용대상자에게 그 직업이 적절하지 않은 것인지의 여부를 평가하여야 한다. 즉, 일부 적합한 항목들이 있다고 해서 지원고용을 위한 준비가 된 것으로 결정해서는 안 된다. 지원고용에서는 지원고용대상자의 삶의 질을 향상할 수 있도록 지원해야 하므로 항상 합리적인 의사결정을 내려야 하는 과제를 안고 있다. 지원고용전문가가 해야 할 일은 적합성 비교 결과에 의거하여 지원고용을 실시할 것인지 여부를 결정하며, 지원고용을 실시할 경우 효과적으로 직무연결이 이루어지도록 돕는 지원계획을 마련하는 것이다.

1. 지원고용대상자 선정을 위한 적합성 비교

　사업체 직무분석 양식 항목들을 기준으로 적합한 지원고용대상자를 선정하기 위한 적합성 비교를 실시할 수 있다. 사업체 직무분석 양식과 지원고용대상자 직업특성 양식의 항목들은 동일하거나 유사한 경우가 대부분이다. 따라서 이 2개의 양식에서 동일하거나 유사한 항목들을 비교함으로써 지원고용대상자와 직무 간의 적합성 정도를 판단하게 된다.

　〈표 8-1〉의 지원고용대상자 선정을 위한 적합성 비교에는 특정한 사업체에

〈표 8-1〉 지원고용대상자 선정을 위한 적합성 비교

영역/항목(중요성)	사업체 직무		대상자 1		대상자 2		대상자 3		대상자 4	
	전체	중요	전체	중요	전체	중요	전체	중요	전체	중요
1. 개인적 특성										
1-1. 용모　　　　　　(CI / I / LI / NI)										
1-2. 행동　　　　　　(CI / I / LI / NI)										
1-3. 의사소통　　　　(CI / I / LI / NI)										
1-4. 주의집중　　　　(CI / I / LI / NI)										
1-5. 업무의 변화　　　(CI / I / LI / NI)										
1-6. 사회적 상호작용　(CI / I / LI / NI)										
개인적 특성 영역 소계										
2. 시간과 이동										
2-1. 작업시간대　　　(CI / I / LI / NI)										
2-2. 출퇴근 수단　　　(CI / I / LI / NI)										
2-3. 시간 분별　　　　(CI / I / LI / NI)										
2-4. 작업공간 분별　　(CI / I / LI / NI)										
2-5. 이동　　　　　　(CI / I / LI / NI)										
시간과 이동 영역 소계										
3. 작업수행										
3-1. 지구력　　　　　(CI / I / LI / NI)										
3-2. 체력　　　　　　(CI / I / LI / NI)										
3-3. 작업 주도성　　　(CI / I / LI / NI)										
3-4. 순차적 수행　　　(CI / I / LI / NI)										
3-5. 변별력　　　　　(CI / I / LI / NI)										
3-6. 작업속도　　　　(CI / I / LI / NI)										
3-7. 강화 정도　　　　(CI / I / LI / NI)										
작업수행 영역 소계										
4. 기능적 학업기술										
4-1. 읽기　　　　　　(CI / I / LI / NI)										
4-2. 쓰기　　　　　　(CI / I / LI / NI)										
4-3. 셈하기　　　　　(CI / I / LI / NI)										
4-4. 금전관리　　　　(CI / I / LI / NI)										
기능적 학업기술 영역 소계										
5. 환경										
5-1. 장애인에 대한 태도 (CI / I / LI / NI)										
5-2. 안전　　　　　　(CI / I / LI / NI)										
5-3. 편의시설 이용　　(CI / I / LI / NI)										
5-4. 기온/조명　　　　(CI / I / LI / NI)										
5-5. 분위기　　　　　(CI / I / LI / NI)										
5-6. 청결/질서　　　　(CI / I / LI / NI)										
환경 영역 소계										
총 점수										
종합 의견										

서 실시한 직무분석 결과를 기록하고, 지원고용대상자 직업특성 양식의 결과를 4명까지 기록할 수 있다. 이 4명은 임의적인 것이며 5명 이상인 경우에는 양식을 추가하여 기록할 수 있다.

〈표 8-1〉의 첫째 열은 사업체 직무분석 양식과 지원고용대상자 직업특성 양식 중 동일하거나 유사한 영역과 항목들을 제시한 것이다. 여기에서 볼 수 있듯이, ① 개인적 특성 영역에는 6개의 항목, ② 시간과 이동 영역에는 5개 항목, ③ 작업수행 영역에는 7개 항목, ④ 기능적 학업기술 영역에는 4개 항목, ⑤ 환경 영역에는 6개 항목이 포함되어 있다. 이 항목들은 예시로 사업체 직무에 따라 중요한 항목이 있을 경우에는 추가할 수 있다.

각 항목의 중요성은 CI(매우 중요함), I(중요함), LI(조금 중요함) 또는 NI(중요하지 않음)로 표시한다. 각 항목의 중요성 정도를 표시하는 이유는 개인의 직업특성 양식이나 사업체의 직무분석 양식에서 각 항목의 중요도가 직무에 따라 다를 수 있기 때문이다. 즉, 어떤 직무에서는 용모가 매우 중요하나 반면에 또 다른 직무에서는 용모가 중요하지 않을 수 있다. 〈표 8-1〉에서는 이를 네 가지 중 하나로 표시하면 된다.

〈표 8-1〉의 둘째 열은 사업체 직무분석 양식의 조사 결과를 옮겨 적는 칸이다. 이 칸은 2개로 구성되어 있는 데, '전체 열'에서는 사업체 직무분석 양식에서의 점수를 그대로 옮겨 적으면 된다. 그리고 '중요 열'에서는 첫째 열에서 CI 혹은 I로 표시된 매우 중요하거나 중요한 항목에 한하여 사업체 직무분석 양식에서의 점수를 그대로 옮겨 적으면 된다.

3~6열까지는 지원고용대상자 이름을 적고, 지원고용대상자 직업특성 양식에서의 점수를 그대로 옮겨 적으면 된다. 다만, 이 경우에도 사업체 직무분석 양식에서와 마찬가지로 '전체 열'에서는 모든 항목을, '중요 열'에서는 CI와 I에 해당하는 매우 중요하거나 중요한 항목에 해당하는 경우에만 점수를 그대로 옮겨 적으면 된다.

지원고용대상자 선정을 위한 적합성 비교분석에서 사업체나 개인 점수의 합

은 각 영역별, 전체 항목별, 중요한 항목별로 산출될 수 있다. '개인적 특성' 영역
의 소계는 '1-1. 용모'에서 '1-6. 사회적 상호작용'까지 점수를 합하여 적으면 된
다. 이와 같은 방식으로 '시간과 이동' '작업수행' '기능적 학업기술' '환경' 영역의
각 소계를 기록한다. 다만, 지원고용대상자의 경우에는 전체와 중요 항목을 구분
하고 있으므로 전체 항목과 중요 항목을 각각 더하여 영역별 소계를 산출한다.

종합 의견은 사업체와 지원고용대상자 측면에서 각각 제시될 수 있다. 먼저,
사업체의 경우 사업체 직무분석 양식의 결과에 따라 어떤 직무에서는 전체적으
로 어느 정도 점수를 요구하고 있으며, 매우 중요한 항목들은 어떤 것인지에 대
하여 기록할 수 있다. 또한 이 사업체의 직무에서 특별히 중요하게 여기거나 고
려해야 할 사항이 있는 경우에는 추가로 내용을 기재할 수 있다. 다음으로, 지원
고용대상자의 경우 직업특성 양식의 결과에 따라 각 지원고용대상자가 전체적
으로 어느 정도의 점수를 보이고 있으며, 동시에 매우 중요하거나 중요한 항목
들에서는 어느 정도 점수를 보이는지 기록한다. 또한 각 지원고용대상자에게 특
별히 중요한 항목이나 고려해야 할 내용이 있는 경우에는 추가로 내용을 기재할
수 있다.

〈표 8-1〉의 적합성 비교 결과를 바탕으로 〈표 8-2〉의 비교 결과에 따라 지
원고용대상자를 추천할 수 있다. 〈표 8-2〉에서는 지원고용대상자 순위가 두 가
지 형식으로 서로 다르게 산출될 수 있다. 첫째, 총 점수에 기초한 적합성으로
전체 항목의 총 점수의 크기에 따라 지원고용대상자들의 순위를 매긴다. 지원고
용대상자 중 가장 높은 점수를 받은 사람의 이름을 먼저 기재하고, 그다음에는
점수의 순서에 따라 기재한다.

둘째, 총 중요 점수(중요 항목의 총 점수)에 기초한 적합성이다. 이는 각 직무에
서 매우 중요하거나 중요한 항목들의 점수를 합하여 산출한 것으로, 역시 점수
의 순위에 따라 지원고용대상자의 이름을 기입한다. 각 직무에서 매우 중요하거
나 중요한 항목들을 과소평가해서는 안 된다. 둘 이상의 지원고용대상자들이 전
체 항목 총 점수(전체 항목의 총 점수)에서 비슷한 점수를 받은 경우에는 총 중요

〈표 8-2〉 **적합성 비교 결과 및 배치를 위한 추천**

적합성 비교 결과

* 가장 높은(적합한) 점수부터 가장 낮은(적합하지 않은) 점수를 받은 지원고용대상자의 이름을 순서대로 적는다.

총 점수(전체 항목의 총 점수)에 기초한 적합성   총 중요 점수(중요 항목의 총 점수)에 기초한 적합성

1. _____   1. _____
2. _____   2. _____
3. _____   3. _____
4. _____   4. _____

배치를 위한 추천

지원고용대상자 이름: _____

추천에 대한 근거

_____
_____
_____
_____
_____
_____
_____
_____
_____
_____
_____
_____
_____
_____
_____
_____

점수(중요 항목의 총 점수)의 결과를 고려해야 한다. 특히 중요 항목에서 낮은 점수를 받은 경우 지원고용전문가는 해당 일자리에 각 지원고용대상자가 어느 정도의 훈련이나 지원을 필요로 하는지 세심하게 살펴보아야 한다. 만약 특정 지원고용대상자가 지속적인 읽기문제를 가지고 있고 이것이 중요한 항목임에도 낮은 점수를 받았는데 해당 직무에서 높은 읽기 수준을 요구한다면, 지원고용전문가는 그 항목으로 인하여 고용에 심각한 어려움이 야기될 수 있음을 고려해야 한다. 이때에는 만약 전체 항목의 총 점수에서 다소 낮더라도 읽기 항목에서 충분히 높은 점수를 받는 다른 지원고용대상자가 있다면 해당 직무에 보다 적합한 지원고용대상자가 될 수 있다.

이와 같은 두 가지 다른 유형의 순위를 활용함으로써 직무와 그 직무에 고려되는 지원고용대상자 모두에 대해 고찰할 수 있다. 여러 지원고용대상자 중 두 가지 순위 모두에 있어서 적합성이 높은 한 명이 있다면 그가 해당 직업에 가장 적합한 사람이다. 그러나 전체 항목에서는 높은 점수를 받았으나 중요 항목에서 차이가 나는 경우, 지원고용전문가와 직업진로팀에서 개별 항목들에 대한 점수를 하나하나 신중히 검토해야 한다. 경우에 따라서는 사업체 직무분석 양식과 지원고용대상자 직업특성 양식의 각 항목들이 지닌 의미를 파악하고 관련자들이 협의를 해야 할 필요가 있다. 그러나 이러한 적합성 비교 결과 내지 관련자들의 협의가 지원고용대상자의 배치를 막기 위해 단독적으로 사용되어서는 안 된다. 이 과정에서 해답을 찾아야 할 궁극적인 질문은 "이 직무가 지원고용대상자에게 적합한가?" 그리고 "이 지원고용대상자가 그 직무를 수행하는 데 적합한가?"다.

때때로 점수는 전체적으로 좋게 보이지만, 지원고용전문가의 임상적 판단은 그와 다르게 해당 직업에 지원고용대상자를 배치하면 안되는 이유를 제시할 수도 있다. 이와 같은 결정을 내릴 때에는 그 근거를 충분히 기록할 필요가 있으며, 이때 지원고용전문가의 판단을 평가절하해서는 안 된다. 적합성 비교분석 결과와 관련자들의 협의를 바탕으로 해당 직무에 배치하게 될 지원고용대상자

〈표 8-3〉 **지원고용대상자 선정을 위한 적합성 비교 사례**

영역/항목 (중요성)		사업체 직무		대상자 1		대상자 2		대상자 3		대상자 4	
		전체	중요	전체	중요	전체	중요	전체	중요	전체	중요
1. 개인적 특성											
1-1. 용모	(CI / I / LI / NI)	1		2		3					
1-2. 행동	(CI / I / LI / NI)	1		1		0					
1-3. 의사소통	(CI / I / LI / NI)	1		2		3					
1-4. 주의집중	(CI / I / LI / NI)	2	2	3	3	1	1				
1-5. 업무의 변화	(CI / I / LI / NI)	2	2	2	2	0	0				
1-6. 사회적 상호작용	(CI / I / LI / NI)	1		2		0					
개인적 특성 영역 소계		8	4	12	5	7	1				
2. 시간과 이동											
2-1. 작업시간대	(CI / I / LI / NI)	3	3	3	3	2	2				
2-2. 출퇴근 수단	(CI / I / LI / NI)										
2-3. 시간 분별	(CI / I / LI / NI)	3	3	2	2	3	3				
2-4. 작업공간 분별	(CI / I / LI / NI)	2	2	2	2	0	0				
2-5. 이동	(CI / I / LI / NI)	2	2	3	3	3	3				
시간과 이동 영역 소계		10	10	10	10	8	8				
3. 작업수행											
3-1. 지구력	(CI / I / LI / NI)	3	3	2	2	0	3				
3-2. 체력	(CI / I / LI / NI)	2		2		3					
3-3. 작업 주도성	(CI / I / LI / NI)	2		2		1					
3-4. 순차적 수행	(CI / I / LI / NI)	2	2	2	2	3	3				
3-5. 변별력	(CI / I / LI / NI)	2	2	2	2	2	2				
3-6. 작업속도	(CI / I / LI / NI)	1		1		0					
3-7. 강화 정도	(CI / I / LI / NI)	1		1		0					
작업수행 영역 소계		13	7	12	6	9	8				
4. 기능적 학업기술											
4-1. 읽기	(CI / I / LI / NI)	1		1		3					
4-2. 쓰기	(CI / I / LI / NI)	2		3		4					
4-3. 셈하기	(CI / I / LI / NI)	1	1	1	1	3	3				
4-4. 금전관리	(CI / I / LI / NI)	3	3	3	3	5	5				
기능적 학업기술 영역 소계		5	4	8	4	15	8				
5. 환경											
5-1. 장애인에 대한 태도	(CI / I / LI / NI)										
5-2. 안전	(CI / I / LI / NI)										
5-3. 편의시설 이용	(CI / I / LI / NI)										
5-4. 기온/조명	(CI / I / LI / NI)										
5-5. 분위기	(CI / I / LI / NI)										
5-6. 청결/질서	(CI / I / LI / NI)										
환경 영역 소계											
총 점수		36	25	42	25	39	25				
종합 의견											

〈표 8-4〉 **적합성 비교 결과 및 배치를 위한 추천**

적합성 비교 결과

* 가장 높은(적합한) 점수부터 가장 낮은(적합하지 않은) 점수를 받은 지원고용대상자의 이름을 순서대로 적는다.

	총 점수 (전체 항목의 총 점수)에 기초한 적합성	총 중요 점수 (중요 항목의 총 점수)에 기초한 적합성
1.	김○○ - 42점	두 대상자 모두 동일 점수(김○○: 25점 = 이××: 25점)
2.	이×× - 39점	김○○ - 다음의 추천을 위한 근거 참조
3.		
4.		

배치를 위한 추천

지원고용대상자 이름:＿＿＿＿＿＿김○○＿＿＿＿＿＿

추천에 대한 근거

1. 개인적 특성: 주의집중과 업무의 변화라는 중요 항목에서 사업체 직무는 각각 2, 2점이 요구됨. 대상자 1은 각각 3, 2점으로 기준을 초과하거나 충족한 데 비해, 대상자 2는 각각 1, 0점으로 기준 미달임. 따라서 이 개인적 특성에서는 대상자 1 〉 대상자 2임

2. 시간과 이동: 작업시간대, 시간 분별, 작업공간 분별, 이동이라는 네 가지 중요 항목에서 사업체 직무는 각각 3, 3, 2, 2점이 요구됨. 대상자 1은 3, 2, 2, 3점을 보여 시간 분별을 제외한 모든 요건을 충족시키거나 초과함. 그는 디지털 손목시계를 사용하여 시간 분별력 보완 가능함. 대상자 2는 2, 3, 0, 3점으로 작업시간대와 작업공간 분별의 두 가지 기준 미달임. 따라서 시간과 이동 요인에서도 대상자 1 〉 대상자 2임

3. 작업수행: 지구력, 순차적 수행, 변별력이라는 세 가지 중요 항목에서 사업체 직무는 각각 3, 2, 2점이 요구됨. 대상자 1은 2, 2, 2점을 보여 지구력에서 미달인 데 비해, 대상자 2는 3, 3, 2점을 보여 모두 초과함. 따라서 작업수행에서는 대상자 1 〈 대상자 2임

4. 기능적 학업기술: 셈하기와 금전관리라는 두 가지 중요 항목에서 사업체 직무는 각각 1, 3점이 요구됨. 대상자 1은 각각 1, 3점을 보여 요구수준에 정확히 충족한 데 비해, 대상자 2는 각각 3, 5점을 보여 요구수준을 훨씬 초과함. 따라서 대상자 2는 이 직업에서 중요하지 않은 요인에서 뛰어나 오히려 직무에 부적응 가능성이 있음. 따라서 기능적 학업기술에서는 대상자 1 〉 대상자 2임

요약: 네 가지 직무와 관련된 영역들 중 세 가지에서 사업체 직무에서 중요하게 요구되는 항목을 기준으로 분석할 때, 대상자 1이 대상자 2보다 적절하게 대응하는 것으로 판단됨. 대상자 2는 기능적 학업수준이 요구수준보다 높아 이 직무보다는 다른 직무에의 연결이 바람직해 보임

를 결정하게 되며, 추천에 대한 근거는 가능한 한 객관적이고 이해하기 쉽도록
기록해야 한다.

〈표 8-3〉과 〈표 8-4〉는 각각 앞의 서식을 사용하여 지원고용대상자 선정을
위한 적합성을 비교 사례와 적합성 비교 결과 및 배치를 위한 추천 사례를 제시
하고 있다. 이 사례에서는 전체 항목의 총 점수에 기초한 대응 결과와 중요 항목
의 총 점수에 기초한 대응 결과가 일치하여 최종적으로는 본 대응과정에서 예시
된 사업체 직무에 동일한 대상자가 적합한 것으로 결정했지만, 중요 항목의 총
점수에 기초한 대응 결과가 전체 항목의 총 점수에 기초한 대응 결과와 다르게
나타날 수도 있다. 〈표 8-3〉처럼, 각 영역별로 중요 항목에 있어서 어느 대상자
가 더 적절한지 하나하나 논리적으로 분석하여 최종적으로 종합한 결과가 전체
항목의 총 점수에 기초한 대응 결과와 다르게 나타난다면, 이와 같이 좀 더 구체
적이고 논리적인 분석 결과가 단순 총 점수의 크기에 의한 판단보다 우선되어야
할 것이다.

2. 지원계획 수립을 위한 적합성 비교

적합성 비교를 바탕으로 지원고용대상자로 선정되었다 하더라도 그 지원고
용대상자가 해당 직무의 항목에서 요구하는 모든 조건들을 충족시키지 못하는
경우가 대부분이다. 왜냐하면 지원고용대상자는 대부분 중증장애인 내지 최중
증장애인으로, 이들은 이전에 대부분 미고용 또는 보호고용 상태로 있었거나 지
역사회 통합고용이 시도된 경우에도 고용으로 이어지지 못하거나 고용이 중단
된 경우의 사람들이기 때문이다.

그러므로 지원고용에서는 사업체 직무분석 양식에서 요구하는 조건들과 지
원고용대상자의 직업특성 양식에서의 점수 결과를 비교한 후 차이가 나는 항목
에 대한 지원계획을 수립하여 사업체 배치 후 현장훈련이나 지원, 직업조정을

통하여 그 차이를 해결할 수 있어야 한다. 특히 사업체 직무분석 양식에서 매우 중요하거나 중요한 항목에서의 지원계획을 구체적으로 마련해야 한다.

지원계획은 크게 사업체 직업조정을 중심으로 작성되거나 지원고용대상자에 대한 현장훈련이나 지원을 중심으로 작성될 수 있다. 먼저, 사업체 직업조정을 중심으로 작성되는 경우에는 지원고용전문가가 사업체 관계자와 면담을 통하여 가능성을 협의하는 것이 필요하다. 지원고용전문가는 사업체 관계자와 면담을 통하여 지원고용에 대한 전반적인 의견을 나눌 뿐만 아니라 사업체 직무분석이나 과제분석, 직업조정의 방안들을 협의하게 된다(자세한 내용은 제9장 직무배치 참조).

지원고용전문가는 사업체에 대한 직무분석과 과제분석을 실시한 후 지원고용대상자와 적합성에서 차이가 나는 부분을 찾게 되면 사업체 관계자와 다음과 같은 직업조정의 방법들을 구체적으로 협의해야 한다.

- 그 사업체에서 새로운 직무를 창출해야 하는가?
- 지원고용대상자가 부분적인 참여를 통하여 고용으로 이어질 수 있는가?
- 작업시간을 융통성 있게 조정할 수 있는가?
- 직업을 재구조화하여 직무 내지 과제를 변경해 줄 수 있는가?
- 작업위치를 수정해 줄 수 있는가?
- 재활공학을 활용할 수 있는가?

이와 같이 면담이나 협의 결과를 바탕으로 지원계획을 작성하여 사업체의 직무와 지원고용대상자의 업무 능력 간의 차이를 보완해 주어야 한다.

지원고용전문가가 사업체 직무분석 양식의 결과와 지원고용대상자의 직업특성 양식 간의 적합성에서 차이가 나는 경우 사업체에 배치한 후 현장훈련과 지원을 통하여 그 차이를 줄여 나감으로써 적합성을 높일 수 있다. 이처럼 지원고용전문가는 현장에서 지원고용대상자에게 필요한 지원고용 서비스를 제공하게 된다(자세한 내용은 제10장 현장훈련 및 지원 참조).

지원고용전문가는 지원고용대상자에 대한 현장훈련 시 다양한 교수전략을 사용할 수 있다. 예를 들면, 언어적 교수의 경우에 질문 형식의 단서를 사용하거나, 장단을 맞추는 식의 단서를 사용하거나 혹은 명확한 행동을 지칭하는 언어적 단서를 사용하는 등의 전략을 사용할 수 있다. 언어적 단서로 과제의 수행이 어려운 지원고용대상자에게는 그림 단서를 사용하여 과제를 수행할 수 있도록 도울 수 있다. 이와 더불어 제스처를 사용하여 주의를 환기시킬 수 있고, 역할모델링을 통하여 과제수행 방법을 시범으로 보여 줄 수도 있다. 또한 신체적 단서를 활용하여 지원고용전문가가 지원고용대상자의 손을 잡고 함께 작업을 수행할 수 있으며, 그 외에도 강화 제공, 연쇄법, 자기관리 등을 활용하여 적합성을 높일 수도 있다. 지원고용전문가는 자신이 제공할 수 있는 현장훈련이나 지원 외에 사업체의 자연스러운 환경에서 주어지는 단서들도 적극적으로 활용하는 지원계획을 마련해야 한다.

〈표 8-5〉 적합성 비교 양식

NO.	
작성일	
작성자	

지원고용대상자 선정을 위한
적합성 비교

결재	담당	부장

Ⅰ. 기본 정보

사업체 및 직무		지원고용대상자	
사업체명		이름/성별	
직무내용	• 주 작업: • 보조작업:	생년월일	

Ⅱ. 양적 분석

▶ 중요도: CI (매우 중요함), I (중요함), LI (조금 중요함), NI (중요하지 않음)
▶ 적합성 정도: G (적합), SN (지원 필요), P (부적합)

1. 개인적 특성

항목	중요도 (CI, I, LI, NI)	항목점수		적합성 정도	지원계획
		사업체	대상자		
1-1. 용모					• 지원 기간: • 지원 시간/장소: • 지원자(직위): • 지원 내용: • 지원 방법 및 도구:
	부가 설명				
1-2. 행동					• 지원 기간: • 지원 시간/장소: • 지원자(직위): • 지원 내용: • 지원 방법 및 도구:
	부가 설명				

(계속)

					• 지원 기간: • 지원 시간/장소: • 지원자(직위): • 지원 내용: • 지원 방법 및 도구:
1-3. 의사소통	부가 설명				
1-4. 주의집중					• 지원 기간: • 지원 시간/장소: • 지원자(직위): • 지원 내용: • 지원 방법 및 도구:
	부가 설명				
1-5. 업무의 변화					• 지원 기간: • 지원 시간/장소: • 지원자(직위): • 지원 내용: • 지원 방법 및 도구:
	부가 설명				
1-6. 사회적 상호작용					• 지원 기간: • 지원 시간/장소: • 지원자(직위): • 지원 내용: • 지원 방법 및 도구:
	부가 설명				
영역 점수 (24점)					

2. 시간과 이동

항목	중요도 (CI, I, LI, NI)	항목점수		적합성 정도	지원계획
		사업체	대상자		
2-1. 작업시간대 (해당 내용 모두 체크)	부가 설명				• 지원 기간: • 지원 시간/장소: • 지원자(직위): • 지원 내용: • 지원 방법 및 도구:

(계속)

2-2. 출퇴근 수단 (해당 내용 모두 체크)	부가 설명				• 지원 기간: • 지원 시간/장소: • 지원자(직위): • 지원 내용: • 지원 방법 및 도구:
2-3. 시간 분별	부가 설명				• 지원 기간: • 지원 시간/장소: • 지원자(직위): • 지원 내용: • 지원 방법 및 도구:
2-4. 작업공간 분별	부가 설명				• 지원 기간: • 지원 시간/장소: • 지원자(직위): • 지원 내용: • 지원 방법 및 도구:
2-5. 이동	부가 설명				• 지원 기간: • 지원 시간/장소: • 지원자(직위): • 지원 내용: • 지원 방법 및 도구:
영역 점수 (20점)					

3. 작업수행

항목	중요도 (CI, I, LI, NI)	항목점수		적합성 정도	지원계획
		사업체	대상자		
3-1. 지구력	부가 설명				• 지원 기간: • 지원 시간/장소: • 지원자(직위): • 지원 내용: • 지원 방법 및 도구:

(계속)

3-2. 체력	부가 설명				• 지원 기간: • 지원 시간/장소: • 지원자(직위): • 지원 내용: • 지원 방법 및 도구:
3-3. 작업 주도성	부가 설명				• 지원 기간: • 지원 시간/장소: • 지원자(직위): • 지원 내용: • 지원 방법 및 도구:
3-4. 순차적 수행	부가 설명				• 지원 기간: • 지원 시간/장소: • 지원자(직위): • 지원 내용: • 지원 방법 및 도구:
3-5. 변별력	부가 설명				• 지원 기간: • 지원 시간/장소: • 지원자(직위): • 지원 내용: • 지원 방법 및 도구:
3-6. 작업속도	부가 설명				• 지원 기간: • 지원 시간/장소: • 지원자(직위): • 지원 내용: • 지원 방법 및 도구:
3-7. 강화 정도	부가 설명				• 지원 기간: • 지원 시간/장소: • 지원자(직위): • 지원 내용: • 지원 방법 및 도구:
영역 점수 (28점)					

(계속)

4. 기능적 학업기술

항목	중요도 (CI, I, LI, NI)	항목점수		적합성 정도	지원계획
		사업체	대상자		
4-1. 읽기	부가 설명				• 지원 기간: • 지원 시간/장소: • 지원자(직위): • 지원 내용: • 지원 방법 및 도구:
4-2. 쓰기	부가 설명				• 지원 기간: • 지원 시간/장소: • 지원자(직위): • 지원 내용: • 지원 방법 및 도구:
4-3. 셈하기	부가 설명				• 지원 기간: • 지원 시간/장소: • 지원자(직위): • 지원 내용: • 지원 방법 및 도구:
4-4. 금전관리	부가 설명				• 지원 기간: • 지원 시간/장소: • 지원자(직위): • 지원 내용: • 지원 방법 및 도구:
영역 점수 (16점)					

(계속)

5. 환경

항목	중요도 (CI, I, LI, NI)	항목점수		적합성 정도	지원계획
		사업체	대상자		
5-1. 장애인에 대한 태도					• 지원 기간: • 지원 시간/장소: • 지원자(직위): • 지원 내용: • 지원 방법 및 도구:
	부가 설명				
5-2. 안전 (해당 내용 모두 체크)					• 지원 기간: • 지원 시간/장소: • 지원자(직위): • 지원 내용: • 지원 방법 및 도구:
	부가 설명				
5-3. 편의시설 이용 (해당 내용 모두 체크)					• 지원 기간: • 지원 시간/장소: • 지원자(직위): • 지원 내용: • 지원 방법 및 도구:
	부가 설명				
5-4. 기온/조명					• 지원 기간: • 지원 시간/장소: • 지원자(직위): • 지원 내용: • 지원 방법 및 도구:
	부가 설명				
5-5. 분위기 적응					• 지원 기간: • 지원 시간/장소: • 지원자(직위): • 지원 내용: • 지원 방법 및 도구:
	부가 설명				
5-6. 청결/질서					• 지원 기간: • 지원 시간/장소: • 지원자(직위): • 지원 내용: • 지원 방법 및 도구:
	부가 설명				
영역 점수 (24점)					

(계속)

Ⅲ. 종합 점수 및 의견

구분 항목(총점)	사업체	대상자	적합성 정도	종합 의견
개인적 특성 (24)				
시간과 이동 (20)				
작업수행 (28)				
기능적 학업기술 (16)				
환경 (24)				
합계 (112)				

출처: 박희찬 외(1996). 일부 내용 수정.

실습하기

- 적합성 비교와 지원계획에 대한 실습에서는 제5장에서 제시한 지원고용대상자 직업특성 양식과 제7장에 제시한 사업체 직무분석 양식을 비교하면서 협의하게 된다. 이 실습은 다음의 과정을 참고하여 실시할 수 있다.
  ① 지원고용대상자 선정을 위한 적합성 비교를 실시한다.
  ② 지원고용대상자를 선정한 후 계획 수립을 위한 적합성 비교를 실시한다.

◆ 제9장 ◆

직무배치

1. 배치를 위한 면담

지원고용대상자를 사업장에 배치하기 이전에 지원고용전문가는 사업체 관계자와 면담을 실시하여 배치와 관련된 내용을 협의하게 된다. 이 면담은 사업체 관계자와 지원고용전문가 중심으로 이루어지며, 지원고용대상자가 포함될 수도 있다.

1) 사업체 관계자와 지원고용전문가의 면담

지원고용대상자의 배치를 위한 지원고용전문가의 사전 방문과 면담은 사업체와 지원고용 담당기관 간의 공동 협력으로 이루어진다. 사업체 관계자와 지원고용전문가의 면담 시에는 다음과 같은 내용을 다룬다.

- 사업체에서 지원고용을 시행해 왔던 방법 및 내용, 지원고용 배치 및 현장 훈련을 위하여 지원고용 담당기관과 사업체 간의 공동 협력의 중요성
- 지원고용 담당기관 및 지원고용전문가의 역할 협의
- 지원고용대상자를 돕기 위한 사업체의 역할 협의

이때 지원고용 담당기관에서 지원고용에 대한 안내 책자나 지원고용 홍보 자료를 제공하는 것은 좋은 방법이다. 안내 자료를 제공함으로써 지원고용대상자를 고용할 가능성이 있는 고용주에게 지원고용에 대한 가치와 통찰을 갖게 할 수 있기 때문이다. 지원고용에 대한 사업체의 이해를 높이는 또 다른 기법은 지원고용 담당기관이 이미 지원고용 서비스를 제공하고 있는 사업체 관계자의 명단을 제공하는 것이다. 이를 통해 새로 관심을 가진 사업체는 이미 지원고용을 실시하고 있는 사업체 관계자와 접촉하여 어떻게 사업체와 지원고용 담당기관이 공동으로 협력을 할 수 있을 지 알아낼 수 있다. 그리고 일단 사업체 내에서 지원고용을 실시하기로 동의를 하였다면, 고용주와 배치될 지원고용대상자에 관하여 구체적인 정보를 나눌 필요가 있다. 지원고용대상자와 관련해서는 다음과 같은 정보가 토의된다.

- 출퇴근 시간이나 방법의 조정
- 일일 작업일정
- 작업복 착용 여부와 특수한 위생 조건
- 노동시간과 임금
- 장애와 기능적 제한
- 지원고용전문가의 지원 제공 가능성

지원고용전문가는 새로운 사업체에 관한 정보를 수집하기 위하여 가능한 한 많은 시간을 사용하여야 한다. 또한 사업체 전반에 관한 사항뿐만 아니라 직업

의 구체적인 요구사항들도 파악해야 한다. 사업장 배치를 위한 사전방문에서는 사업체에서 되도록 많은 사람과 관련을 맺어 두는 것이 지원고용전문가에게 도움이 될 수 있다. 이들 중에는 관리자, 직속 상급자, 작업동료 등을 포함한다. 사업체 사람들과 만나는 가운데 장애인에 대한 다음과 같은 편견이나 오해를 가진 사람과 마주치기도 할 것이다.

- 사업체가 지원고용 담당기관과 공동 협력을 추구하려는 동기나 지원고용이 직업 전반에 미칠 영향에 관한 작업동료들의 오해나 두려움
- 장애인은 시설에서 보호되어야 한다는 편견
- 장애인은 직업과 관련된 안전사고가 더 많이 발생할 것이라는 생각
- 장애인과 함께 일을 하는 것에 대한 상급자나 작업동료의 두려움

지원고용대상자를 사업장에 배치하기 이전에 사업체에 많은 정보를 제공할수록 사업체와 지원고용 담당기관 간의 공동 협력에 영향을 미칠만한 오해는 그만큼 줄어들게 될 것이다. 지원고용전문가는 지원고용대상자와 밀접하게 일하게 될 직속 상급자나 직업동료들을 대상으로 지원고용에 대한 협의를 시도해 볼수도 있다. 이러한 협의는 소집단작업과 같이 집단 형태의 지원고용을 시도할때 특히 도움이 된다. 협의과정에서 지원고용전문가는 지원고용을 위한 공동 협력의 철학적 기반과 사업체에서 제공되는 자연스러운 지원과 인간관계의 중요성에 관하여 제시할 기회를 갖게 된다.

간혹 지원고용전문가는 지원고용을 위한 사업체와 지원고용대상자 간의 연결이 제대로 되지 않았다는 점을 발견할 수도 있다. 예를 들면, 어떤 사업체에서는 이직률이 너무 높아 지원고용대상자가 다른 작업동료와 안정적인 인간관계를 형성하는 데 저해요인이 될 수 있다. 만약 관리자나 상급자가 너무 자주 바뀌게 되면 사업체와 지원고용 담당기관 간의 공동 협력 관계를 전반적으로 바꿀수밖에 없을 것이다.

2) 사업체 관계자와 지원고용전문가, 지원고용대상자의 면담

사업체 관계자 및 지원고용전문가 그리고 지원고용대상자가 함께 면담을 하기 위해서는 지원고용대상자가 어느 정도의 의사소통 기술을 가지고 있어야 한다. 이러한 기술의 습득은 장기간의 훈련이 필요한 것이며, 단지 며칠 동안만의 훈련으로는 쉽게 향상되기 어렵다. 지원고용대상자가 학교에서 혹은 지원고용 프로그램을 지지하는 성인 서비스기관에서 의사소통 기술에 대한 집중적인 훈련을 받을 수 있다면 다행스러운 일이다.

지원고용전문가는 고용이 가능하다고 예상되면 가족 구성원이나 그룹홈 직원 등 관련자들의 협조를 받아 지원고용대상자의 의사소통 기술을 향상시킬 수 있도록 해야 한다. 이러한 관련자들은 면담 시 요구되는 옷차림과 복장관리, 의사소통 기술을 강화하는 데 효과적인 역할을 할 수 있다. 이때 관련자들과 지원고용전문가는 지원고용대상자와 함께 다음과 같은 사항을 검토해야 한다.

- 신체적 청결함
- 면담에 적합한 복장
- 바른 자세
- 시선 접촉의 유지
- 적합한 몸짓, 얼굴표정, 신체언어
- 특이한 행동의 회피
- 적당한 때에 미소 짓기
- 예의에 알맞은 언어 사용
- 면담 시 대답해야 할 가능성 있는 질문 검토

면담 전 지원고용전문가는 면담의 날짜, 시간, 장소 등에 대해 지원고용대상자, 그의 가족이나 그룹홈 직원 및 기타 다른 프로그램 직원에게 통지해야 한다.

그리고 면담 시의 적절한 복장 유형에 대해 지원고용대상자와 보호자에게 명확히 전달해 주어야 한다. 이때 지원고용전문가는 지원고용대상자에게(만약 필요하다면, 보호자를 통해) 면담에 필요한 서류(예: 직업지원서, 이력서, 추천서, 복지카드 등)를 준비해 오도록 요구해야 한다. 면담 전 필요한 정보를 수립하기 위해 지원고용전문가가 직업지원서 사본을 미리 확보하는 것은 도움이 된다.

면담 시 고용주, 지원고용대상자, 지원고용전문가가 중점적으로 고려할 사항은 다음과 같다.

- 고용주
  - 지원고용대상자에게 직무와 바라는 바를 설명한다.
  - 지원고용대상자에게 작업경험과 다른 관련된 직업문제에 대해 질문한다.
  - 임금과 회사 방침을 개괄적으로 설명한다.
  - 지원고용대상자의 그 직업에 대한 적합성에 대하여 느낀 바를 표명한다.
- 지원고용대상자
  - 자신의 자격요건과 훈련, 직업경험을 충분히 설명한다.
  - 직업요건들과 임금에 대한 질문할 기회를 갖는다.
  - 고용주와 직업에 대해 느낀 바를 표명한다.
- 지원고용전문가
  - 지원고용대상자 혼자 면담이 불가능할 때 면담에 지원고용대상자와 동행한다.
  - 필요시 지원고용대상자와 고용주를 위해 어렵거나 불명확한 진술을 설명해 준다.
  - 필요시 지원고용대상자가 질문과 대답을 정확히 조직적으로 할 수 있도록 돕는다.
  - 지원고용대상자를 위해 감정적 지지의 제공자와 옹호자로서 행동한다.
  - 면담과정에서(지원고용대상자가 가능한 독립적이 되도록) 불필요한 개입을

피한다.

면담 중에 지원고용전문가는 지원고용대상자를 위한 옹호자와 통역자 모두의 기능을 한다. 그러므로 지원고용전문가는 지원고용대상자의 전반적인 인지기능뿐 아니라 수용언어와 표현언어 능력에 대하여 충분히 이해하고 있어야 한다. 어떤 지원고용대상자는 도움 없이 질문에 답변하고 명확하게 말하는 것이 가능하다. 그러나 이들이 복잡하고 추상적인 질문에 대답할 수 있도록 지원고용전문가가 질문을 재구성해 줄 필요가 있다. 지원고용대상자가 심한 의사소통에 문제를 갖고 있어서 사업체에서 요구하는 정보의 대부분을 지원고용전문가가 제공해야 하는 경우도 있다.

면담하는 동안에 지원고용전문가는 약점에 대해 거짓말을 하지 않으면서도 지원고용대상자의 직업 관련된 능력을 강조함으로써 그를 옹호해야 한다. 지원고용전문가는 작업특성 분석에 기초하여 특정한 직무를 수행하기 위한 지원고용대상자를 선택하였다는 사실을 유념해야 한다. 특정한 직무를 위해 다른 사람보다 해당 지원고용대상자를 선정하였다는 근거가 제시되어야 한다는 것이다. 또한 지원고용전문가는 지원고용대상자를 위한 현장훈련, 대상 사업체 지원책 등과 같은 고용주에게 주어질 수 있는 혜택에 대해 설명해야 한다. 지원고용전문가는 지원고용대상자의 입장에서 사업체의 면담자로 하여금 작업일정, 봉급과 연금, 지원고용대상자의 관심사가 되는 기타 직업 관련 문제들에 대해서 명확하게 설명해 줄 것을 요구해야 한다.

면담이 끝날 때가 되면, 고용주나 그 대리인은 지원고용대상자에게 바로 그 자리에서 직업을 제공하거나, 지원고용대상자가 고용될 것인지에 대해 가까운 시한 내에 결정될 것이니 통보를 기다리라고 말할 것이다. 이때 지원고용전문가는 지원고용대상자가 직업에 고용되거나 그렇지 못하는 경우에 자신이 그의 지지자가 될 수 있도록 자신에게 먼저 통보해 줄 것을 요구해야 한다.

때로 고용주는 지원고용대상자가 그 사업체에서 시험적으로 일해 보는 기간을 갖기 원할 수 있다. 이러한 시험적 고용은 지원고용대상자를 영구적으로 고용할 것인지 여부를 결정하기 위해 시간이 필요하다는 것으로, 일정한 시간의 범위 안에서 이루어져야 한다. 이러한 조정은 고용주에게는 고용 여부에 대한 시간을 갖게 하고, 지원고용대상자에게는 실패에 대한 두려움과 불안감을 완충시켜주기 때문에 긍정적인 측면이 있다고 볼 수 있다.

지원고용대상자의 채용이 결정되자마자 지원고용전문가는 첫 출근일을 결정해야 하고, 고용주를 위한 지원책과 관련된 문서작업을 첫 출근일 이전에 마쳐야 하며, 지원고용대상자가 작업장에 오가는 데 필요한 교통수단에 대해 조정해야 한다. 그리고 부모/보호자, 그룹홈이나 주간 프로그램 직원 등과 같이 지원고용대상자 주변의 관련자에게 출근과 관련된 사항들에 대해 즉시 알려 주어야 한다.

2. 과제분석

지원고용대상자를 배치하기 위한 준비의 하나로 과제분석을 들 수 있다. 과제분석은 어떤 직무에서 수행될 작업과제들을 각 단위 과제별 구성 요소로 나누어 분석하는 과정이다. 과제분석은 숙련된 작업자가 실제로 특정의 작업을 수행하는 것을 관찰하여 각 작업단계를 순차적으로 기록함으로써 이루어진다. 과제분석은 작업의 기본적 구성 요소에 익숙해지는 과정이다. 과제분석을 통하여 다음의 세 가지를 확인할 수 있다.

- 지원고용대상자에게 필수적으로 요구되는 능력과 자질
- 작업과제를 수행하는 과정
- 작업장에서 필요한 것들

한 지원고용대상자의 직무분석을 통하여 알아낸 책무는 다음과 같다(한국장애인개발원, 2011).

- 관공서 정원관리도우미
  - 화단 조성하기
  - 물 주기
  - 거름 주기
  - 잡초 제거하기
  - 정원 청소하기

직무분석을 통해 확인된 과제들은 지원고용대상자에게 지원을 제공하거나 훈련을 할 때 훈련도구로서 사용할 수 있을 만큼 구체적이지 않다. 이러한 경우에는 보다 자세한 과제분석을 통하여 보다 구체적으로 세분화할 수 있다.

과제분석의 세분화 과정은 다음과 같다.

1) 과제분석

(1) 화단 조성하기

---

1. 화단 고르기

① 작업복을 착용한다.

② 면장갑을 착용한다.

③ 자재도구함에서 호미, 모종삽, 포대 등 필요 물품을 꺼낸다.

④ 땅에 있는 돌이나 잡초 뿌리 등을 제거한다.

⑤ 잡 뿌리를 골라내고 딱딱하게 굳은 흙덩어리를 잘게 부순다.

※지식/기능: 식물 이해/손가락 기민성, 양손 협응력, 쪼그려 앉기

※준비물: 호미, 모종삽, 포대

※주의사항 : 작업에 적합한 도구를 사용하도록 한다.

(계속)

2. 골 파기

① 모종 크기 및 개수를 확인하다.

② 모종 간격을 확인한다.

③ 모종삽이나 호미를 이용하여 모종 간격에 맞게 골을 판다.

※지식/기능: 공간지각 능력, 양손 협응력, 크기 및 형태 변별능력, 쪼그려 앉기

※준비물: 모종, 모종삽, 호미

※주의사항: 골을 팔 때 흙이 얼굴에 튀지 않도록 주의한다.

3. 모종 심기

① 포트를 잡고 모종 뿌리가 다치지 않게 조심하면서 모종을 꺼낸다.

② 미리 파 놓은 골에 모종을 심는다.

③ 흙 높이가 약간 올라올 정도로 흙을 덮고 눌러 준다.

※지식/기능: 모종의 이해/양손 협응력, 손가락 기민성, 쪼그려 앉기

※준비물: 모종, 모종삽

※주의사항: 골 안에 모종을 똑바로 심을 수 있도록 주의한다.

4. 물 주기

① 분무기나 호스를 준비한다.

② 분무기에 물을 담아 놓고, 호스는 수도꼭지에 연결한다.

③ 모종을 심은 곳에 흙이 다 젖도록 물을 흠뻑 준다.

※지식/기능: 물 주기 효과/손가락 기민성, 손과 팔의 힘 사용

※준비물: 분무기, 호스, 물

※주의사항: 물을 줄 때 꽃이나 잎에 닿으면 모종이 상할 수 있으므로 주의한다.

5. 주변 정리하기

① 주변 화단을 정리한다.

② 모아 둔 포트를 쓰레기 수거함에 넣는다.

③ 사용한 호미, 레이크, 분무기, 호수 등 자재도구함에 보관한다.

※지식/기능: 손가락 기민성, 판단력, 쓰레기 분리수거 능력

※준비물: 쓰레기 봉투, 쓰레기 수거함, 자재도구함

※주의사항: 사용한 물품은 다음에 사용 가능하도록 관리한다.

(2) 물 주기

1. 물 주기 요령 알기

① 수목원, 공원의 화초, 나무의 종류 및 특성을 파악한다.

② 계절에 따라 화초, 나무의 물 주는 횟수를 확인한다.

③ 화초, 나무의 상태를 파악한다.

※지식/기능: 물 주기 효과, 식물의 특징 이해, 판단력

※준비물: 식물 특징이 나타난 교재

※주의사항: 식물에 따라 방법, 횟수, 물의 양을 파악하도록 한다.

2. 물 담기 및 호스 준비하기

① 작업복을 착용한다.

② 분무기 및 호스를 준비한다.

③ 분무기에 물을 넣어 준비한다.

※지식/기능: 양손 협응력, 분무기 및 호스 조작 방법

※준비물: 작업복, 분무기, 호스, 물

※주의사항: 물이 너무 차거나 뜨겁지 않도록 주의한다.

3. 화단 특성에 맞게 물 주기

① 물을 줄 화초와 나무를 확인한다.

② 크기 및 양에 따라 분무기나 호스를 이용하여 물을 준다.

③ 화초와 나무의 상태를 보고 물의 양을 조절한다.

※지식/기능: 양손 협응력, 손과 팔 힘 사용, 물 주는 요령 파악

※준비물: 분무기, 호스, 물

※주의사항: 앞뒤, 양옆으로 골고루 물을 뿌려 주도록 한다.

4. 확인하고 정리하기

① 분무기에 남은 물을 지정 장소에 비운다.

② 분무기와 호스를 정리한다.

③ 사용한 분무기와 호스를 보관함에 보관한다.

※지식/기능: 양손 협응력, 손가락 기민성, 판단력

※준비물: 분무기, 호스, 도구함

※주의사항: 물 버리는 장소를 지정하여 한곳에서만 버리도록 한다.

(3) 거름 주기

1. 거름 확인하기

① 수목원, 공원의 화초·나무 종류 및 특성을 파악한다.

② 거름의 종류를 파악한다.

③ 화초·나무의 종류 및 특성에 따라 거름의 양을 측정한다.

※지식/기능: 식물의 특징 이해, 거름 재료 이해, 판단력

※준비물: 식물 특징이 나타난 교재

※주의사항: 식물에 따라 거름의 양, 횟수, 거름 주는 방법을 파악한다.

2. 거름 준비하기

① 작업복을 착용한다.

② 화초·나무에 맞는 거름, 영양제를 준비한다.

③ 밑거름, 웃거름 등 상황에 따라 거름의 종류를 선택한다.

※지식/기능: 거름 재료의 이해, 판단력

※준비물: 작업복, 거름, 영양제

※주의사항: 식물 및 계절에 따라 방법, 횟수, 거름의 종류를 파악한다.

3. 나무 주변 골 파기

① (모종)삽 등 필요 물품을 준비한다.

② 거름을 줄 화초·나무를 선별한다.

③ 거름을 줄 화초·나무 주변에 약간의 간격을 두고 골을 판다.

④ 주변 잡초를 제거한다.

※지식/기능: 눈손 협응력, 양손 협응력, 손가락 기민성, 쪼그려 앉기

※준비물: 모종삽

※주의사항: 주변의 골을 팔 때 식물들이 손상되지 않도록 주의한다.

4. 거름 뿌리기

① 화초·나무의 종류 및 상태에 따라 거름의 양을 조절한다.

② 골을 판 곳에 거름을 골고루 뿌린다.

③ 흙을 덮어 준다.

(계속)

※지식/기능: 거름의 효과/양손 사용 능력, 형태 지각 능력, 쪼그려 앉기

※준비물: 거름, 흙

※주의사항: 적절한 양과 방법으로 거름을 주도록 한다.

5. 주변 정리하기

① 거름 포대를 모아 분리수거함에 넣는다.

② 사용한 물품을 물품 보관함에 정리해서 넣는다.

③ 작업복을 벗고 작업복 보관함에 정리해서 넣는다.

※지식/기능: 양손 협응력, 손가락 기민성, 판단력

※준비물: 물품 보관함, 분리수거함, 작업복 보관함

※주의사항: 사용한 물품은 다음에 사용 가능하도록 관리한다.

(4) 잡초 제거하기

1. 잡초와 화초를 구분하기

① 잡초와 화초의 특성을 파악한다.

② 잡초와 화초 구분하는 방법을 터득한다.

③ 잡초 제거할 구역을 파악한다.

※지식/기능: 식물의 특징 이해, 판단력

※준비물: 화초 및 잡초의 특징이 나타난 교재

※주의사항: 화초의 경우 재심기가 불가능하기 때문에 주의해서 잡초를 골라야
한다.

2. 잡초 뿌리 뽑기

① 작업복을 착용한다.

② 잡초 뽑기에 필요한 호미와 마대 등 필요 도구를 준비한다.

③ 잡초와 화초를 구분한다.

④ 구별한 잡초의 밑 부분을 잡고 뿌리까지 뽑는다.

※지식/기능: 잡초 및 화초 이해, 판단력/눈손 협응력, 양손 협응력, 손가락 기민성,
쪼그려 앉기

※준비물: 작업복, 호미, 마대

※주의사항: 화초가 손상되지 않도록 주의한다.

(계속)

3. 뽑은 잡초에 흙 털어 내기

① 잡초 뿌리에 묻은 흙을 털어 잡초를 분리한다.

② 뽑은 잡초를 한곳으로 모은다.

③ 한곳으로 모은 잡초를 정리한다.

※지식/기능: 양손 협응력, 손가락 기민성, 쪼그려 앉기

※준비물: 장갑

※주의사항: 잡초와 흙을 분리할 때 흙이 눈에 튀지 않도록 주의한다.

4. 땅 고르기

① 잡초가 뽑힌 자리는 주변의 흙으로 덮는다.

② 흙으로 덮인 자리는 평평하게 눌러 준다.

③ 잡초의 뿌리가 제거됐는지 확인한다.

※지식/기능: 눈손 협응력, 쪼그려 앉기

※준비물: 흙

※주의사항: 잡초가 뽑힌 자리를 꼼꼼히 정리한다.

5. 뽑은 잡초 정리 및 버리기

① 뽑은 잡초를 포대에 모은다.

② 잡초를 모은 포대를 정리하여 버린다.

③ 호미와 마대(비닐봉투)와 장갑, 모자는 제자리에 정리한다.

※지식/기능: 정리정돈 방법/양손 협응력, 손가락 기민성

※준비물: 포대, 호미와 마대, 장갑

※주의사항: 사용한 물품은 다음에 사용 가능하도록 관리한다.

(5) 정원 청소하기

1. 정원 상태 확인하기

① 작업복을 착용한다.

② 면장갑을 착용한다.

③ 정원 체크리스트를 통해 정원 상태를 확인한다.

※지식/기능: 체크리스트 활용 능력, 체크 요령

※준비물: 작업복, 면장갑

(계속)

※주의사항: 체크리스트를 활용하면 정원 상태를 한눈에 확인할 수 있다.

2. 청소도구 준비하기

① 점검한 체크리스트를 확인한다.

② 청소할 구역을 파악한다.

③ 집게, 마대, 빗자루, 쓰레받기 등 필요한 청소도구를 준비한다.

※지식/기능: 체크리스트 활용 능력, 판단력

※준비물: 집게, 마대, 빗자루, 쓰레받기 등 청소도구

※주의사항: 필요한 청소도구를 정확히 파악하여 준비한다.

3. 정원 청소하기

① 빗자루를 이용해 정원 및 화단 주변의 쌓인 먼지와 쓰레기를 청소한다.

② 집게를 이용해 화단 안의 쓰레기를 줍는다.

③ 정원 및 화단을 정리한다.

※지식/기능: 정리정돈 방법/양손 협응력, 눈손 협응력, 손가락 기민성

※준비물: 집게, 마대, 빗자루, 쓰레받기 등 청소도구

※주의사항: 화단안의 식물들이 손상되지 않도록 주의한다.

4. 쓰레기 모아 분리수거하기

① 마대에 넣은 쓰레기를 분류하여 쓰레기봉투에 담는다.

② 캔, 플라스틱, 종이 등을 분리수거한다.

③ 분리수거 후 비닐 봉투에 담는다.

※지식/기능: 공간 지각 능력, 손과 팔 힘 사용, 양손 협응력

※준비물: 쓰레기봉투, 분리수거함

※주의사항: 종류에 맞게 분리수거 요령을 파악한다.

5. 주변 정리하기

① 주변을 깨끗이 정리한다.

② 수거한 쓰레기는 밀봉하여 집하장에 버린다.

③ 분리수거한 비닐봉투는 종류별로 버린다.

④ 집게, 마대, 빗자루, 쓰레받기 등 청소도구를 청소도구함에 가져다 둔다.

※지식/기능: 공간 지각 능력, 손과 팔 힘 사용, 양손 협응력

※준비물: 쓰레기봉투, 분리수거함

※주의사항: 사용한 물품은 다음에 사용 가능하도록 관리한다.

2) 자연스러운 단서 찾아내기

과제분석을 준비하는 두번째 단계는 각 단계에 대한 자연스러운 단서들을 찾아내는 것이다. 자연스러운 단서는 각 단계에서 활동을 촉진하는 환경적인 실마리다. 자연스러운 단서들은 종종 이전 단계의 과제를 마침으로써 주어진다. 예를 들어, 아침에 자명종을 끄는 것은 보통 일어나기 위한 신호가 되는 것이다.

간혹 환경적인 단서들을 시각, 촉각, 후각, 미각, 청각을 통하여 느끼는 것이 필요하다. 사람은 환경 속에서 이러한 단서들에 자연스럽게 반응하게 된다. 평가가 진행되는 동안에 지원고용대상자가 특정 형태의 교수전략을 시행하지 않고도 자연스러운 단서에 반응할 수 있는지 여부를 결정하는 것은 도움이 될 것이다. 즉, 자연스러운 단서들은 이후에 훈련이 시작되는 단계에서 교수전략을 선정하는 데 도움을 주고 중요한 정보를 제공해 줄 수 있다.

3) 과제분석을 보다 상세히 하기

과제분석을 할 때 지원고용대상자 각각의 개별성을 고려해야 한다. 즉, 훈련을 위해서는 필요한 만큼 과제를 상세하게 분석해야 한다. 어떤 과제에서는 매우 구체적으로 분석될 필요가 있기도 하고, 다른 과제에서는 적은 수의 작업과정만이 포함될 수 있다. 만약 지원고용대상자가 과제분석만으로 이해하거나 수행하는 데 어려움이 있다면 보다 작은 단계로 과제분석을 상세히 해야 한다. 예를 들어, 과제분석의 1단계는 다음과 같이 보다 구체적인 부분으로 나눌 수 있다.

- 1단계: 작업복 착용하기
  - 작업복 옷장에 가기
  - 작업복 옷장 문 열기
  - 착용할 작업복 확인하기

-순서에 맞게 작업복 착용하기
-작업복 착용 상태 확인하기
-옷장을 정리하고 문 닫기

과제분석은 개인에 대한 평가, 훈련, 작업수행 여부를 성공적으로 측정하는 데 필요하기 때문에 구체적이어야 한다. 특정 직무에 대한 과제분석이 이미 이루어져 활용될 수 있는지 알아보기 위해 작업장의 관계자에게 질문해 볼 수 있다. 많은 사업체들이 과제분석을 하고 있으므로 과제분석이 이미 이루어진 곳에서 일을 시작하는 것이 훨씬 나을 것이다. 만일 회사에서 특정 과제분석을 제공한다면 자연스러운 단서들을 확인하고, 그 단계들이 실제로 과제를 완성하기에 적합한지 여부를 결정하여 과제분석을 완성시킬 수 있다. 만일 분석된 과제가 적절하지 못하다고 생각되면 과제분석을 수정하고 수정된 내용에 대하여 작업장 관계자의 검토를 받음으로써 고용전문가 본인이 과제를 올바로 이해하고 있는지 확인해야 한다.

4) 작업장에서 과제 관찰하기

과제분석을 할 때는 항상 지역사회의 작업장에서 그 과제를 관찰해야 한다. 과제를 실행하기 위한 올바른 방법이 몇 가지 있기 때문에 특정한 지역사회 사업장을 관찰하는 것은 중요하다. 아울러 설비, 장비 그리고 다른 환경적 요소들은 특정한 작업장에서 과제가 수행되는 방법에 커다란 영향을 준다. 과제분석을 할 때에는 항상 설비, 작업구성, 다른 중요한 환경적인 요소들을 확인해야 한다.

3. 직업조정

중증장애인이 지역사회 사업체에 배치될 수 있도록 자격을 완전히 갖추고 있다거나 일을 할 준비가 완전히 되어 있는 경우는 많지 않으며, 꼭 그렇게 해야 할 필요가 있는 것은 아니다. 지원고용대상자에게는 일을 하겠다는 개인적 선택이나 결정권이 있다. 지원고용전문가의 역할은 장애의 심각한 정도와 상관없이 장애인이 만족스럽고 생산적인 고용을 창출할 수 있도록 기술과 창조성을 사용하는 것이다.

지원고용전문가는 지원고용대상자에게 통합된 고용이라는 결과를 줄 수 있도록 많은 방법을 동원하여 도와야 한다. 예를 들어, 직업진로계획 과정을 통하여 지원고용전문가는 지원고용대상자에게 가능할 수 있는 직업의 분야를 확인할 수 있다. 노동시장 분석을 통해서는 지원고용대상자가 살고 있는 지역사회 내에 존재하는 고용기회에 관하여 알게 된다. 또한 직업개발활동과 직무분석을 통해서 지원고용대상자를 배치하게 될 구체적인 직업을 면밀히 분석하게 된다.

직업에 대한 적합성 비교 시 직업에서 요구하는 조건과 지원고용대상자의 능력과 불일치가 생긴 경우에는, 추가적인 방법을 도입하여야 한다. 이때 가능한 방법 중 하나는 지원고용전문가가 직업이 요구하는 수준까지 지원고용대상자에게 직업기술이나 업무를 가르치는 일이다. 또 다른 하나의 방법은 작업환경이나 작업순서 및 내용을 변경함으로써 개인이 직업을 유지하도록 조정하는 일이다.

고용주와의 면담 시에도 직업조정에 대한 협의를 통하여 적합성 비교에서 찾아낸 불일치 정도를 줄일 수 있다. 때로는 작업장에서의 창조적인 노력과 활동을 통해서 직업에서 요구하는 능력을 곧바로 향상시켜 줄 수 있다. 다시 말하면, 직업조정은 통합적 고용을 위한 지원고용대상자의 능력을 향상시키고 불일치를 보완해 준다. 직업조정의 목적은 각 지원고용대상자의 작업수행과 지원욕구

를 충족시키는 구체적인 계획을 선정하는 것이다. 직업조정의 몇 가지 사례를
제시하면 다음과 같다.

1) 새로운 직업의 창출

직업의 창출은 특정 개인의 흥미와 기술에 맞는 일자리를 개발하는 것을 말
한다. 이 일자리는 고용주에게는 단순히 새로운 직업을 만드는 것이 될 수도 있
지만, 전반적인 사업운영을 향상시키고 공백을 메워 주는 작용을 할 수도 있다.

예를 들어, 어떤 지원고용전문가가 휠체어에 부착되어 있는 스위치를 이용해
서 종이 절단기를 조작할 수 있는 능력을 가지고 있는 지원고용대상자를 담당하
고 있다고 하자. 이 사람은 심한 장애로 인하여 이동능력, 인지능력, 기타 외관
상의 전반적인 고용능력이 매우 제한적이다. 이때 지원고용전문가가 어떤 사업
체를 방문하였는데, 거기서 근로자들의 작업으로 발생되는 폐휴지가 가득히 쌓
여 있는 것을 알아차렸다. 이 문제에 관하여 질문을 해 본 결과, 이 폐휴지를 주
로 청소부가 치우긴 하나 고용주에게는 큰 골칫거리라는 사실을 알게 되었다.
여기에서 지원고용전문가는 고용주에게 다음과 같은 제안들을 통하여 직업을
개발할 수 있을 것이다.

- 그 일에 흥미 있고 또한 할 수 있는 사람을 추천할 수 있다.
- 처음에 일을 할 수 있도록 지원과 훈련을 담당할 용의가 있다.
- 작업시간 동안에 폐휴지를 제거함으로써 사업체 근로자들의 작업환경이
  쾌적해질 수 있다.
- 폐휴지를 재생공장에 팔아서 그 사업체에서 일하는 지원고용대상자 임금
  의 많은 부분을 지불할 수 있다.
- 재생노력으로 인하여 지역사회 내에서의 공장의 이미지가 좋아질 수 있다.

이 경우 지원고용전문가는 사업체의 필요에 관심을 기울여 지원고용대상자를 통합된 고용으로 이끌 수 있는 직업을 성공적으로 개발하였다고 볼 수 있다. 그 장애인은 장애 정도가 너무 심하므로 그를 지역사회에 취업시키겠다는 생각을 포기하는 것이 지원고용전문가에게는 편했을 것이다. 그러나 새로운 직업의 창출을 통해서 지원고용대상자가 일할 준비가 되어 있지 않다고 보는 인식의 장벽을 극복할 수 있었다.

2) 부분적인 참여

부분적인 참여의 원칙은 전체의 작업일정이나 과제를 수행할 수 없는 사람의 경우 직업에서 한정된 역할을 담당하도록 하는 것을 말한다. 부분적인 참여의 방법을 통해서 중증장애인은 직업의 일정 부분을 담당하게 되며, 그 나머지 부분은 작업동료나 다른 장애인이 수행하게 된다. 부분적 참여의 방법을 사용하여 지원고용전문가는 지원고용대상자가 할 수 있는 직업의 일부를 제안하고 협의할 것이다. 이 방법은 동료직원과의 상호의존성을 발전시켜 팀워크와 사회화를 형성할 수 있게 해 준다. 장애인이 음식점 내 일의 전 과정을 맡아서 하는 것이 힘들 수 있으므로 그 일의 일부를 집중적으로 맡아서 하도록 하는 부분적인 참여의 방법을 통하여 장애인은 가치 있는 역할을 할 수 있고, 그의 고용도 이루어질 수 있다.

3) 직업공유

직업공유는 한 사람의 일거리를 둘 또는 셋으로 나누는 방법을 말한다. 이는 작업량을 나누는 것을 의미하기도 하고, 종업원의 특정한 기술이나 능력에 맞게 작업기능을 재조정하는 것을 의미하기도 한다. 이 방법은 전일제로 일할 수 없거나 원하지 않는 중증장애인에게 유용한 고용기회를 제공한다. 따라서 전일제 직업의 압력을 감당할 수 있는 신체적 · 정신적 능력을 가지고 있지 못한 사람에게 좋은 방법이 될 수 있다. 예를 들어, 주 40시간 일을 할 수 없으나 경쟁고용으로 일하려는 장애인에게 이상적인 것이다.

또한 직업공유 기법은 직업의 전 과제를 수행할 수 없는 사람들의 요구를 충족시켜 주는 데에도 유용할 수 있다. 특정한 직업의 기능을 두 사람 이상에게 재분배함으로써 고용전문가는 지원고용대상자들의 기술을 직업의 특정 부분과 연결시켜 줄 수 있다. 예를 들면, 시각-청각의 중복장애를 가지고 있으나 감각장애 때문에 취업에 곤란을 느끼는 장애인과, 감각장애는 없으나 작업속도가 떨어지는 다른 장애인과 짝을 지어 청소를 담당할 수 있게 하는 직업공유가 있다. 이러한 작업공유를 통하여 두 지원고용대상자 모두 혜택을 얻게 될 수 있다.

4) 융통성 있는 시간계획

융통성 있게 시간을 계획함으로써 중증장애인에게 중요한 작업조정을 제공할 수 있다. 이 방법은 일을 시작하거나 마치는 시간에 융통성을 부여하는 방법이다. 즉, 중증장애인이 원하거나 할 수 있는 시간이나 날짜에만 일을 하도록 하는 방법, 매일 출근하여 특정한 시간에는 반드시 근무하고 그 외의 시간은 융통성 있게 선택할 수 있는 방법, 개인의 일정이나 욕구에 따라 일을 작업장 안에서 할 수도 있고 작업장 바깥에서 할 수도 있게 하는 방법 등이 있다. 이처럼 융통성 있게 작업시간을 조정해 줌으로써 많은 장애인에게 고용 가능성을 높여 줄 수 있게 된다.

5) 직업 재구조화

대부분의 고용전문가는 (혹은 고용주는) 지원고용대상자가 즉시 일을 수행할 만큼의 자격을 갖추고 있다고 생각하지 않을 것이다. 대부분의 경우에 고용주는 특정일에 대하여 완벽한 조건을 요구하게 된다. 이때 고용전문가는 고용주가 구체적으로 무엇을 달성하기를 원하는지 주의 깊게 들을 필요가 있다. 그리고 직업에 대한 최소한의 요건을 이해함으로써 지원고용대상자에게 적합할 수 있도록 요구조건을 일부 수정하는 방법을 생각해 볼 수 있다.

　일부 고용주는 직업의 생산성이나 서비스 목표가 보증되는 한 직업의 재구조화를 기꺼이 시도할 것이다. 예를 들면, 작업의 순서를 바꾸거나 일을 하는 방법을 변화시킬 수 있다. 직업의 재구조화는 지원고용대상자가 그들의 학습방법이나 능력에 보다 알맞은 방법으로 일을 할 수 있게 해 준다.

　직업의 일상적인 구조가 변화되기 이전에 고용주의 지지와 승인을 얻을 수 있도록 직업의 재구조화에 대해 자세히 토의하는 것이 중요하다. 고용주에게 창의적으로 제안하고 고용주의 반대가 있을 수 있음을 예상해야 한다. 그러나 어떤 고용주는 직업을 수정하여 지원고용대상자가 보다 잘 적응할 수 있도록 제안함과 더불어 직업의 재구조화를 잘 이해할 수도 있다. 따라서 직업의 재구조화는 비용을 많이 들이지 않고도 지원고용대상자의 작업수행 욕구를 조절해 주는 효과적인 방법이다.

6) 작업위치 수정

　적합성 비교에서 지원고용대상자의 지원욕구를 보다 잘 충족시켜 주기 위해서는 간혹 작업환경을 변화시켜 줄 필요가 있다. 작업위치의 변경은 지원고용대상자가 일하게 될 물리적 환경이나 작업장의 필요한 변화를 시도하는 것을 말한다. 작업위치의 변경은 고용주에게 많은 부담을 주는 내용들은 아니다. 예를 들어, 작업대나 의자의 높이를 조정하는 것, 욕실에 기댈 수 있는 기구를 설치하는 것, 엘리베이터에 점자 표시를 하는 것, 시각장애인을 위하여 표시판의 글자를 크게 하는 것, 특별한 색깔의 표시판을 설치하는 것, 작업수행 능력을 향상시키기 위해 보조기구를 설치하는 것 등을 들 수 있다.

7) 재활공학

재활공학이란 장애를 가진 사람의 기능수준의 증가·유지·개선을 위해 사용되는 보충적인 전략과 적응적인 장비를 말한다. 재활공학에는 장비나 기구뿐만 아니라 이를 효과적으로 적용하는 데 요구되는 정보도 포함한다. 지원고용전문가가 유용한 재활공학을 활용하여 지원고용대상자의 독립과 자기충족을 높이려는 시도가 점차 늘고 있다.

재활공학의 예는 감각보조기(예: 보청기, 컴퓨터의 음성 보조 장치), 이동보조기(예: 지팡이, 휠체어, 구조가 변경된 자동차, 의수족), 일상생활 보조기(예: 특수식기 및 수저, 호흡보조기, 위생용품 보조기), 언어 및 의사소통 보조기(컴퓨터 보조기, 언어합성기), 로봇 등이 있다.

높은 기술수준의 장비들이 재활공학 분야의 관심을 끌고 있지만, 낮은 기술수준의 장비들이 보다 실제적이고 값이 저렴하여 선택되는 경우가 많다. 예를 들어, 한 지원고용대상자는 외상성뇌손상으로 인하여 단기기억에 어려움이 있다. 또한 읽기와 이해력을 제한하는 학습장애도 가지고 있다. 이러한 그의 장애 요인으로 인하여 간혹 직업의 주요 업무 중 하나를 잊어버리는 경향이 있어 질적 수준을 유지하며 작업을 수행하기가 어려웠다. 아울러 그는 낮은 읽기수준으로 문서로 된 체크리스트는 비효과적인 것이 밝혀졌다. 이러한 상황에서 고용전문가는 조그만 녹음장치를 구입하였고, 지원고용대상자의 활동을 촉진시켜 주는 데 사용하도록 제안하였다. 그리고 이 장애인은 녹음장치를 사용하여 일정을 반복적으로 들음으로써 다른 사람의 보조 없이 각 단계의 업무를 수행할 수가 있었다.

4. 최종 점검

직업개발의 모든 부분이 잘 맞아 떨어졌을 때, 작업배치가 이루어지게 될 것이다. 최종 점검의 과정으로, 지원고용대상자가 첫 출근하기 이전에 지원고용전문가는 다음의 몇 가지 세부적인 것들에 대해 확실히 해 두어야 한다.

1) 업무분장

지원고용대상자에게 부과된 직무에 관하여 상호이해가 있어야 한다. 가능하다면 지원고용전문가가 지원고용자대상자와 직업진로계획팀과 함께 검토할 수 있도록 직무기술(job description)의 복사본을 구하도록 시도한다. 지원고용대상자의 업무분장에 대하여 사전에 고용주와 협의하고, 지원고용대상자도 알 수 있도록 한다.

2) 출퇴근 지도

개인의 출퇴근 방법은 주로 개인적 기술, 이용 가능한 자원, 살고 있는 지역과 연관되어 있다. 주요 출퇴근 수단으로는 자가 운전, 대중교통 수단의 이용, 동료나 가족의 자동차 동승, 걷기, 자전거 타기, 택시 이용, 장애인 콜택시 이용 등 다양하다. 때때로 지원고용대상자는 버스나 지하철과 같은 대중교통 이용 방법에 대한 훈련이 필요할 것이다. 버스를 타는 훈련을 할 때에는 출퇴근 시간에 맞추어 해야 하고, 주요 건물이나 표적 등을 보고 내리거나 갈아타는 지점에 익숙해지도록 한다. 고용전문가는 지원고용대상자가 독립적으로 이동할 수 있음을 확신할 때까지 일정을 마련하고 교통지도를 실시해야 한다.

3) 기대의 명료화

작업을 시작하기 전에 모든 관련자가 가지고 있는 기대를 분명하게 하는 것이 중요하다. 이를 위해 문서화된 직무기술이나 동의서가 작성되어야 한다. 지원고용전문가는 어느 정도 기간 동안 훈련을 하고 탐색 기간을 가질 필요가 있다. 지원고용전문가는 고용주가 기대하는 최소한의 작업 생산성과 작업의 질을 확실하게 이해해야 한다. 그리고 고용주는 고용전문가에게 지원고용대상자가 그의 작업수행과 적응에 관련하여 접촉하게 될 주요 관리자, 상급자, 작업동료들을 인사시켜 주어야 한다.

지원고용대상자는 최종 계획의 실행 단계에서 수동적 역할을 해서는 안 된다. 그들이 관계할 수 있는 능력의 범위 내에서 독립적으로 혹은 지원을 받아 모든 활동에 적극적으로 참여할 수 있어야 한다. 지원고용은 지원고용대상자를 위한 것이지 지원고용전문가를 위한 것이 아님을 알아야 한다.

지원고용대상자는 첫날의 작업내용과 시작 및 마치는 시간을 알고 있도록 유의해야 한다. 고용주가 갖는 기대가 무엇인지 알고 새로운 직장에서의 일에 관하여 사전에 파악하고, 혹시 궁금한 사항이 있는 경우 질문할 수 있도록 한다. 또한 출근하기 전에 마쳐야 할 필요가 있는 과제를 부과하고 그 수행정도를 관찰해 본다.

지원고용전문가는 지원고용대상자에게 제공하기로 계획한 현장훈련과 기타 지원에 관하여 지원고용대상자에게 구체적으로 설명해야 한다. 또한 지원고용전문가의 역할범위를 명확히 설정하고 훈련과 필요한 지원서비스를 어떻게 최선의 방법으로 제공할 것인지 분명히 할 필요가 있다. 즉, 지원고용전문가가 무엇을 하게 될 것이며, 어디서 그 일을 하게 될 것이며, 얼마나 자주 하게 되며, 얼마나 오랫동안 하게 될 것인가를 정하고, 이를 고용주 및 지원고용대상자와 공유해야 한다.

5. 지원고용대상자 오리엔테이션

지원고용대상자의 첫 출근 직전이나 직후에 작업장에 대한 오리엔테이션이
실시되어야 한다. 오리엔테이션에서 포함되어야 하는 주요 영역은 다음과 같다.

- 회사의 인사 정책: 근무 시 받는 급부 및 혜택, 작업규칙
- 하루 일정: 출근 시간 및 출근기록표 체크, 휴식 및 점심 시간, 작업시간
- 안전수칙: 응급 시 연락해야 할 사람, 비상 피난 절차, 이용 가능한 안전 기
  구(예: 소음 방지용 귀마개, 장갑)
- 주요 인사 소개: 직속 상급자, 작업동료, 회사의 다른 관련 인사(예: 인사과,
  경리과 등)
- 작업장의 주변 견학: 지원고용대상자가 사용할 화장실, 식수대, 옷장 등의
  접근방법 설명, 휴식과 점심 식사를 위한 식당

철저한 오리엔테이션 없이 지원고용대상자가 새로운 작업장에 적응하거나
회사의 일부로 통합되는 것은 어려울 것이다. 지원고용전문가는 지원고용대상
자가 오리엔테이션에서 주어진 모든 정보를 습득할 것이라고 확신해서는 안 된
다. 지원고용전문가는 이후에 현장훈련 과정에서 오리엔테이션 때의 주요 정보
를 다시 언급할 필요가 있을 것이다. 회사의 인사규칙과 사무실 배치 등을 담은
핸드북 또는 다른 자료들을 지원고용대상자에게 제공하여 이후에 사용할 수 있
게 한다. 그리고 지원고용대상자의 가족, 주거시설의 생활지도원, 직업진로계
획팀에게도 오리엔테이션 정보가 유용하다고 생각할 수 있어야 한다. 많은 경
우에 지원고용대상자의 성공을 보증하는 것은 사업체 내의 인적 · 사회적 · 문
화적 측면에 통합될 수 있는 능력이지 과제의 숙련이 아니라는 것 또한 명심해
야 한다.

실습하기

• **직무배치**는 제9장에서 제시한 지원계획 수립을 위한 적합성 비교 양식을 참고하면
  서 실시한다. 직무배치에 대한 실습은 다음의 과정을 참고하여 실시할 수 있다.
  ① 직무배치를 위해 사업체와 무엇을 협의를 해야 할지 살펴본다.
  ② 배치될 직무에 대한 과제분석을 실시한다.
  ③ 직업조정의 가능성을 확인하고 사업체와 무엇을 협의할지 살펴본다.

◈ 제10장 ◈
현장훈련 및 지원

1. 현장훈련 시 교수전략

현장훈련은 지원고용대상자가 실제 작업환경에 배치되어 직무를 수행하는 동안 지원고용전문가나 직무지도원, 작업동료 등이 제공하는 훈련이다. 지원고용대상자는 주의집중, 대인관계, 행동 등에서 문제가 발생할 수 있고, 그 결과 작업속도나 질적 수준 유지에 어려움이 있으며, 대인관계가 원만하지 못하는 경우가 있어 지원고용전문가의 현장훈련이나 지원이 집중적으로 제공된다(박승희, 홍정아, 최재란, 김은하, 최선실, 박선희, 2008; Lemaire & Mallik, 2008). 현장훈련 시 지원고용전문가는 수행해야 할 작업에 대한 과제분석을 실시하고, 활용할 수 있는 교수전략을 적용하여 지원고용대상자가 직무수행을 적절히 할 수 있도록 지도하게 된다.

교수전략은 지원고용대상자를 현장에서 지도하는 데 사용되는 기법들이다.

지원의 유형과 수준은 부여되는 과제의 난이도와 지원고용대상자의 개인적인 학습방습에 따라 다양해질 수 있다. 지원고용전문가는 자신이 지원하게 될 지원고용대상자의 직무수행 능력 향상과 직업적응이 가능할 수 있도록 다양한 교수전략들을 익히고 사용하는 것이 필요하다.

작업장에서 자연스러운 단서를 확인하는 것은 지원고용대상자가 부가적인 현장훈련이나 지시 없이도 반응을 할 수 있는지의 여부를 결정하는 데 도움이 된다. 만일 지원고용대상자가 부가적인 현장훈련이나 지시 없이 반응하지 못한다면 지원고용전문가는 교수전략과 자연스러운 단서를 연결시켜 함께 제시할 필요가 있다. 현장훈련을 실시하는 동안에 지원고용전문가는 교수전략을 소거해 나가고 지원고용대상자가 자연스러운 단서에 반응할 수 있도록 해야 한다.

현장훈련 시 제공되는 다양한 단서, 강화, 기타 절차들과 관련하여 중요하게 고려되어야 할 점은, 이들이 모두 지원고용전문가 등에 의하여 인위적으로 혹은 부가적으로 제공된다는 것이다. 즉, 이러한 절차들은 지원고용전문가가 작업현장에서 지원고용대상자에게 제공하는 것이고, 만약 차후에 지원고용전문가가 없다면 그 작업현장에서 자연스럽게 발생할 수 있는 것이 아니다. 일반적으로 지원고용대상자가 작업환경 속에서 자연스러운 단서와 강화에 반응하는 것이 바람직하다. 지원고용전문가의 현장훈련이나 지원은 언젠가는 소거해야 하기 때문이다.

작업환경 속에서 주어지는 자연스러운 단서들의 예를 들면 다음과 같다.

- 작업시간을 알리는 종소리
- 작업동료들의 이동과 행동들
- 작업장에 있는 기계나 재료의 물리적 특징들(예: 기계에서 나는 소리, 재료가 떨어짐)

자연스러운 단서들은 지원고용전문가나 작업동료들이 없을지라도 발생할 수 있는 상황들이다. 자연스러운 강화 역시 작업환경 속에서 발생할 수 있는 것으로 다음과 같은 것들이 있다.

- 점심시간 혹은 휴식 시간
- 상급자로부터의 칭찬
- 급여

지원고용전문가는 인위적인 단서 및 강화들을 자연스러운 단서 및 강화들과 짝지우기 위해서 항상 노력해야 한다. 지원고용대상자가 자연스러운 단서와 강화에 많이 반응하면 할수록 그 작업환경 속에서 그들의 독립성은 더욱 커질 것이다.

지원고용전문가는 자신이 사용하는 교수전략이 지원고용대상자의 인권과 존엄성을 손상시키지 않도록 해야 한다. 나아가 지원고용전문가는 가능한 한 작업장에서 자신이 드러나지 않도록 교육과 현장훈련을 수행하여 지원고용대상자의 주의를 과도하게 끌지 않는 것이 필요하다. 지원고용대상자를 교육할 때 사용할 수 있는 다양한 교수전략들이 있으며, 지원고용전문가는 이러한 전략들을 활용할 수 있어야 한다.

1) 언어적 교수전략

사람들 사이에서 가장 보편적인 의사소통의 형태는 언어적 상호작용이다. 그러므로 언어적 교수는 수용 및 표현 언어능력이 있는 대부분의 지원고용대상자를 위한 교수방법으로 선호된다. 작업장에서 공통적으로 사용되는 기본적인 언어적 단서에 지원고용대상자가 익숙해지도록 하는 것이 중요하다. 언어이해 능력이 떨어지는 사람들일지라도 기본적인 지시사항이나 개념에 반응할 수 있게 되면 작업장 안에서 보다 완전히 통합될 수 있는 그들의 능력을 높여 주게 될 것이다.

(1) 명확하지 않게 표현되는 언어적 단서

질문 형식의, 어떤 행동을 하라고 명확하게 지칭하지 않는 언어적 단서는 최소한의 단서 유형으로 지원고용대상자들이 정확하게 반응할 수 있도록 정보를 제공한다. 언어적 단서들은 지원고용대상자들이 독립적으로 반응하도록 학습하게 하고 단서들을 소거시키는 데에도 상대적으로 쉽다. 지원고용전문가들은 다음의 단서들을 사용할 수 있다.

- 다음에 무엇을 해야 합니까?
- 다음 단계는 무엇입니까?
- 지금 무엇을 해야 하지요?
- 그 외에 무엇을 해야 할까요?

(2) 보조를 맞추어 주는 식의 단서

보조를 맞추어 주는 식의 단서는 지원고용전문가가 지원고용대상자 활동의 보조나 속도를 지속시키기 위해 제공하는 또 다른 언어적인 단서의 유형이다. 예를 들어, "작업을 계속 하세요."라는 단서는 지원고용대상자에게 현재 하고 있는 활동을 계속하라는 암시를 주게 된다. 보조를 맞추어 주는 식의 단서를 사용하기 위한 세 가지 지침은 다음과 같다(Bellamy, Horner, & Inman, 1979).

- 작업이나 활동이 중지된 것처럼 보이는 단계에서만 단서를 제공한다.
- 지원고용대상자가 정확하게 한 단계를 마쳤을 때에 단서를 제공한다.
- 보조를 맞추어 주는 식의 단서를 독립적인 초기 단계에 강화와 함께 사용한다.

보조를 맞추어 주는 식의 단서를 주지 않는다면 일하는 속도가 떨어지거나 혹은 단계 간의 간격이 너무 길어지기 때문에 지원고용대상자가 작업속도를 지속할 수 있도록 단서를 제공하게 되는 것이다.

(3) 명확한 행동을 지칭하는 언어적 단서

명확한 행동을 지칭하는 언어적 단서를 사용할 때, 지원고용전문가는 특별히 지원고용대상자가 실시해야 하는 행동이나 반응을 명시해야 한다. 예를 들어, 어떤 대상자에게 정원 청소하는 방법에 대하여 가르칠 때 사용될 특별한 언어적 단서는 "다음에는 집게를 이용해 화단 안의 쓰레기를 주워야 합니다."와 같이 무엇을 어떻게 해야 하는지 제시하는 것이다. 명확한 행동을 지칭하는 언어적 단서의 다른 예로는 다음과 같다.

- 비닐 봉투에 담긴 쓰레기를 분류하세요.
- 캔, 플라스틱, 종이 등은 재활용할 수 있도록 분리수거하세요.
- 분리수거 후 남은 쓰레기는 비닐 봉투에 담으세요.

어떤 행동을 하라고 명확하게 지칭하지 않는 언어적 단서가 대개는 의문형으로 제시되는 반면, 명확한 행동을 지칭하는 언어적 단서는 종종 진술형으로 제시된다.

2) 그림 단서

그림 단서는 지원고용대상자의 올바른 반응을 증진시킬 수 있도록 지원고용대상자가 반응하기 이전에 제공되는 그림을 말한다. 지원고용대상자는 다음 단계에서 해야 할 행동을 결정하기 위해 이에 대응하는 그림을 보게 된다. 이 유형의 단서가 가지고 있는 중요한 장점은 지원고용대상자가 그 단서를 사용할 때에 고용전문가가 꼭 그 현장에 있지 않아도 된다는 점이다. 그러나 그림책이나 카드는 작업현장에서 성가시고 어색할 수도 있다.

지원고용대상자의 독립성을 증진시키기 위해 지원고용전문가는 추후에 그림 단서들을 포함한 모든 잔여 단서를 제거할 수 있도록 노력해야 한다. 만약 영구적으로 그림 단서의 제공을 계획한다면 지원고용전문가는 사업체 관계자에게 작업환경에서 이러한 그림 단서가 수용될 수 있는지 확인해야 한다.

3) 제스처

제스처는 지원고용전문가가 지원고용대상자의 주의를 특정 물체나 작업과제, 환경으로 향하게 만드는 동작이다. 예를 들면, 청소해야 할 화단이나 사용할 재료를 손가락으로 가리키는 것이다. 제스처는 수행될 행동을 부분적으로 보여 주는 형태로 지원고용전문가가 과제의 중요한 상황에서 지원고용대상자의 주의를 끄는 특정한 지시나 단서다.

4) 역할 모델링

특별히 언어적 개입이 어려운 지원고용대상자에게는 과제분석된 각 단계에 대한 시범이 효과적인 훈련전략이 될 수 있다. 작업동료는 유력한 역할 모델로 작업의 수행 방법에 대한 시범을 보여 줌으로써 기여할 수 있고, 이러한 작업동료의 역할 모델링은 가능한 시간마다 적절하게 교수계획에 포함되어야 한다. 지원고용대상자가 언어적인 단서를 받았을 때 당황하거나 언어적 단서로서는 독립적인 수행을 하지 못하는 경우, 고용전문가는 과제의 각 단계에 대하여 시범을 보여 주고 지원고용대상자가 연습하도록 함으로써 과제수행의 독립성을 증가할 수 있게 한다.

5) 신체적 단서

신체적 단서는 지원고용전문가의 개입 정도에 따라 부분적 신체 단서와 완전한 신체 단서로 구분할 수 있다. 부분적 신체 단서를 사용할 때, 고용전문가는 지원고용대상자의 신체 일부에 가벼운 접촉을 한다. 예를 들어, 고용전문가는 지원고용대상자의 작업동작을 이끌기 위해 손을 가볍게 두드릴 수 있다.

완전한 신체 단서는, 용어가 내포하듯이 일반적으로 보다 광범위하고 높은 강도의 신체적 안내를 의미하는데, 지원고용대상자의 손, 손목, 팔꿈치 등을 완전히 붙잡는 형태를 취한다. 완전한 신체 단서는 가장 관여를 많이 하는 유형의 단서로 지원고용대상자가 스스로 작업을 하는 것이 어려울 경우에 사용한다. 부분적 신체 단서든 완전한 신체 단서든 지원고용대상자가 각 과제에 숙달되면 이를 체계적으로 감소하는 단계적 소거가 이루어져야 한다.

6) 반복적 교수

바람직한 작업수행의 수준에 도달하기 위해서는 작업에 관련되는 방법이나 단계에 대한 반복연습으로 과제들을 학습하는 경우가 많다. 작업의 과정을 이해했다 하더라도 이를 현장에 적용하고 실제로 작업을 수행하는 데에는 많은 노력과 숙달이 필요하며, 이는 반복적인 교수를 통해 가능하게 된다. 예를 들어, 쓰레기 분리수거 작업에서 실수가 있는 경우, 그 과제가 숙달되었다고 확신을 가질 수 있을 때까지 몇 번씩 반복하여 분리수거를 능률적으로 실시하고 이 과정에서 오류가 없도록 하는 것이다.

7) 정적 강화

정적 강화는 올바른 반응 후에 강화물을 제공함으로써 그 반응이 다시 일어

날 가능성을 증가시켜 주는 것이다. 정적 강화는 올바른 반응 후에 지원고용대
상자에게 주어지는 것이며, 강화물은 지원고용대상자에 따라 달라질 수 있다.

정적 강화는 여러 가지 형태로 일어난다. 하루 종일 일하고 나서 저녁을 먹기
위해 외출하는 것은 행동적인 강화물이다. 음식물은 많은 사람에게 강화물이 될
수 있다. 사회적 상호작용 역시 많은 사람에게 강력한 강화물이다. 또한 자긍심
이나 성취감의 감정과 같은 내적 강화물도 강한 동기를 유발할 수 있다. 강화전
략이 효과적이기 위해서는 지원고용전문가가 각 지원고용대상자의 다양한 강
화수준을 알고 있어야 하며, 지원고용대상자가 업무에 성공하기 위해서는 지원
고용전문가의 강화 제공 방식에 능숙해져야 한다.

각 지원고용대상자에 대한 잠재적인 강화물을 발견하는 하나의 방법은 몇 가
지 다른 상황에서 개인을 관찰하는 것이다. 다른 방법은 친구를 포함한 가까운
개인, 가족, 이전에 지도했거나 가르쳤던 사람들로부터 정보를 수집하는 것이
다. 지원고용전문가에게 중요한 것은 지원고용대상자에게 무슨 강화물을 제공
할지 결정하는 것이며, 효과적인 훈련계획의 일부분으로서 이러한 강화물을 효
과적으로 사용하는 것이다.

8) 오류수정 절차

오류수정 절차는 지원고용대상자가 무엇을 잘못했는지를 확인하기 위해, 그
리고 다음 단계를 시도하는 데 대해 바르게 반응하도록 돕기 위해 사용된다. 오
류수정 절차의 세 가지 목적은 다음과 같다(Bellamy, Hormer, & Inman, 1979).

- 오류수정은 지원고용대상자가 단계/과제를 바르게 실행하도록 하고, 그렇
  게 하는 것에 대해서 강화가 이루어지도록 한다.
- 오류수정은 진행된 활동 중 일부 단계가 바르게 완성되지 못했고 부적절하
  게 강화되었음을 지원고용대상자에게 제시한다.

- 지원고용대상자가 틀리게 실행한 단계에서는 더 많은 훈련을 제공한다.

오류수정 절차를 효과적으로 사용하기 위한 단계들은 다음과 같다.

- 오류가 일어나자마자 지원고용대상자로 하여금 진행 중인 활동을 멈추도록 한다.
- 지원고용대상자가 바르게 실행하는 데 필요한 단서의 유형을 결정한다.
- 오류가 발생하기 직전의 단계로 돌아가서 그 시점에서 활동을 다시 시작하고, 지원고용대상자가 그 어려워하는 단계를 완성하도록 시도한다.

9) 연쇄법

일부 지원고용대상자는 습득해야 할 과제들이 보다 세분화되어 배울 수 있는 단계로 나누어졌을 때 더 효과적으로 배우게 된다. 연쇄법의 절차는 지원고용대상자에게 한 번에 한 단계의 과제를 가르치는 것과 그다음 단계를 수행하도록 지시하기 전에 첫 번째 단계를 숙달하도록 하는 것이 포함된다. 교수과정에서 자주 사용되는 연쇄법은 전진형 연쇄와 후진형 연쇄 이 두 가지 형태가 있다.

전진형 연쇄(forward chaining) 방법의 절차는 과제의 첫 단계를 확인하고 지원고용대상자가 그 단계를 숙달할 수 있을 때까지 지원을 제공하는 것이다. 첫 단계가 숙달되었을 때, 두 번째 단계에 대한 훈련이 제공되고, 세 번째, 네 번째 단계도 마찬가지 원리로 이루어진다. 지원고용대상자는 그들이 숙달한 순서대로 과제의 각 단계를 혼자 수행하도록 격려받는다.

후진형 연쇄(backward chaining) 방법은 과제의 마지막 단계를 처음에 배우고, 그 다음에 마지막에서 두 번째 등으로 배우다가 첫 단계를 가장 마지막에 배우는 것이다. 후진형 연쇄법은 지원고용대상자가 과제를 완성해 봄으로써 강화를 받게 되는 상황이 있어 유용하다. 지원고용전문가는 후진형 연쇄를 시작해야 할 지점까지 초기의 단계들을 완성하고, 지원고용대상자가 남아 있는 과제를 수행함으로써 직무를 완성하도록 도울 수 있을 것이다.

10) 행동형성

행동형성은 어떤 사람이 현재 하지 못하는 행동을 새로이 할 수 있도록 하기 위해 사용되는 행동수정의 과정으로 지원고용대상자가 매번 과제의 완성에 근접할 때마다 강화물을 제공함으로써 목표로 하는 행동에 접근하게 하는 것이다. 행동형성을 처음 시작할 때는 목표행동(target behavior)과 비슷하거나 그 행동으로 유도할 가능성이 있는 행동, 즉 시작행동(starting behavior)을 찾아 그러한 행동을 보일 때 즉시 강화하기 때문에 점진적 접근법(the method of successive approximation)이라고도 한다. 강화는 전형적으로 교수단서에 대한 정확한 반응을 보일 때 사용된다. 정적인 강화는 다양한 형태의 교수전략에 포함될 수 있다. 만약 하나의 강화전략이 지원고용대상자로부터 바람직한 반응을 얻는 데 효과적이지 못한 것으로 드러나면, 다른 유형의 강화전략이나 강화물이 필요할 것이다. 특히 사업장 안에서 연령에 적합한 강화기법과 강화물들을 사용하는 것이 중요하다.

예를 들어, 침대를 정리하는 것을 제일 어려워하는 지원고용대상자가 있었다. 이에 지원고용전문가는 그가 호텔의 규정에 거의 일치하게 침대를 정리할 때마다 긍정적인 피드백을 제공하였고, 결국 그는 침대 정리를 더이상 어려워하지 않았다. 이처럼 지원고용대상자가 이전에 시도했던 작업보다 더 낫게 작업을 수행할 때에만 강화물을 주는 방식으로, 목표행동에 점차적으로 근접하는 행동에 강화를 줌으로써 궁극적으로는 목표행동에 도달하게 하는 것이다.

11) 자기관리

자기관리의 개념은 지원고용대상자가 스스로 자신의 행동을 관리하고 통제하는 것이다. 지원고용대상자가 스스로 행동과 작업수행을 관리하도록 권한을 부여함으로써 작업장에의 통합이 향상될 수 있다. 또한 자기관리 기법은 지원고용대상자가 작업기술을 유지하는 데 있어 독립성을 키우도록 도울 수 있다. 자기관리 기법에 포함되는 것은 다음과 같다.

- 자기지시(self-instruction): 자신의 행동 관리나 기술 습득을 위해 언어적인 지시를 사용하는 것을 말한다. 과제가 완성될 때까지 자신에게 "분리수거를 해라."라고 말하는 것이 한 예다. 또 다른 예는 녹음장치에 지시사항을 녹음하여 지원고용대상자에게 하루 종일 녹음장치를 듣도록 해서 이를 다음 단계의 과제로 이어지는 단서로 사용하는 것이다. 자기지시의 과정에서 처음에는 지원고용전문가의 시범을 보고 과제를 따라하다가 지원고용대상자가 차츰 스스로에게 언어적인 지시를 함으로써 숙달하게 된다.
- 자기점검(self-monitoring): 지원고용대상자가 자신의 과제수행을 관찰하고 기록하도록 훈련하는 것을 말한다. 예를 들어, 지원고용대상자는 수행한 각 과제를 스스로 점검하기 위해 체크리스트를 사용하기도 한다. 어떤 경우에는 정확하게 수행한 것과 부정확하게 수행한 것을 기록하여 스스로 점검해 보기도 한다. 또한 지원고용대상자가 작업동료에게 쓸데없이 참견하는 것을 줄이는 데 목표가 있는 경우에는 간섭하는 간격을 기록할 수 있다.
- 자기강화(self-reinforcement): 지원고용대상자가 특별한 방식으로 자신의 작업수행 결과에 대하여 강화를 제공하는 것을 말한다. 이 기법은 때때로 자기점검과 함께 사용되기도 한다. 예를 들면, 만약 지원고용대상자가 정해진 작업시간 내에 작업동료에게 쓸데없이 참견하지 않고 작업을 수행한 것으로 기록되었다면, 스스로 휴식 시간을 추가하여 더 가질 수 있다.

자기관리 기법은 지원고용대상자가 작업결과에 보다 책임을 가지고 그들이 스스로 작업을 수행하는 권한을 부여하게 된다. 이 기법은 그들이 스스로 행동을 관리하는 능력을 보여 줌으로써 작업장 내에 통합될 수 있는 가능성을 높일 수 있다(Cole, Gardner, & Karan, 1985).

12) 기술의 일반화

중증장애인은 한 장소에서 학습한 훈련결과나 기술을 다른 장소로 일반화하는 데 어려움을 겪기도 한다. 환경이나 사용되는 재료 또는 지원을 제공해 주는 사람이 바뀌었을 때 기술의 일반화가 이루어지지 않을 경우에는 필요한 기술을 다시 가르쳐야 한다.

중증장애인은 흔히 그들이 일하게 될 작업장에서 가르침을 받을 때 가장 잘 배운다. 이런 이유로 지원고용은 중증장애인의 고용을 위한 효과적인 방법이다. 지원고용의 특성 중의 하나는 훈련을 시작하기 전에 지원고용대상자에게 적합한 사업체를 찾아 배치하는 것이다. 많은 장애인은 훈련장소에서 습득한 작업기술을 작업장에 일반화하기가 어렵기 때문에 적합한 사업체에서 훈련을 하는 기법이 효과적이다.

실제 기술이 사용될 작업장 이외의 장소에서 중증장애인에 대한 훈련이 어려운 또 다른 이유는 사업장에 따라서 사용하는 재료나 환경적인 차이 때문에 유사한 단서를 제공할 수 없기 때문이다. 예를 들어, 고용전문가는 지원고용대상자가 음료 캔을 사도록 자동판매기 사용법을 가르쳤는데, 훈련센터의 자동판매기는 1,000원과 500원, 100원짜리 동전을 사용할 수 있도록 되어있다. 그러나 지원고용대상자가 배치된 작업장에서는 5,000원짜리도 사용할 수 있으며, 음료의 금액이 훈련센터의 자동판매기와 다를 뿐만 아니라 조작방법도 다를 수 있다. 마찬가지로 각 사업체는 일을 수행하는 방법에서 차이가 있으므로 장소에 따라 작업과제를 다시 가르칠 계획을 수행하여야 하며 재료나 훈련자도 바뀌어야 한다.

13) 자연적 지원

작업환경에서의 자연적 지원이나 단서를 찾아내어 지원고용대상자가 활용할 수 있게 하는 것도 권장되는 방법이다(The Center on Community Living and Careers, 2009). 예를 들면, 휴식 시간이 언제인지 알 수 있도록 하기 위해 지원고용대상자가 다른 사람이 휴게실로 이동하는 것을 볼 때 휴식을 가질 수 있다고 가르침으로써 자연적 단서를 강조할 수 있다. 또한 휴식 시간이 되면 알람이 울리도록 사전에 설정을 하여 인위적 단서를 시행할 수도 있다.

지원고용전문가가 제공하는 현장훈련이나 지원은 대표적인 인위적인 지원으로서 장차 소거해야 할 과제를 안고 있다. 자연적 지원은 지원고용대상자의 작업동료나 직무환경 내에서의 자연스러운 맥락 속에서 자발적이고 지속적으로 제공되는 특성이 있다. 즉, 지원고용대상자와 함께 일하는 비장애 작업동료나 직장상사 등이 직무환경에서 함께 일하면서 지원고용대상자가 점차 독립적인 직무수행이 가능하도록 지원하는 것이다. 이러한 자연적 지원은 조직적 지원, 물리적 지원, 사회적 지원, 훈련적 지원으로 구분할 수 있으며(박승희 외, 2008),

〈표 10-1〉 **동료근로자가 제공할 수 있는 자연적 지원의 내용**

지원	내용
조직적 지원	• 필요한 재료들을 찾기 쉬운 장소에서 제공하기; 직무순서 조정하기 • 이동을 고려하여 직무 배치하기; 필요할 때 적절한 업무 찾아 주기 • 필요한 장비 제공하기; 위험 요인에 대해 미리 설명하기 • 훈련 일정에 대해 안내하기
물리적 지원	• 사용하는 도구 수정하기; 일이 없을 때 쉴 수 있는 공간 제공하기 • 보조공학도구 사용하기
사회적 지원	• 쉬는 시간에 이야기 나누기; 간식 함께 먹기 • 실수를 했을 때 위로해 주기; 작업장에서 지켜야 할 규칙 설명하기 • 같이 일하는 직원 소개해 주기; 의사소통 시작 행동 먼저 하기
훈련적 지원	• 수행방법에 대한 모델 제공하기; 이해하지 못하는 것에 대하여 설명하기

동료근로자가 제공할 수 있는 자연적 지원의 내용은 〈표 10-1〉과 같다.

2. 문제행동에 대한 지원

    도전적인 문제행동을 지닌 사람을 작업장으로 통합하기 위해서는 문제행동에 대한 지원을 위한 창조성과 계획성이 요구된다. 지원고용전문가의 과제는 행동의 문제를 해결하면서 지원고용대상자의 능력과 자아존중감을 향상시켜 주는 것이다. 지원고용대상자의 성공을 북돋우기 위해서는 작업장에 방해가 되지 않는 긍정적인 실천기법을 사용하는 것이 가장 좋다.

    문제행동에 대한 지원을 위하여 먼저 계획한 행동프로그램이 작업장에서 어떻게 수용될 수 있을지 탐색해 보아야 한다. 어떤 행동프로그램의 개입은 지원고용대상자가 작업장에 통합되는 데 방해를 주거나 부정적으로 주의를 끌게 할 수도 있다. 만약 지원고용전문가가 개발한 전략이 지원고용대상자의 행동에 영향을 끼치기 위하여 사용된다면 그 전략이 미칠 긍정적·부정적 측면을 함께 고려해 보아야 한다. 그리고 행동프로그램의 부정적 측면이 발견된다면 그 전략을 지원고용대상자에게 사용하지 말아야 할 것이다.

    행동관리계획을 시작하기 전에 환경에 대한 세심한 평가가 있어야 한다. 어떤 도전적인 행동들은 문제의 원인이 되는 선행사건(antecedent)에 의하여 시작될 수 있다. 다른 경우에는 지원고용대상자가 특정한 환경의 조건때문에 불가피한 행동을 보일 수도 있다.

    어떤 경우든 간에 고용전문가는 행동을 관찰하고 공통적인 선행사건이나 환경의 조건이 있는지 확인하는 것이 필요하다. 그다음에는 영향을 미치는 선행사건이나 환경을 조정함으로써 문제행동의 발생 빈도를 감소시켜 나가야 한다.

    행동에 영향을 미치는 전략을 세울 때 다음 질문들을 잘 검토해 보아야 한다.

- 어떤 종류의 행동인가?: 그 행동을 객관적이고 측정 가능한 조작적 정의로 기술한다.
- 그 행동이 직업을 유지하는 데 위협적인가?: 만약 그렇다면 행동의 문제를 완화하도록 우선적으로 조치해야 한다. 그러나 그렇지 않다면 그 행동이 개인적으로는 문제가 될 수 있으나 사업장에서 받아들여질 수 있는 행동이 므로 이에 대해 과잉반응을 하지 않도록 해야 한다.
- 그 행동으로 누가 영향을 받는가?: 작업동료, 상급자, 가족 구성원 중 누구인 가? 그 행동에 대한 주변인의 반응은 어떠한가?
- 다른 상황이나 환경에서 그 행동이 표출되어 왔는가?: 그 행동을 다루기 위 해 이전에 어떤 전략을 사용하였는가?

문제행동들의 발생 빈도를 줄여 나가고 바람직한 행동들을 형성할 수 있는 긍정적인 방법들을 포함하는 행동 프로그램을 계획하고 시행하여야 한다. 개인 에게 적합한 계획을 개발할 수 있도록 직업진로계획 과정에서 밝혀진 강화나 학 습유형에 대한 정보를 사용할 수 있다.

모든 행동 프로그램은 직업진로계획팀, 더 중요하게는 지원고용대상자와 보 호자의 동의를 구해야만 한다. 그리고 행동지원의 과정에서 지원고용대상자의 인권, 법적 권리를 저해하는 기법의 사용을 받아들여서는 안 된다.

지원고용대상자의 행동이 적절하지 못하다는 이유로 지원고용 서비스가 거 부되어서는 안 된다. 도전적인 문제행동을 가진 장애인에게 지원고용 관련 서비 스를 제공할 때는 다음의 지침을 기억해야 한다.

- 인권 혹은 법적 권리를 결코 침해해서는 안 된다.
- 새로운 행동처치 전략을 시작하기 이전에 항상 장애인 자신, 부모, 직업진 로계획팀의 승인을 받아야 한다.
- 긍정적인 방법을 먼저 사용함으로써 지원고용대상자가 작업장에서의 통

합을 이루는 데 방해가 되지 않도록 한다.
- 지원고용대상자의 홍미를 탐색하여 수행하고 있는 과제에 적절한 만족 수
  준을 유지할 수 있도록 한다.
- 효과적인 행동관리 기술과 지원서비스 방법을 알고 있어야 한다.

문제행동과 관련하여 최근에는 긍정적 행동지원에 대한 관심이 높아지고 있
다. 긍정적 행동지원에서는 행동이 발생하는 상황 속에 배경사건(setting events),
선행사건(antecedents), 후속결과(consequence)가 있는 것으로 보고 행동의 발생
은 전후 상황과 관련되므로 문제가 되는 행동만이 아닌 행동의 전후에 발생하는
선행사건과 후속결과를 함께 고려하여 행동을 학습하거나 조절해야 함을 강조
하고 있다. 따라서 지원고용대상자의 문제행동 역시 작업장에서의 물리적 환경,
작업동료와의 관계, 지원고용대상자와 지원고용전문가 간의 관계, 현장훈련의
내용 및 방법 등과 관련이 있음을 알아야 한다.

사업체의 작업장에서 지원고용대상자가 편안함을 느끼면서 작업에 참여하고
현장훈련이 이루어질 수 있도록 온도, 조명, 소음, 공간의 배치 등으로 인하여 불
필요한 문제행동이 발생하지 않도록 해야 한다. 또한 작업동료의 관심과 지도,
격려하고 용기를 북돋아 주는 말은 지원고용대상자를 심리적으로 편안하게 하
고 실패에 대한 두려움을 없애는 데 도움이 된다. 현장훈련 시 지원고용대상자
가 학습할 수 있는 수준으로 쉽게 설명한다든지, 적절한 언어 · 그림 · 신체 단서
를 제공함으로써 작업에서 오는 긴장이나 스트레스 수준을 조절할 수 있게 해
준다. 또한 작업시간에는 작업에 주의집중할 수 있도록 하고 적절한 휴식을 제
공하여 작업에 대한 긍정적인 효과를 가질 수 있게 한다.

이러한 긍정적 행동지원을 제공하기 위해서는 다음과 같은 구체적인 실행방
안을 이해하고 적용할 필요가 있다.

첫째, 지원고용대상자의 문제행동을 식별하고 정의하는 것이 필요하다. 지원
고용대상자가 이전에 보여 왔던 파괴행동, 방해행동, 문제행동 등을 5일 정도 관

찰하면서 그 행동에 대한 조작적 정의를 내리는 것이 필요하다.

둘째, 지원고용대상자에게 관찰된 특정 문제행동을 변화시키는 중재를 실시하기 이전에 왜 이러한 행동이 발생하는지에 대한 기능평가를 한다.

셋째, 가설설정으로 문제행동이 왜 발생하며, 지원고용대상자에게 어떠한 기능을 충족시키고 있는지에 대하여 설명하며, 중재와 환경적 상황에 대한 방향설정의 기초를 마련해야 한다. 가설설정은 특정 선행사건이나 배경사건을 제시하고 문제행동을 설명한 뒤 행동의 기능을 설명한다. 예를 들면, '···할 때, 지원고용대상자는 ···을 얻기/피하기 위하여 ···을 한다.'와 같은 방식이다.

넷째, 행동지원에 대한 계획을 수립한다. 행동지원에 대한 계획은 다음과 같은 네 가지 측면에서 수립될 수 있다.

- 선행사건/배경사건 중재: 문제행동을 일으키는 선행사건이나 배경사건을 수정하거나 제거함
- 대체행동 교수: 문제행동과 동일한 기능을 지닌 대체기술을 가르치거나 전반적 능력을 향상시킬 수 있는 기술을 가르침
- 문제행동에 대한 반응: 문제행동으로 발생할 수 있는 부정적 효과를 감소시키고, 행동에 대한 교수적 피드백이나 논리적인 결과를 가르치며, 위기관리 계획을 수립함
- 장기지원: 삶의 형태를 변화시키고 지속적인 지원을 위한 전략을 마련함(선택의 기회 확대, 학교 및 지역사회 통합 확대, 다른 사람과의 관계 개선, 가치 있는 역할의 수행, 전반적인 건강과 안녕 보장)

3. 기초선 사정 및 훈련 성과

1) 기초선 사정

기초선 사정은 교육이나 지원이 필요한 특정영역을 파악하기 위하여 실시한다. 오리엔테이션이 끝나면, 지원고용전문가는 기초선 사정을 실시하여야 한다. 기초선 사정에서는 작업장에서의 자연스러운 단서에 대한 지원고용대상자의 반응을 확인하게 된다.

수행하게 될 과제에 대한 훈련을 하지 않은 상황에서 지원고용대상자가 그 과제를 어느 정도 독립적으로 수행하는지 관찰하는 것이다. 이러한 기초선 사정은 지원고용전문가에게 지원고용대상자가 어느 단계까지 독립적으로 과제를 수행하는지에 대한 정보를 준다.

2) 초기 훈련

초기 훈련은 흔히 지원고용전문가에게 최상이자 또한 최악의 시간으로 묘사된다. 최상의 시간이라는 것은 지원고용전문가가 직업현장과 지원고용대상자의 작업수행, 행동에 대해 이처럼 고도의 통제를 하게 되는 기회가 다시없기 때문이다. 최악의 시간이라는 것은 지원고용전문가로서 담당해야 할 일이 강도 면에서 상당한 인내력과 에너지를 요하기 때문이다. 이를 위해 우선, 지원고용전문가는 고용주가 만족할 정도로 일을 충분히 잘 수행하기 위해 직무를 습득해야 한다. 지원고용대상자가 첫 출근하기 전에 직무를 습득해 두는 것이 가장 좋다.

일반적으로 작업현장에서 능숙한 근로자는 지원고용전문가가 직무를 습득하는 데 도움을 준다. 이들은 보통 자기 나름대로 터득한 직무수행 비법과 도움이 될 만한 힌트들을 알려 준다. 이때 지원고용전문가는 직무분석을 재검토하고 과제분석된 각 단계를 수행하는 데 필요한 시간, 각 단계에 필요한 도구와 공구품의 목록 작성, 각 과제를 순서적으로 완수하기 위해 사용되는 기법 등을 포함한 직무에 관한 과제분석을 세부적으로 준비하는 것이 바람직하다.

자극과 도전의 분위기를 유지하면서도 새로운 근로자에게 과중 부담을 주거나 낙담시키지 않고 얼마나 많은 직무를 할당시킬 것인가를 결정하는 것은 지원고용전문가가 감당해야 할 일이다. 또한 만약 과제분석이 부적당하거나 뭔가 잘못된 것처럼 보인다면 지원고용대상자의 요구에 적합하게 수정되어야 한다.

예를 들어, 관공서 정원관리 도우미의 과제 중 '화단 조성하기'는 화단 고르기, 골 파기, 모종 심기, 물 주기, 주변 정리하기의 다섯 가지로 구분되고, 각각에 대한 과제분석 및 과제의 각 증가분을 순차적으로 제시하면 다음과 같다.

▶ 화단 고르기
① 작업복을 착용한다.
② 면장갑을 착용한다.
③ 자재도구함에서 호미, 모종삽, 포대 등 필요한 물품을 꺼낸다.
④ 땅에 있는 돌이나 잡초 뿌리를 제거한다.
⑤ 잡 뿌리를 골라내고 딱딱하게 굳은 흙덩어리를 잘게 부순다.
▶ 골 파기
⑥ 모종 크기 및 개수를 확인한다.
⑦ 모종 간격을 확인한다.
⑧ 모종삽이나 호미를 이용하여 모종 간격에 맞게 골을 판다.
▶ 모종 심기
⑨ 포트를 잡고 모종 뿌리가 다치지 않게 조심하면서 모종을 꺼낸다.
⑩ 미리 파 놓은 골에 모종을 심는다.
⑪ 흙 높이가 약간 올라올 정도로 흙을 덮고 눌러 준다.

▶ 물 주기

⑫ 분무기나 호스를 준비한다.

⑬ 분무기에 물을 담아 놓고, 호스는 수도꼭지에 연결한다.

⑭ 모종을 심은 곳에 흙이 다 젖도록 물을 흠뻑 준다.

▶ 주변 정리하기

⑮ 주변 화단을 정리한다.

⑯ 모아 둔 포트를 쓰레기 수거함에 넣는다.

⑰ 사용한 호미, 레이크, 분무기, 호스 등을 자재도구함에 보관한다.

과제를 정확하게 완수하기 위해서는 모든 일이 순서적으로 이루어져야 하기 때문에 겉으로 보기에 단순하더라도 분석되고 있는 절차에 관련되는 모든 단계를 빠뜨리지 않고 기재하는 것이 중요하다. 과제순서를 따르는 데 있어서 아주 작은 실수도 지원고용대상자가 작업을 올바르게 하지 못하게 하는 원인이 될 수 있다.

3) 기초선 사정 및 훈련과정 기록

(1) 기초선

기초선 사정 및 훈련과정 기록 양식은 252쪽에서 확인할 수 있다.

기초선 및 훈련과정에서의 수행정도는 기초선 사정 및 훈련과정 기록 양식에 기입된다. 이 양식의 오른편에 기초선(probe)을 의미하는 'P'자와 훈련(train)을 의미하는 'T'자가 양식을 가로질러 그어진 대각선상에 인쇄되어 있다. 따라서 이 양식은 기초선 사정과 훈련과정에서의 수행정도를 기록할 수 있도록 되어 있다. 지원고용전문가는 과제분석 기록용지에서 정의된 과제 순서대로 지원고용대상자가 수행하는 것을 관찰하여 정확하게 수행된 단계에 대해서는 '+' 기호로, 부정확하게 수행된 단계에 대해서는 '−' 기호로 표시한다. 이것은 엄밀히 이야기하면 관찰 결과에 의한 것으로서 과제가 연속적으로 수행되는 동안 단서나 강화 없이 지원고용대상자가 독립적으로 작업을 하도록 요구된다. 이 자료는 지원고용전문가로 하여금 훈련이 요구될 뿐 아니라 이미 터득된 과제순서의 부분들을 빈틈없이 관찰할 수 있게 한다. 조사 자료는 지원고용전문가가 지원고용대상자의 과제수행 내용을 관찰하는 것으로, 지원고용대상자의 작업경험 초기 단계에서 수집되어야 한다.

(2) 훈련과정

훈련과정에서 지원고용전문가는 지원고용대상자가 작업을 수행하고 정확한 직무수행을 하도록 교수받는 동안 자료를 수집하고 기록한다. 훈련과정에서 지원고용전문가는 지원고용대상자가 과제를 수행하도록 지도할 수 있는 방법을 갖고 있는 것이 중요하다. 그 기본 아이디어는 지원고용대상자가 과제를 부정확하게 습득할 가능성을 줄이면서 가능한 한 독립적으로 기능할 수 있도록 만드는 것이다. 일련의 단서들을 구조적인 방식으로 활용함으로써 효과적인 훈련이 될 수 있도록 한다.

훈련수행은 정확한 수행여부에 따라 기록된다. 만약 지원고용대상자가 과제분석의 한 단계를 정확하게 수행한다면 그 오른쪽 칸에 '+' 기호를 기재한다. 그러나 만약 지원고용대상자가 어떤 단계를 실수하거나 빠뜨린다면 지원고용대상자를 가르치기 위해 다음에 제시하는 일련의 단서들을 사용한다. 여기서 단서들이 가장 적게 개입하는 것에서부터 가장 많이 개입하는 것 순으로 열거되어 있음을 주목할 필요가 있다.

- 언어적 단서(verbal prompt): 언어적 단서는 과제분석 기록용지에 'V'로 표시한다. 언어적 단서는 모델링이나 신체적 단서와 함께 제시되기도 한다.
- 모델링 단서(modeling prompt): 'M'으로 표시되며, 지원고용전문가가 지원고용대상자를 위해 과제 단계를 신체적으로 실제 수행해 보이는 시범방법을 말한다. 이 두 번째 수준의 단서는 언어적 단서만으로 바람직한 행동이 유발되지 않을 때 사용된다. 언어적 단서는 모델링 단서와 병행될 수 있다.

- 신체적 단서(physical prompt): 신체적 단서는 'P'로 표시된다. 이것은 지원 고용대상자가 과제를 수행할 수 있도록 신체적으로 이끌어 주는 개입의 정도가 가장 높은 단서다. 신체적 단서는 '보다 덜 개입하는 단서(단순한 언어적 단서, 언어적 단서와 병행된 모델링 단서)'가 바람직한 행동을 유발하지 못할 때 언어적 단서와 함께 사용된다.

▶ 훈련자료 기록을 위한 기본 규칙(화단 조성하기)
- 과제분석 기록용지 서식에 모든 과제분석 단계들을 자세하게 기록한다.
- 자료 기록을 위해 연필이나 펜을 사용한다.
- 화단조성 작업에 적절한 작업복과 면장갑을 착용한 지원고용대상자에게 조성할 화단을 지정해 준다. 이후 화단 조성하기를 시행해 본다.
  - 작업복을 착용한다.
  - 면장갑을 착용한다.
  - 자재도구함에서 호미, 모종삽, 포대 등 필요한 물품을 꺼낸다.
  - 땅에 있는 돌이나 잡초 뿌리를 제거한다.
  - 잡 뿌리를 골라내고 딱딱하게 굳은 흙덩어리를 잘게 부순다.
- 지원고용대상자의 뒤나 옆, 그가 일하는 데 방해가 되지 않으면서도 필요할 때 도움을 주기에 충분히 가까운 위치에 선다.
- 지원고용대상자에게 과제분석 기록용지에 있는 과제분석 단계에 대하여 설명하고 작업을 지시한다. "화단 조성을 위해 땅에 있는 돌이나 잡초의 뿌리를 제거하세요."
- 지원고용대상자가 과제분석 단계를 시작할 때까지 약 5분 정도를 기다린다.
- 그가 정확하게 그 과제를 수행했다면 과제분석 기록용지의 해당 칸에 '+'를 표시하고 다음 단계로 진행한다.
- 만약 지원고용대상자가 과제를 수행하지 못하거나 수행상 실수를 한다

면, "땅에 있는 돌이나 잡초의 뿌리를 제거하세요."라고 언어적 단서를 제
공한다.

- 만약 지원고용대상자가 언어적 단서를 받아 단계를 정확하게 수행하면 기
  록용지의 해당 칸에 'V'를 기록하고 과제의 다음 단계로 넘어간다.
- 만약 지원고용대상자가 언어적 단서에 반응하지 못하거나 언어적 지시 후
  에도 실수를 하면 "땅에 있는 돌이나 잡초의 뿌리를 제거하세요."라는 언어
  적 단서를 주면서 무엇을 해야 하는지 모델링 단서를 제공한다.
- 만약 지원고용대상자가 모델링 단서의 시범을 본 후 정확히 수행한다면 기
  록용지의 해당 칸에 'M'을 기입하고 과제의 다음 단계로 넘어간다.
- 만약 지원고용대상자가 모델링 단서에 반응하지 못하거나 잘못 수행한다면
  언어적 단서와 함께 그가 올바르게 수행하도록 신체적 단서를 제공한다.
- 신체적 단서를 제공한 경우에는 신체적 단서라는 의미로 기록용지의 해당
  칸에 'P'를 기재하고 다음 단계로 넘어간다.
- 모든 단계가 완수될 때까지 과제분석 각 단계에 대해 이와 같은 과정을 반
  복한다.

그런 다음에는 오류가 훈련을 통해 즉각적으로 교정될 수 있도록 훈련기간
초기에 매주 한 번씩 자료를 수집하는 것이 좋다. 세 번의 연속적인 조사에서 지
원고용대상자가 분석된 과제의 단계를 정확하게 (모두 +) 달성하였다면 그는 그
과제를 숙달했다고 볼 수 있다. 지원고용 기간을 통해 일주일에 한 번씩 자료수
집을 실시한다면 수행정도가 기록되고 오류가 즉시 교정될 수 있다.

$$\frac{\text{정확한 단계의 총 횟수}}{\text{한 과제에 있어서 단계의 총 수}} \times 100 = \text{정확한 단계 비율}$$

언어적 단서, 모델링 단서, 신체적 단서를 제공하는 것외에 강화를 통해 지원

〈표 10-2〉 기초선 사정 및 훈련과정 기록용지

지원고용전문가: _____   훈련생: _____   작업장: _____

교육적 단서: _____   교육시작 단계: _____   직무: _____

*P(기초선: probe)나 T(훈련: train)에 ○표 하고 TP의 윗쪽에 자료수집 날짜를 기입한다.

**조사자료: 독립적/정확한 반응에는 +, 부정확한 반응에는 −를 표시한다.

***훈련자료: 독립적/정확한 반응에는 +, 언어적 단서를 주었을 때는 V, 모델링 단서를 주었을 때는 M, 신체적 단서를 주었을 때는 P를 표시한다.

과제분석 단계	TP	TP	TP	TP	TP	TP	TP	TP
1. 작업복을 착용한다.								
2. 면장갑을 착용한다.								
3. 자재도구함에서 호미, 모종삽, 포대 등 필요한 물품을 꺼낸다.								
4. 땅에 있는 돌이나 잡초 뿌리를 제거한다.								
5. 잡 뿌리를 골라내고 딱딱하게 군은 흙덩어리를 잘게 부순다.								
6. 모종 크기 및 개수를 확인한다.								
7. 모종 간격을 확인한다.								
8. 모종삽이나 호미를 이용하여 모종 간격에 맞게 골을 판다.								
9. 포트를 잡고 모종 뿌리가 다치지 않게 조심하면서 모종을 꺼낸다.								
10. 미리 파 놓은 골에 모종을 심는다.								
11. 흙 높이가 약간 올라올 정도로 흙을 덮고 눌러 준다.								
12. 분무기나 호스를 준비한다.								
13. 분무기에 물을 담아 놓고, 호스는 수도꼭지에 연결한다.								
14. 모종을 심은 곳에 흙이 다 젖도록 물을 흠뻑 준다.								
15. 주변 화단을 정리한다.								
16. 모아 둔 포트를 쓰레기 수거함에 넣는다.								
17. 사용한 호미, 분무기, 호스 등을 자재도구함에 보관한다.								
정확한 단계의 총 횟수								
정확한 단계 백분율								

출처: 오길승(1994). 일부 내용 수정함.

고용대상자의 행동을 형성하거나 소거하게 된다. 강화는 어떤 행동이 다시 일어날 가능성을 유지하거나 증가시키기 위해 제공되는 결과다. 사람마다 강화에 대한 욕구는 다양하다. 어떤 사람은 환경 내에서 자연스럽게 나타나는 자연적 강화에 잘 반응한다.

작업과 관련된 자연적 강화는 슈퍼바이저나 동료에게 받는 칭찬과 미소와 같은 사회적인 것이거나 임금, 보너스, 부가적인 휴식 시간, 승진, 임금인상 등이다. 작업현장의 환경에 따라 빈번하게 주어지는 칭찬과 미소를 제외하고 대부분의 자연적 강화는 다소 드물게 나타난다. 휴식 시간에 제공되는 음료수, 지원고용전문가와의 특별한 시간, 체크리스트 점수, 사탕 등과 같은 인위적인 강화를 사용하기 이전에 작업을 잘 수행한 것에 대해 칭찬하는 것과 같은 자연적 강화가 동기를 유발하는 데 사용되어야 한다. 만약 작업수행을 향상시키기 위해 인위적인 수단을 찾아야 한다면 **강화 정보 질문지**를 사용할 수 있다.

강화 정보 질문지는 254쪽에서 확인할 수 있다.

만약 처음 선택한 사회적 강화를 사용하여 고정간격으로 바람직한 행동을 강화(예: 행동이 네 번째 일어날 때마다 한 번씩)하기 시작한다면 그 행동비율은 그대로 유지되거나 증가할 것이다. 일단 행동이 습득되고 난 후에는 한 강화당 좀 더 많은 긍정적인 행동들이 간헐적으로 강화되어야 한다(예: 두 번의 정확한 수행 후에 강화, 그다음 세 번 정확한 수행 후 강화, 네 번, 다섯 번, 여섯 번…으로 정확한 수행 후 강화하는 식). 이런 식으로 결국에는 지원고용전문가 없이도 지원고용대상자가 독립적으로 기능할 수 있도록 강화를 점차적으로 줄여 간다(Scolnik, 1986). 동료들과 슈퍼바이저가 작업행동과 직접적으로 관련된 긍정적인 언급을 하도록 교육시킴으로써 초기 훈련기간 이후 지원고용전문가가 직업현장에서 철수하고 방문을 줄였을 때도 사회적 강화를 지속적으로 제공할 수 있는 사람을 확보할 수 있다.

강화는 전형적으로 교수단서에 대한 정확한 반응을 보일 때 사용한다. 정적인 강화는 어떠한 형태의 교수전략에도 포함되어야 한다. 만약 하나의 강화전략

〈표 10-3〉 **강화 정보 질문지**

지원고용대상자: _____   고용전문가: _____
작성일: _____

1. 한가한 시간에 혼자서 혹은 집단으로 무엇을 하기 좋아합니까?
_____

2. 취미나 즐겨하는 게임이 있으면 열거하시오.
_____

3. 배우고 싶은 취미나 게임을 적으시오.
_____

4. 음악 감상을 좋아합니까? _____
만약 그렇다면 어떤 종류의 음악을 좋아하는지 그리고 좋아하는 음악가나 곡은 무엇인지 열
거하시오.
_____

5. 함께 시간을 보내고 싶은 사람의 이름을 2명만 적으시오.
이름: _____   관계: _____
이름: _____   관계: _____

6. 만약 오늘이 월급날이라면 월급으로 무엇을 사고 싶습니까?
_____

출처: 박희찬 외(1996). 일부 내용 수정함.

이 지원고용대상자로부터 바람직한 반응을 얻는 데 효과적이지 못한 것으로 드
러나면, 두 번째의 전략이 필요할 것이다. 특히 사업장 안에서 연령에 적합한 기
법과 강화들을 사용하는 것은 중요하다.

지원고용대상자를 교육하기 전에, 지원고용전문가는 다양한 유형의 강화계
획을 세울 필요가 있다. 직업진로계획의 과정에서 직업진로계획팀은 지원고용
대상자의 작업을 강화할 활동이나 물건을 확인해야 한다. 심지어 지원고용전문
가는 교육을 시작하기 전에 강화를 소거하기 위한 계획을 세워야 한다. 만약 소

거계획이 없다면, 지원고용대상자는 강화물에 의존적이 될 것이다. 강화를 소거하기 위한 하나의 기법은 강화를 제공하기 전에 정확하게 반응하는 수를 증가시키도록 요구하는 것이다.

이러한 기법들은 개별화된 교수계획을 개발함으로써 유용하다는 것이 입증될 수 있다. 지원고용전문가는 흔히 통고 없이 기법을 바꾸거나 전략을 수정해야 한다. 그리고 현재 사용되는 기법이 원하는 작업수행을 달성하는 데 효과적이지 못할 경우에는 새로운 방법을 시도해야 한다.

3) 훈련의 소거

훈련의 소거는 직업현장에서 생산적이고 독립적으로 기능할 수 있는 준비를 갖춘 것으로 보이는 지원고용대상자로부터 지원고용전문가가 도움을 점차 줄여 가는 것을 말한다. 소거는 한 번에 모두 이루어지는 것이 아니라 몇 주나 심지어 몇 달의 장기간에 걸쳐 이루어지는 과정이다. 소거의 초기 단계에서는 지원고용전문가가 지원고용대상자로부터 몇 발자국 떨어져 도움을 주기 시작하고, 시간이 지나면서 그 거리를 점차 멀리한다. 지원고용대상자가 작업상에서 보이는 진전도는 소거를 얼마나 빠르게 또는 느리게 진행할지를 결정하는 척도가 된다. 만약 지원고용대상자가 매우 불안해하거나 기술 습득이나 생산 비율상의 쇠퇴를 보인다면 지원고용전문가는 근로자와의 가까운 거리에서 당면한 문제점을 개선하고, 그가 소거에 대해 덜 위협적으로 느낄 수 있도록 그 속도를 늦춰야 한다. 그리고 최종적으로는 시간이 점차 경과함에 따라 지원고용전문가는 작업장의 한쪽 끝에 앉아서 서류 작업을 하거나 빠져 나올 수 있어야 한다.

궁극적으로 근로자는 혼자 독립적으로 일하고 지원고용전문가의 정기적인 방문을 받게 된다. 이것은 지원고용전문가가 지원고용대상자에 대한 관심을 줄여 간다는 것을 의미하는 게 아니다. 오히려 지원고용대상자는 본인 직업의 단독적인 수행자이며 지원고용전문가는 옹호자와 감독관으로 역할을 하는 지원고용 과정의 새로운 장이 열렸음을 의미한다. 이후에 지원고용전문가는 주당 한 두 번씩 작업장을 방문하여 지원고용대상자가 일하는 것을 관찰하고 직무 성취 도를 평가하며 지원고용대상자의 진전도와 적응 상태에 관해 지원고용대상자 본인, 슈퍼바이저, 작업동료들과 대화하고 지원고용대상자가 보이는 다양한 작 업과 관련된 욕구나 관심사항에 주의를 기울이는 일을 하게 된다.

소거 기간에는 또 다른 역동적인 관계가 개발되어야 한다. 비장애 근로자와 더불어 사업체에 소속되는 느낌을 가질 수 있도록 지원고용전문가는 지원고용 대상자를 위해 점심과 휴식 시간 동안에 기꺼이 동료가 되어 줄 수 있는 다른 근 로자의 도움을 받아야만 한다. 이를 통해 지원고용대상자는 작업기간 중 중요한 사회적 관계에서 고립되지 않을 수 있다. 또한 소거 기간에 지원고용대상자로 하여금 슈퍼바이저의 리더십과 권위를 보다 명확히 인식하고 그에 따라 잘 따르 도록 돕는 것이 중요하다.

4. 생산성 사정

1) 생산성 기록

생산성은 지원고용대상자가 몇 가지 과제분석 단계를 숙달하게 되거나 그것 을 독립적으로 수행할 수 있게 된 이후에 기록해야 한다. 이 시점에서 지원고용 전문가는 지원고용대상자가 좀 더 빠르게 작업을 하고, 바람직하게는 비장애 근 로자의 생산규준에 근접할 수 있도록 도울 수도 있다. 모든 장애인에게 가능하 지는 않지만 일부 중증장애인의 경우에도 생산성을 높이기 위한 훈련을 조심스 럽게 고려해야 한다. 대다수의 고용주는 본인이 고용한 근로자에 대해 적절한 생산성 기준을 미리 정해 놓고 있다. 만약 특정한 일자리에 관해 이러한 정보를 확보하는 것이 불가능하다면 비장애 근로자가 그 과제를 수행하는 것을 며칠 동안 관찰하고 그들의 생산성 평균치를 계산함으로써 평균 생산 비율을 산출할 수 있다(Moon et al., 1992).

기술이 부족하다는 것이 낮은 생산성의 유일한 원인은 아니다. 쉽게 산만해지거나 기타 주의력 장애를 가진 사람뿐 아니라 일에 대한 동기가 부족한 사람들도 낮은 생산 비율을 보이는 경향이 있다. 주의가 산만한 근로자를 위해 가능한 중재방법은 과제에 집중하는 행동에 대한 사회적 강화를 제공하면서 조용하고 정돈된 작업장소에 배치하기, 매우 흥미 있는 직업에 배치하기, 주의집중을 위한 중재를 모색하기 등이다. 동기유발은 세심하게 선택된 강화 사용을 통해 성공적으로 다루어질 수 있다. 어떤 장애인은 자신이 얼마나 빠르게 혹은 느리게 작업하는지에 대한 자각을 하는 데 있어서 부족함을 보일 수도 있고, 실제로 작업의 속도를 유지하는 데 어려움이 있을 수도 있다. 따라서 작업비율을 증가시키기 위해 타이머, 부저, 메트로놈, 간단한 기계장치를 사용하기도 한다(Moon et al., 1992).

덜 기계적이지만 효과적인 방법은 지원고용대상자가 보다 효율적으로 일하는 근로자의 생산성을 따라갈 것이라는 기대를 가지고, 느리게 작업하는 지원고용대상자를 동기수준이 높으면서도 인내력이 있는 비장애동료와 짝짓는 것이다. 지원고용대상자로 하여금 작업의 전과 후에, 그들의 작업속도에 관해 논의하도록 하고 생산 비율 도표를 그리는 것은 좀 더 나은 인지능력을 가지고 있는 지원고용대상자에게 사용할 수 있는 방법이다. 기술훈련에서와 마찬가지로 지원고용전문가는 작업 생산성을 높이기 위한 훈련을 할 때에도 단서와 인위적 강화를 점차적으로 소거해 가야 한다.

지원고용대상자의 생산성이 감소되어 직업을 보유하는 것이 위태롭게 되지 않도록 하기 위해 정기적인 점검을 해야 한다. 이것은 초기 훈련기간이 끝난 뒤, 지원고용전문가가 자료를 수집하고 지원고용대상자나 고용주와의 대화를 위해 일주일 단위 혹은 그보다 자주 직업현장을 방문할 때마다 수행할 수 있다. 생산성이 떨어지는 것을 발견했을 때 지원고용대상자 작업 생산성 비율을 증대하기 위한 대책들을 강구해야 한다.

생산성 기록 양식에는 다음과 같은 내용이 기재된다.

생산성 기록 양식은 259쪽에서 확인할 수 있다.

- 지원고용대상자의 이름, 자료가 수집된 기간
- 직무
- 비장애 근로자의 생산기준
- 작업 생산성 비율을 증가시키는 방법

$$\frac{\text{주어진 시간 지원고용대상자에 의해 생산된 수}}{\text{동일한 기간 내 비장애근로자에 의해 생산된 수}} \times 100 = \text{생산성 (\%)}$$

각 열(列)의 기재사항은 다음과 같다.

- 날짜(관찰일자)
- 시작시간(지원고용대상자가 작업을 시작한 시간)
- 종결시간(지원고용대상자가 작업을 마친 시간)
- 총 작업시간(시작과 종결 시간의 차이)
- 완성된 수(직무가 완성된 횟수)
- 지원고용대상자의 생산성 비율(앞서 제시한 생산성 비율 공식을 사용하여 얻은 백분율)

2) 생산성과 임금

지원고용의 중요한 특징 중의 하나는 임금을 받는 기회를 갖는 점이다. 가능한 모든 때에, 경쟁고용의 수준으로 임금을 지급받도록 하고 그 이하로 타협되어서는 안 된다. 고용주와 임금 협상을 하는 동안, 지원고용전문가는 지원고용

〈표 10-4〉 생산성 기록 양식

지원고용대상자 이름: _____   자료수집 기간: _____

과제: _____   비장애인 생산기준: _____

작업 생산성 비율을 증가를 위한 방법: _____

$$* 생산성(\%) = \frac{주어진 시간 지원고용대상자에 의해 생산된 수}{동일한 기간 내 비장애근로자들에 의해 생산된 수} \times 100$$

날 짜	시작시간	종결시간	총 작업시간	완성된 수	지원고용대상자 생산성 비율

대상자의 생산성 정도, 유사한 작업에서 지원고용대상자가 다른 근로자만큼 임금을 받을 수 있는 계획을 논의해야 한다.

고용주는 지원고용대상자의 생산성 수준에 대해 유사한 과업을 수행하는 다른 근로자보다 훨씬 낮은 것으로 결정할 수도 있을 것이다. 만일 이러한 일이 발생한다면, 고용전문가가 사용할 수 있는 몇 가지 지원전략이 있다.

먼저, 고용주와 함께 지원고용대상자의 생산성을 논의한다. 사업체는 경쟁적인 고용수준까지 계속적으로 임금을 상승시켜 줄 수 있다. 따라서 지원고용전문가는 지원고용대상자의 작업수행에 대한 긍정적인 측면에 초점을 맞추어 대화해야 한다. 예를 들어, 지원고용대상자가 회사에 긍정적인 태도를 보이고, 결근을 하지 않을 만큼 신뢰할 만하거나 혹은 작업의 질이 훌륭하다면, 고용주는 기꺼이 수용할 만한 임금수준으로 협상하거나 경쟁 임금수준에서 고용할 것이다.

그럼에도 고용주가 경쟁 또는 일반적인 수준에서 지원고용대상자에게 계속적으로 임금을 지급하는 것을 꺼린다면, 고용전문가는 작업공유 상황으로 조정할 수 있다. 이 조정에서 지원고용대상자와 직업을 공유하게 될 다른 근로자는 직무의 일부를 수행하게 될 것이다. 작업공유의 예를 사용함으로써, 두 근로자가 한 근로자의 임금을 공유하게 될 수 있다. 따라서 고용전문가는 생산성의 정확한 수준을 정할 필요가 있다.

우리나라에서는 사용자가 근로자에게 최저임금을 적용하기 어려운 상황이면 사용자가 관할 지방고용노동관서에 최저임금 적용 제외 인가신청서를 제출하고, 이에 따라 지방고용노동관서에서는 최저임금 적용 제외 인가서를 인가신청을 한 사용자에게 발급해야 한다. 「최저임금법 시행규칙」 별표3에서는 최저임금 적용 제외 대상을 근로자의 정신 또는 신체의 장애가 해당 근로자를 종사시키고자 하는 업무의 수행에 직접적으로 현저한 지장을 주는 것이 명백하다고 인정되는 사람으로 유사한 직종에서 최저임금을 받는 다른 근로자 중 가장 낮은 근로능력자의 평균작업 능력에도 미치지 못하는 자를 기준으로 하고 있다. 다만, 이 인가의 기간을 1년을 초과할 수 없도록 정하고 있다.

지원고용대상자를 위한 상응임금(commensurate wage)을 협상하기 전에, 그의 생산성 정도를 결정하는 것이 필요하다. 상응임금은 지원고용대상자의 생산성을 측정한 것과 사업체에서 숙련된 근로자의 생산성을 비교하여 결정된다. 사업체 근로자의 임금과 비교할 때, 같은 장소에서 같은 일을 하는 근로자의 작업과 비교해야 한다. 사업체에서 숙련된 근로자에게 지급되는 임금은 보통임금(prevailing rate)이라 한다.

간혹, 지원고용전문가는 지원고용대상자가 수행하는 직무를 다른 근로자가 수행하지 않는다는 점을 발견할 수 있다. 이것은 지원고용대상자를 위해 특별히 만들어진 작업 또는 지원고용대상자의 기술과 흥미에 기초를 두어 수정된 작업인 경우다. 이러한 경우에는 보통임금을 결정하기 위해서 지원고용전문가는 유사한 상황에서 고용을 하는 동일 지역의 다른 사업체를 조사하는 것이 필요하다.

일단 협상해야 할 직업에 대한 보통임금이 결정되었으면, 지원고용전문가는 지원고용대상자에 대한 상응임금을 계산할 수 있다. 상응임금은 보통 지원고용대상자의 생산성에 기초를 둔 임금의 백분율로 나타낸다. 상응임금 지급은 전형적으로 일한 분량대로 지불하거나 시간당 지불하는 두 가지 방법 중의 하나로 이루어진다.

▶ 일한 분량대로 지불받는 임금

지원고용대상자의 생산성 측정과 상응하는 임금에 대한 가장 일반적인 형식은 일한 분량대로 지불하는 방법이다. 이 체계하에서, 노동가치(value)는 완성된 작업의 개수(piece) 또는 단위(unit)에 의해 결정된다. 경쟁고용 노동률은 현재 수행되는 작업에서 숙련된 지원고용대상자에게 요구되는 생산성을 적용함으로써 사전에 결정된다. 만일 이러한 노동률을 활용할 수 없다면 주어진 시간에 동일한 작업을 숙련된 근로자가 얼마 동안 수행해 보게 함으로써 노동률을 추정하여 결정할 수 있다. 일한 분량대로 지불받는 임금 지급방법은 제조업과 같이 계속적이고 반복적인 단계를 가지고 단위당 측정될 수 있는 작업에 사용하기에 적절하다.

▶ **시간당 지불받는 임금**

지원고용전문가는 일한 분량대로 임금을 지불받는 방식을 적용하기 어려운 서비스 사업체나 직무에 직면할 수 있다. 이러한 환경에서는 수행된 작업에 대한 시간에 기초하여 상응하는 임금을 지급하는 것이 가능할 것이다.

시간에 기초하여 상응임금을 지급하는 절차는 이전에 일한 분량대로 임금을 지급하는 방법의 예와 유사하다. 시간에 기초하여 상응임금을 지급하는 단계는 다음과 같다.

- 작업을 수행하는 데 요구되는 기술과 과제를 확인한다. 이렇게 직무분석을 해 봄으로써 요구되는 정보를 얻을 수 있다. 여기서는 작업의 양과 질적인 측면이 모두 고려될 수 있다.
- 같은 지역에서 숙련된 근로자에 의해 제공되는 같거나 유사한 작업에서의 보통임금을 결정한다.
- 같거나 유사한 작업을 수행하는 숙련된 근로자의 생산성과 지원고용대상자의 생산성을 비교한다.
- 지원고용대상자의 결정된 생산성의 비율과 작업에 대한 보통임금률을 곱한다.

실습하기

- 실습과정에서 기초선 및 훈련과정 기록용지, 강화 정보 질문지, 생산성 기록 양식을 사용할 수 있다. **현장훈련 및 지원**에 대한 실습은 다음의 과정을 참고하여 실시할 수 있다.

① 현장훈련 시 적합한 교수전략이 무엇인지 살펴본다.

② 문제행동에 대한 지원방안을 살펴본다.

③ 현장훈련 및 지원의 성과를 측정하기 위하여 자료를 수집하는 방법을 살펴본다.

④ 생산성 및 임금 결정의 요소와 과정을 살펴본다.

◈ 제11장 ◈

◈ 제11장 ◈
취업 후 적응지원

　지원고용은 중증장애인을 대상으로 사업체 배치 후 현장훈련과 지원을 제공하며, 고용이 된 이후에도 필요에 따라 계속적 지원이나 서비스를 실시한다. 취업 후 적응지원은 고용을 유지하기 위하여 필요로 하는 어떤 형태의 지속적 지원을 제공하는 것이며, 개인의 고용 안정성을 평가하고 고용을 유지하는 데 목적이 있다. 미국의 경우, 직업개발과 훈련 서비스를 지원하는 주정부 직업재활 서비스 부처 및 다른 대부분의 지원고용 실시기관에서는 지원고용 관련 서비스를 제공한다. 그리고 지원고용대상자가 안정적으로 직무를 수행할 수 있는 경우 고용전문가는 지원고용 서비스를 소거하거나 지원을 최소로 줄이게 된다. 그러나 지원고용대상자에 따라서는 취업 후 적응지원이 필요한 경우도 있다.

　취업 후 적응지원으로서 계속적 지원의 강도나 범위는 장애인과 고용주의 요구에 따라 큰 차이가 날 수 있으나 적어도 월 2회 이상 실시되어야 하는 점은 공통적이다. 이 지원은 작업장 안팎에서 제공할 수 있다. 만약 개인이 지원을 작업장 밖에서 요청하는 경우에는 고용된 장애인과 고용주를 월 2회 이상 작업장 밖에서 만날 수 있다. 대부분의 기관에서는 직무를 개발하고 훈련과 지원을 제공한 지원고용전문가가 취업 후 적응지원을 제공한다. 그러나 지속적 지원, 사례관리, 서비스 조정 등 취업 후 적응지원을 맡은 지원고용전문가가 별도로 있는 경우에는 다른 지원고용전문가가 연장된 지원 및 서비스를 제공할 수 있다.

지원고용대상자가 직무에 대한 현장훈련과 지원의 단계를 종료하기 이전에 취업 후 적응지원에 대한 지원계획이 마련되어 지원고용대상자의 직업진로계획팀에 전달할 수 있어야 한다. 그 계획서에는 장애인이 필요로 하는 지원, 지원제공자, 지원제공 일정, 계획에 대한 모니터링 과정 등을 포함해야 한다. 장애인이 필요로 하는 지원서비스에는 작업수행에 대한 모니터링, 위기중재, 사업체 및 사회에서의 통합을 위한 지원, 고용주와 작업동료 지원, 이전에 배운 기술을 유지할 수 있도록 하는 재훈련, 새로운 기술 습득을 위한 훈련, 진로개발, 이전에 확인된 작업장 밖의 다양한 지원 등 그 범위가 넓다. 취업 후 적응지원에는 임금인상을 위한 협상, 현재보다 직무의 수 늘리기, 현재 일하고 있는 직장이나 다른 직장에서 새로운 직무를 찾도록 돕는 것 등도 포함될 수 있다. 만약 장애인이 직장을 잃게 되는 경우에는 새로운 일자리를 찾도록 돕거나 다시 직업진로계획팀과 연계하여 새로운 전략을 개발하고, 장애인이 새로운 일을 찾을 때까지 의미 있는 활동을 할 수 있도록 지원할 수도 있다.

또한 필요한 경우에는 가족 구성원 및 사례관리자, 치료사, 의사, 주거 서비스 제공자 등 다른 서비스 제공자와의 협력을 통하여 장애인이 고용을 안정적으로 유지할 수 있도록 돕는다. 정기적으로 수요자 만족도를 조사하는 것도 취업 후 적응지원에서의 중요한 요소다. 이는 다양한 방법으로 실시될 수 있는 데, 설문조사나 면접과 같은 공식적인 형태나 정기적인 만남을 통한 비공식적인 형태가 있을 수 있다. 또한 지원고용대상자에게 현재 하고 있는 직무 및 그들이 받고 있는 지원에 대하여 어느 정도 만족하는지 조사해야 한다. 고용주, 지원고용 예산 지원기관, 지원고용대상자 의뢰기관 등으로부터 정기적인 피드백을 받아야 하며, 피드백 결과는 지원고용 서비스를 향상하는 데 활용해야 한다.

지원고용전문가가 사업장을 떠난 후에 실시되는 취업 후 적응지원은 지원고용으로 취업에 이른 장애인뿐만 아니라 사업체의 사업주나 작업동료들에게도 제공되어야 한다. 특히 사업체에서 예상하지 못한 일이 발생하거나 작업동료나 상급자가 바뀌거나 직무가 변경되는 경우에는 지원고용전문가와 협의하는 것이 필요하다. 아울러 취업 후 적응지원은 장애인 가족에게도 필요한 정보나 상담 등을 제공함으로써 지원고용이 안정적으로 이루어질 수 있도록 한다.

1. 직무수행 능력평가

지원고용대상자의 안정적인 고용유지가 가능할 수 있도록 취업 후 적응지원의 형태와 지원의 정도는 개인에게 적합하게 실시해야 한다. 지원고용대상자가 직업을 유지하는 데 필요한 사항을 충족시키기 위해 지원고용전문가는 다양한 지원전략을 알고 실시할 필요가 있다.

모든 근로자는 그들의 직무수행 능력평가 시 공유하게 되는 정보를 통하여 도움을 받게 된다. 즉, 지원고용대상자에 대한 직무수행 능력평가를 통하여 그에게 취업 후 어떤 적응지원이 필요한지 서로 공유하게 되는 것이다. 지원고용전문가는 정규적으로 계획된 직무수행 능력평가 때까지 기다리기보다 좀 더 일찍 수행능력에 대한 평가가 필요하다고 생각할 수도 있다. 이러한 경우에 고용전문가는 예정된 수행능력 평가 시기를 앞당기거나 예정된 평가와는 별도로 추가해서 평가를 실시할 수 있도록 협의해야 한다.

직무수행 능력 정도를 평가하기 위해 관련 양식을 사용할 수 있다. 만약 사업체에 특정한 양식이 있다면 그 양식을 사용하고, 필요에 따라 고용주와의 합의를 거쳐 양식의 내용을 수정한다. 만약 사업체에서 별도로 사용하는 양식이 없다면, 〈표 11-1〉의 직무수행 능력평가 양식을 수정 · 보완하여 사용할 수 있을 것이다.

〈표 11-1〉 직무수행 능력평가 양식

지원고용대상자: _____ 날짜: _____

상급자: _____ 작업장: _____

근무일: _____ 결근일: _____ 임금: _____

* 지원고용대상자를 동일한/유사한 직무를 수행하는 다른 근로자들과 비교하여 평가해 주십시오.
(1=못함, 2=못하는 편임, 3=보통임, 4=잘하는 편임, 5=잘함, NA=적용되지 않음/관찰되지 않음)

일반적 평가

출근	1	2	3	4	5	NA
결근 시 전화연락	1	2	3	4	5	NA
시간 엄수	1	2	3	4	5	NA
개인위생/단정하게 유지하기	1	2	3	4	5	NA

학습 이해력

지시사항에 올바르게 따르기	1	2	3	4	5	NA
효과적으로 문제 해결하기	1	2	3	4	5	NA
주의집중 시간	1	2	3	4	5	NA
계획하고 조직하는 기술	1	2	3	4	5	NA

작업요인들

작업속도	1	2	3	4	5	NA
작업의 질	1	2	3	4	5	NA
생산기준 도달 정도	1	2	3	4	5	NA
안전 의식	1	2	3	4	5	NA
혼자서 작업하기	1	2	3	4	5	NA

대인관계 요인들

상급자에게 적절하게 반응하기	1	2	3	4	5	NA
잘못을 지적당했을 때 적절하게 반응하기	1	2	3	4	5	NA
작업동료와 상호작용하거나 협력하기	1	2	3	4	5	NA
필요시 도움 청하기	1	2	3	4	5	NA
융통성 있게 업무 처리하기	1	2	3	4	5	NA
기타: _____	1	2	3	4	5	NA
전체적인 직업수행 능력	1	2	3	4	5	NA

직무에 관한 책임감: _____

고용목표

1. 지원고용대상자가 다른 관련된 직무들을 수행할 수 있습니까?   예____   아니요____

   그러한 직무를 적어 주십시오: _____

2. 지원고용대상자가 앞으로 훈련을 받는다면 발전할 수 있겠습니까?   예____   아니요____

   회망하는 훈련형태에 관해 적어 주십시오: _____

3. 지원고용대상자가 다음 해에 수행하게 될 목표는 무엇입니까? _____

   기타: _____

출처: 박희찬 외(1996). 일부 내용 수정함.

직무수행 능력평가 양식은 지원고용대상자의 일반사항이 기입되며, 지원고용대상자를 동일하거나 유사한 직무를 수행하는 다른 근로자들과 비교·평가하여 기입한다. 이때, 평가는 '못함'의 1부터 '잘함'의 5까지 5점 척도로 구성되며, 적용되지 않거나 관찰되지 않는 경우에는 NA(Not Available)에 표시한다. 직무수행 능력은 일반적 평가, 학습 이해력, 작업요인들, 대인관계 요인들로 구성되며, 그 외에도 책임감, 고용목표 등이 기입될 수 있다.

지원고용대상자가 획득한 기술과 작업수행에서의 어떤 변화 혹은 필요한 추가적인 지원을 논의하기 위해서 직무수행 능력평가 후 협의하는 시간을 갖는 것이 좋다. 다음 평가 이전에 달성해야만 하는 특정한 목표도 수행능력 평가 시 설정한다.

지원고용전문가는 직무수행 능력평가 과정에서 지원고용대상자 개인의 의견을 존중해야 한다. 평가를 마친 후에는 지원고용대상자와 세부적인 내용들을 공유하도록 요청하고, 제공될 지원을 변경해야 할지 여부를 결정하기 위해 지원고용대상자의 상급자와 상의해야 한다.

2. 고용의 불안정 원인

인간환경은 역동적이고 끊임없이 변화하는 것이어서 자신이나 다른 사람의 생활환경 모두를 총체적으로 통제할 수 있는 것이 아니다. 그 결과 사업체에서 일을 하게 되는 지원고용대상자 역시 행복하고 능률적으로 일할 수 없는 상황에 언제든지 직면할 수 있다. 지원고용전문가에 의해 야기될 수 있는 고용의 불안정 요인은 다음과 같다.

1) 슈퍼바이저의 교체

사업체에서 직원의 인사이동은 언제든지 있을 수 있다. 특히 슈퍼바이저가 바뀌게 되면 그 조직에서 기대하는 바도 변화될 수 있다. 이것은 그 조직 내에 근무하는 장애인뿐만 아니라 비장애인 근로자에게도 스트레스와 혼동을 초래할 수 있다. 이러한 경우 지원고용전문가는 해당 슈퍼바이저와 약속을 정하여 지원고용대상자 및 지원고용 프로그램과 같은 직업에 관련된 사항들을 논의하는 것이 중요하다. 이때 새로운 슈퍼바이저가 지원고용대상자나 프로그램에 대해 어느 정도 지식이나 경험이 있는지에 따라 지원고용전문가의 역할이 달라진다. 지원고용전문가는 필요한 정보를 제공하고, 새로운 슈퍼바이저와 지원고용에 대하여 적합하고 충실히 협의하고 질문에 답할 준비를 해야 한다.

2) 작업동료의 교체

사업체에는 새로운 근로자가 들어오고 함께 일하던 작업동료가 떠나는 등 사업체의 인적 환경이 변화될 수 있다. 자신이 좋아했던 동료가 떠날 때 지원고용대상자는 믿음직한 친구를 잃는 것과 같은 고통을 겪게 된다. 지원고용전문가는 지원고용대상자가 그러한 상실감을 갖지 않도록 돕거나 새로운 동료와 적응하도록 지원해야 한다. 이 기간 중 생산성이 일시적으로 저하될 가능성이 있기 때문에 지원고용전문가는 작업현장에서 보다 많은 시간을 보내면서 필요한 작업이 확실히 완수될 수 있도록 지원해야 한다. 이를 통해 지원고용대상자가 안정화되면 취업 후 적응지원 과정에서 제공했던 지원에 대하여 체계적으로 소거를 시도한다.

3) 친구나 가족 구성원의 상실

죽음이나 떠남은 누구에게나 상실을 수반한다. 약간의 친구를 둔 장애인의 경우 친구의 죽음이나 이별은 더 큰 어려움을 겪게 된다. 또한 부모가 세상을 떠나는 것은 부모나 장애인 모두에게 가장 큰 어려움이다. 가족 구성원의 상실은 지금까지 함께해 온 가장 가까운 물리적·심리적 지지자를 잃는 것이다. 지원고용전문가는 그들에게 이런 일이 발생하는 것의 심각성에 민감하게 대응하고, 지원고용대상자가 슬픔을 겪는 동안 지원고용의 안정성을 해치지 않도록 도와야 한다.

4) 작업 스케줄의 변화

작업 스케줄의 변화는 단지 몇 분 일찍 출근하는 것과 같은 작은 변화일 수도 있고, 낮 근무에서 저녁 근무로의 교대와 같은 비교적 큰 변화일 수도 있다. 어떤 경우든 변화는 대다수의 장애인에게 어려움을 줄 수 있다. 지원고용전문가는 스케줄상의 변화가 일어나기 전에 그에 관해 논의하고 지원고용대상자가 적응할 수 있도록 계획을 짜는 데 도움을 줌으로써 그 시간의 변화가 순조롭게 이루어지도록 해야 한다.

5) 직무상의 변화

장애를 가진 근로자에게 직무상의 변화는 총체적인 직업의 변화처럼 보일 수 있다. 지원고용전문가는 직무상의 변화가 실제로 발생하기 이전에 대응할 수 있는 방안을 모색해야 한다. 특히, 직무상의 변화로 인해 어떤 일이 수반될지 지원고용대상자 및 사업체 관계자와 논의하는 것이 중요하다. 만약 지원고용대상자가 아주 새로운 직무를 담당하게 될 때에는 그 직무에 대한 과제분석을 실시하고 새로운 직무를 수행할 수 있도록 훈련과 지원을 제공하기 위한 계획을 세우고 실제로 현장훈련을 실시하는 것이 필요하다.

6) 건강문제와 새로운 약물치료

때때로 지원고용대상자는 작업의 효율성을 저해하거나 작업참여를 어렵게 하는 건강상의 문제를 가질 수 있다. 지원고용전문가는 지원고용 실시과정에서 건강에 대한 부분을 작업조정을 통해 지원하고 사업체 관계자와 협의를 하는 것이 중요하다. 가끔 지원고용대상자는 적응문제를 초래하는 원인이 될 수 있는 발작 증세나 행동문제로 인해 약물처방을 받게 된다. 그리고 이 약물로 인하여 활기가 없고 주의집중력이 떨어지며 불안해하고 퉁명스러우며 평소 모습과는 다르게 보일 수 있다. 지원고용전문가는 지원고용대상자의 행동이나 작업수행의 변화를 예측하고 이해하기 위해 그의 약물치료의 영향에 대하여 지속적으로 추적하는 것이 필요하다. 특이한 반응은 지원고용대상자의 보호자에게 보고해야 한다.

지원고용대상자는 병 때문에 잠시 결근을 하였더라도 작업에 다시 적응하는 데 종종 문제가 생긴다. 지원고용전문가는 결근의 이유와 관계없이 결근했던 지원고용대상자가 사업체에 적응할 수 있도록 필요한 취업 후 적응지원을 실시하여야 한다.

7) 가정에서의 어려움들

가정생활에 기초한 문제점들은 흔히 직장에서 표면화되기 쉽다. 지원고용전문가는 이혼, 별거, 질병과 실직 그리고 기타 가족 스트레스가 직업상 안정을 유지하는 데 있어 지원고용대상자에게 불리한 영향을 준다는 사실을 인식해야 한다. 그러한 어려움을 해결하는 것은 지원고용전문가의 영역을 벗어나는 것일 수도 있지만, 스트레스를 겪는 동안에 지지를 보내고 상황을 이해함으로써 지원고용대상자를 도울 수 있다. 지원고용전문가는 스트레스를 받는 지원고용대상자에게 취업 후 적응지원을 통하여 적응을 도울 수 있다.

8) 직업현장에 오가는 이동상의 문제

지원고용대상자는 직업현장으로 오가는 중에 발생할 수 있는 예측 불허의 사건 때문에 작업장에 늦게 도착하여 당황할 수 있다. 아마도 대중교통 수단에서 문제가 생겼거나 길을 잃어버렸을 수도 있다. 또한 지나가는 사람이 출퇴근 과정에서 지원고용대상자에게 말을 걸거나 그를 놀라게 할 수도 있다. 이런 경우에는 어떤 일이 발생했는지에 대해 지원고용대상자에게 묻고 개선될 수 있는 상황을 해결하도록 돕는 것이 중요하다.

3. 고용주와의 의사소통

고용주와의 접촉을 통해 신뢰와 존경을 형성하는 것은 지원고용의 과정에서 중요한 부분이다. 따라서 지원고용전문가가 고용주의 견해와 기대를 가치 있게 평가하고 있다는 점을 고용주가 알 수 있도록 해야 한다. 지원고용전문가와 고용주 간의 신뢰를 통해 개방적인 의사소통과 긍정적인 업무 관계로 나아갈 수 있게 된다.

고용주와 신뢰를 형성하는 방법은 다음과 같다.

지원고용전문가는 고용주와의 접촉 빈도가 적절한지 점검해야 한다. 접촉 빈도를 적절히 유지하는 것은 성공적인 취업 후 적응지원을 위해 필수적임을 인식해야 한다. 이때 고용주는 제공받은 취업 후 적응지원을 통하여 받게 되는 지원의 수준에 편안함을 느껴야 한다.

또한 지원고용전문가는 제공될 전략과 지원수준을 결정하기 위하여 고용주와 함께 협의할 필요가 있다. 지원고용의 과정에서 발생할 수 있는 문제를 해결하기 위하여 고용주와 고용전문가가 함께 노력할 수 있음을 알아야 한다. 다음의 예를 생각해 보자. 안정적인 작업상황은 여러 이유로 갑자기 위기의 부분으로 바뀔 수 있다. 예를 들어, 작업동료가 지원고용대상자의 안정적인 고용유지를 위하여 평소에 지원해 주고 도와주기 때문에 고용주가 지원고용대상자의 직무수행상의 주요 문제에 대해 알아채지 못하기도 하는 것이다. 이 경우 작업동료의 근무지 이동은 갑작스러운 위기 상황이 될 수 있다. 또는 지원고용대상자의 상급자가 지원고용전문가와 고용과정의 문제행동에 대한 의견을 교환하지 않는 경우 언제든지 문제행동 때문에 고용의 안정성이 약해질 수 있다. 그 외에 지원고용대상자가 맡은 직무의 일부에서 고용주의 요구조건을 만족시키지 못하는 경우 지원고용대상자는 그 일을 계속할 수 없게 된다.

그다음으로, 지원고용전문가가 어떤 문제를 해결해 나갈 수 있음을 고용주에게 알리는 것이 필요하다. 지원고용전문가는 고용주와 지원고용 담당기관과의 동반자적 관계를 고용주에게 분명하게 제시할 필요가 있다. 그리고 실제로 지원고용전문가는 성실성을 가지고 고용의 안정성을 유지할 수 있도록 노력해야 하며, 이는 지원고용 담당기관의 평판에도 영향을 미친다.

또한 고용주의 관심 영역을 언급함으로써 지원고용전문가가 장애인의 고용과 관련된 문제해결에 진지하다는 것을 보여야 한다. 발생할 수 있는 문제들에 대하여 등한시해서는 안 되며, 그 문제들이 저절로 해결되거나 단순히 사라져 버릴 것이라고 낙관해서는 안 된다. 고용주의 요구에 기초하여 적절한 조정과 지원을 신속하게 취할 필요가 있다.

문제를 해결하는 것뿐만 아니라 문제가 발생하지 않도록 사전에 대처하는 방법도 중요하다. 뭔가 잘못되었다고 누군가가 이야기해 주기를 기다렸다가 대응해서는 안 된다. 표현하지 않은 관심 사항에 귀를 기울이고 그것들이 지원고용대상자나 사업체와 어떻게 관련되어 있는지 파악하는 것이 필요하다. 그리고 지원고용전문가가 계획한 취업 후 적응지원의 서비스가 고용에 어떤 변화를 주는지 사업주와 협의해야 한다. 이 변화에는 지원고용대상자, 일상적인 업무, 사업장에서의 대인관계, 작업장의 조정에 이르기까지 다양할 수 있다.

고용주는 지원고용전문가의 지원형태와 정도에 편안함을 느낄 수 있어야 한다. 만약 취업 후 적응지원이 적절치 않다면, 고용주는 지원고용전문가와의 동반자적인 관계를 끊을지도 모른다. 고용주와 지원고용대상자의 요구에 균형을 유지함으로써 양측 모두 지나친 스트레스를 야기하지 않도록 하는 것이 필요하다.

고용주는 직업재활의 관점이 아닌 사업가의 관점에서 사업체를 경영하고 있음을 명심해야 한다. 따라서 지원고용과 관련된 문제 해결책으로 직업재활과 사업가적 관점 모두를 언급할 필요가 있다. 만일 지원고용전문가가 약속한 것이 지켜지지 않거나 또는 취업 후 적응지원이 비효과적 방법으로 전달된다면, 사업체 내 작업동료, 지원고용대상자, 고용주들도 어려움을 겪게 된다. 그 결과 지원고용을 시도한 특정 사업체 및 그 사업체로부터 지원고용 결과의 좋지 못한 이야기를 전해 들은 다른 사업체까지도 지원고용에 대한 부정적인 인식을 갖도록 만들 수 있다. 만일 이런 일이 발생한다면 지원고용에 대한 신뢰를 잃게 되어 통합고용의 길은 멀어지게 된다.

만약 지원고용전문가와 고용주 간에 좋은 의사소통이 이루어진다면, 지원고용의 실패사례가 있다 하더라도 그 실패를 딛고 계속 지원고용을 시도해 나갈 수 있을 것이다. 고용주가 지원고용과 관련된 어려움을 사전에 알고 있다면 고용의 실패도 감내할 것이나, 성공을 보장한 후 그 약속이 지켜지지 않으면 받아들이기가 어려울 것이다. 취업 후 적응지원으로서 지원고용대상자 및 사업주에게 제공되는 계속적인 지원은 지원고용의 장기적인 성공에 필수적이다.

〈표 11-2〉 **취업 후 적응지원에 대한 고용주의 평가 양식**

취업 후 적응지원에 대한 고용주의 평가

날짜: 20 _____년 _____월 _____일

지원고용을 실시하는 A 기관에서는 현재 _____ 님께 취업 후 적응지원 서비스를 제공하고 있습니다. 우리는 A 기관에서 제공하는 서비스의 질에 관한 당신의 생각이나 관심을 알고 싶습니다. 잠시 시간을 내시어 이 양식을 작성하시고 편하신 시간에 되돌려 주시면 감사하겠습니다. 어떠한 제안도 자유롭게 하셔도 됩니다. 이 정보는 우리가 제공하는 서비스의 질을 평가하고 앞으로 서비스를 적절하게 조정해 나가는 데 있어 귀중하게 활용될 것입니다.

아래 내용에 응답해 주십시오.
(1=못함, 2=못하는 편임, 3=보통임, 4=잘하는 편임, 5=잘함, NA=적용되지 않음/관찰되지 않음)

1. 직업 연결(Job match)의 적절성	1	2	3	4	5 NA
2. 취업 후 적응지원의 질	1	2	3	4	5 NA
3. 지원고용대상자와의 의사소통 수준	1	2	3	4	5 NA
4. 지원고용대상자와의 친화감	1	2	3	4	5 NA
5. 취업 후 적응지원 방문 빈도	1	2	3	4	5 NA

6. A 기관에 대한 제안이나 권고사항: _____

7. 기타: _____

이 설문지를 아래의 A 기관 주소로 되돌려 주시기 바랍니다.

A 기관명: _____

(주소): _____

(담당자): _____

출처: 박희찬 외(1996). 일부 내용 수정함.

4. 작업동료의 참여

작업동료의 지원은 성공적인 지원고용배치를 위해 필수적이다. 작업동료는 지원고용대상자와 사업체 내에서의 작업 및 여가 시 상호작용을 하게 된다. 작업동료가 가장 빈번히 제공하는 지원의 형태는 옹호해 주기, 연결 도모하기, 친구 되어 주기, 자료 수집하기, 훈련 제공하기 등이 있다(Rusch, 1990).

때때로 지원고용전문가는 작업동료의 관여를 계획하고 도와줄 필요가 있다. 직장에 나간 첫날부터 작업장에서 지원고용대상자에게 지원을 제공할 수 있는 작업동료를 찾아내고 대인관계의 발달을 고무해 줄 필요가 있다.

지원고용의 성공은 작업장에서의 지원망에 크게 의존한다. 지원고용대상자의 성공 여부는 작업기술의 습득이 아닌 사회성 기술이나 대인관계, 의사소통 능력 등의 결여와 관련성이 높은 것으로 밝혀지고 있다. 모든 작업장에는 글로 표현되지 않은 수많은 규칙과 비공식적 행동양식들이 있다. 종종 많은 사람들은 동료집단에게 받아들여지고 나서야 자신의 취업에 대하여 확신을 갖게 된다. 지원고용대상자 또한 사회적으로 잘 통합되고 나서야 아마도 필수적인 직업정보와 피드백이 의사소통될 수 있을 것이다.

〈표 11-3〉 지원고용대상자의 통합 정도 조사 양식

지원고용대상자의 통합 정도 조사

지원고용대상자: _____   작업장위치: _____
날짜: _____   고용전문가: _____

* 최근 지원고용대상자의 통합 정도를 표시하고 필요하다면 지원내용을 적어 주십시오.

1. 신체적 통합
____ A. 지원고용대상자가 다른 근로자와 같은 장소에서 일하고, 식사하고, 휴식을 취한다.

_____ B. 지원고용대상자가 다른 근로자와 같은 장소에서 일하지 않고, 휴식만 함께 취한다.

_____ C. 지원고용대상자가 같은 시간 같은 장소에서 일하거나 휴식하지 않는다.

필요한 지원 내용: _____

2. 사회적 통합

_____ A. 지원고용대상자는 작업동료와 빈번히 상호작용 기회를 가진다.

_____ B. 지원고용대상자는 작업동료와 약간의 상호작용 기회를 가진다.

_____ C. 지원고용대상자는 작업동료와 상호작용 할 기회를 전혀 가지고 있지 못하다.

필요한 지원 내용: _____

3. 훈련

_____ A. 작업동료의 훈련지원이 작업장에서 이용 가능하다.

_____ B. 작업동료의 훈련지원이 고용전문가가 자극을 주거나 지원을 할 때 이용 가능하다.

_____ C. 작업동료의 훈련지원이 지원고용대상자에게 이용 가능하지 않다.

필요한 지원 내용: _____

4. 사교의 빈도

_____ A. 사회적 상호작용이 작업장에서 주로 매일 있다.

_____ B. 사회적 상호작용이 주로 일주일에 두세 차례 있다.

_____ C. 사회적 상호작용이 일주일에 한 번 혹은 그 이하로 있다.

필요한 지원 내용: _____

5. 사교의 질

_____ A. 사회적 상호작용이 적절하다.

_____ B. 사회적 상호작용이 가끔 적절하다.

_____ C. 사회적 상호작용이 대부분 적절하지 못하다.

필요한 지원 내용: _____

6. 우정

_____ A. 작업장 밖에서의 상호작용이 월 1회 이상 있다.

_____ B. 작업장 밖에서의 상호작용이 월 1회 미만 있다.

_____ C. 작업장 밖에서의 상호작용이 없다.

필요한 지원 내용: _____

7. 옹호

_____ A. 작업동료의 옹호적 지원이 작업장 내에서 이용 가능하다.

_____ B. 작업동료의 옹호적 지원이 고용전문가가 자극을 주거나 지원을 할 때 가능하다.

_____ C. 작업동료의 옹호적 지원이 이용 가능하지 못하다.

필요한 지원 내용: _____

8. 평가

_____ A. 작업수행에 관한 작업동료의 평가와 피드백이 이용 가능하다.

_____ B. 작업수행에 관한 작업동료의 평가는 이용 가능하나, 피드백은 그렇지 못하다.

_____ C. 작업동료의 평가는 이용 가능하지 않다.

필요한 지원 내용: _____

9. 정보제공

_____ A. 정보가 작업동료들 간에 자발적으로 공유된다.

_____ B. 지원고용대상자가 질문을 하였을 때만 작업동료가 정보를 제공한다.

_____ C. 지원고용대상자가 질문을 하였지만 작업동료가 정보를 제공하지 않는다.

필요한 지원 내용: _____

요약: _____
_____
_____
_____

출처: 박희찬 외(1996). 일부 내용 수정함.

5. 권익보호

　지원고용전문가는 지원하고 있는 지원고용대상자를 대신해서 그의 권익을 보호해야 한다. 권익보호는 어떤 문제를 해결할 수 있도록 누군가를 대신해서 개입하는 활동으로 정의된다. 지원고용전문가는 개입을 필요로 하는 쟁점이나 지원고용대상자의 행동을 보게 될 수 있다. 또는 어떤 지원고용대상자는 직장에서 보다 성공함으로써 좀 더 독립된 생활을 원하게 될 것이다. 어떤 경우든 지원고용전문가는 직업진로계획팀을 소집하여 새로운 서비스를 위해서 권익을 보호할 필요가 있다.

또한 지원고용대상자가 상급자에게 자신의 의견을 제시하지 못하거나 작업 동료나 상급자가 그를 놀리거나 괴롭히는 경우도 있을 것이다. 이때 지원고용 전문가는 상급자나 인사담당 관리자에게 이런 사안에 대해 말을 해야 할 필요가 있다. 이와 같은 상황들은 장애인과 같은 취약자를 곤경에 처하게 하거나 성적 희롱에 해당하거나 형법에 저촉될 수도 있다. 지원고용전문가는 경우에 따라서 업체 내부의 관리 문제를 따지고, 나아가 경찰을 부르거나 지역 내 관련 관청과 접촉할 필요가 있다. 무슨 일이 발생했고, 그 문제를 해결하기 위해 어떤 조처를 취했는가에 대해 직업진로계획팀에 항상 알려야 한다.

이렇듯 옹호자로서 지원고용전문가의 역할은 지원고용대상자가 새로운 직무를 수행하는 데 성공과 행복을 보장하는 열쇠가 될 것이다. 그러나 만약 지원고용전문가가 근무 중에 있는 지원고용대상자를 방문하는 것이 그들을 난처하고 당황하게 만들 때에는 회사 이외의 장소에서 취업 후 적응지원을 해야 할 필요가 있을 것이다. 이처럼 작업장 이외의 장소에서 지지적인 상담을 제공하거나 직접 사업장에 나타나지 않고서도 효과적으로 업무를 수행해 나갈 수 있다. 예를 들어, 카페, 음식점 또는 공원 같이 작업장으로부터 떨어져 있는 어떤 장소에서 필요한 지원을 제공할 수 있다.

또한 지원은 지원고용대상자의 작업복 구입과 같은 것일 수도 있다. 어떤 상황에서 지원고용전문가는 지원고용대상자의 가정에서 누군가를 만나거나, 의료 또는 치료 시간에 참여하도록 요청받을 수도 있다. 또한 교통수단 안내와 출퇴근 훈련을 제공할 수도 있다.

6. 가족지원

보호자 및 가족들을 통해 지원고용대상자의 직장생활 전반에 대한 정보를 확인하고 가족지원에 대한 교육과 상담을 실시하여 가족 구성원의 적극적인 참여

와 협조가 지원고용대상자의 직업성공과 안정적인 유지에 있어서 중요한 요소
임을 지속적으로 안내해야 한다. 지원근로대상자의 취업 후 보호자 등 가족을
대상으로 한 적응지원 시 다음과 같은 사항을 고려하여야 한다.

- 취업 후 적응지원의 계획에 대하여 협의하였는가?
- 문제 발생, 애로 사항 등 취업 중 특이 사항이 발생할 경우를 대비하여 기관
  및 담당자의 연락처를 알려 주었는가?
- 보호자 등이 근로계약서에 서명을 하였으며, 근로 조건과 환경에 관하여
  충분히 설명하였는가?
- 취업자의 개인위생, 출퇴근, 식습관, 용돈 및 급여 관리, 여가시간 활용 등
  에 대한 가정 내 지도 및 협조를 요청하였는가?
- 정기적인 부모교육이나 상담을 통하여 보호자의 역할과 가족지원을 유도
  하고 있는가?

◆제12장◆

지원고용의 과제

지원고용이 우리나라에 소개된 것이 1990년대 초반이므로 지원고용을 시도
한 지 벌써 20여 년의 세월이 지났다. 그동안 지원고용을 통하여 중증장애인,
특히 지적장애인과 자폐성장애인과 뇌성마비장애인들을 대상으로 지역사회
통합고용이 이루어지게 되었고, 이제 지원고용은 전국의 장애인복지관 직업재
활 부서에서 실시하는 보편적인 사업이 되었다. 그럼에도 불구하고 지원고용
이 보다 효과적이고 적절하게 이루어지기 위해서는 해결해야 할 과제도 많다.
이 장에서는 그 과제와 해결책에 대하여 알아보겠다.

1. 장애인의 고용 및 직업재활 가능성에 대한 확신

1980년대 초반부터 미국에서 시작된 지원고용 모델은 적절한 현장훈련과 지

원을 통하여 지적장애인, 자폐성장애인과 뇌성마비장애인이 비장애인과 통합된 환경에서 충분히 직업적으로 재활이 가능하다는 것을 입증하고 있다. 그리고 그것은 이 세상에는 고도의 사고능력과 숙련된 기술을 가져야만 수행할 수 있는 일만이 존재하는 것은 아니며, 단순한 기술이나 언어적 능력, 반복동작 등으로 수행할 수 있는 직종들이 존재한다는 사실 때문에 가능하다. 그러한 단순직종의 경우, 비장애인은 쉽게 흥미를 잃어 싫증을 내거나 높은 이직률을 보이는 데 비해, 오히려 사고능력이 약간 부족한 장애인은 단순한 일에 관심과 흥미를 지속적으로 유지할 수 있다는 특성을 가지고 있기 때문에 비장애인에 비해 높은 생산성이나 작업성과를 보이기도 한다. 이와 같은 특성때문에 장애인은 특정 직종의 경우 적절한 배치가 이루어진다면 비장애인보다 오히려 더욱 생산성을 올릴 수 있는 잠재력을 가지고 있으며, 이에 따라 고용주의 경영 효율화에 기여할 수 있다는 장점을 가지고 있다. 더욱이 모든 직종의 직무에서 과제분석을 통해 작업의 세분화가 이루어지고, 최적의 작업환경이 마련된다면 장애인이 수행 가능한 작업은 더욱 많아질 것이다. 약간 복잡한 과정으로 구성된 직무라 하더라도 분업화와 직업수정(job modification)의 방법을 통해 작업과정을 보다 단순화함으로써 장애인이 수행 가능하게 만들 수 있다.

그런데 지원고용전문가가 이러한 부분에 대해 확신이 부족하다면, 과연 그들이 지원고용 프로그램을 얼마나 성공적이고 효과적으로 수행할 수 있을지 의문이다. 지원고용 프로그램은 장애인이 취업할 수 있는 직무를 사업체에서 찾아내서 고용주에게 장애인 고용을 설득하는 직업개발(job development)을 중요한 요소로 포함하고 있다. 이러한 상황에서 지원고용전문가 자신이 중증장애인의 지원고용 및 직업재활 가능성에 대한 확신이 없다면, 지역사회에서 사업체를 찾거나 고용주를 설득하는 것은 매우 어려운 일이 될 수 있다. 그것은 영업사원이 자신이 팔려고 하는 상품이 지니는 장점에 대한 확신이 없어 그 상품을 파는 데 어려움에 봉착하는 것과 마찬가지의 원리다.

따라서 지원고용전문가는 지원고용 프로그램을 맡기 전에 국내외 지원고용

이나 각종 직업재활 프로그램들의 성공사례를 통해 중증장애인도 고용과 직업
재활의 가능성을 가지고 있다는 것을 사전에 충분히 경험할 기회를 갖는 것이
중요하다. 특히 약 20여 년 전부터 본격적으로 실시되어 온 미국의 지원고용 프
로그램은 중증장애인의 고용확대와 아울러 사회통합의 성취라는 두 가지 목표
를 달성하는 데 성공적인 것으로 평가되고 있는 점을 눈여겨볼 필요가 있다. 또
한 세계 여러 나라에서 이전에는 도저히 취업이 불가능한 것으로 여겨졌던 중
증장애인이 지역사회에 존재하는 사업체에 성공적으로 취업하는 성공사례들이
많이 나타나고 있는 점도 알아볼만하다.

2. 지원고용을 위한 적극적인 마케팅

중증장애인이 취업할 수 있는 사업체를 찾아내서 철저한 직무분석과 장애인
능력에 대한 과학적 평가에 기초한 적절한 직업배치, 장애인의 기술습득과 적응
을 돕기 위한 체계적인 현장훈련 그리고 취업 후 적응지원 등 체계적이며 전문
적인 지원서비스를 제공한다면, 중증장애인도 사업체 고용주가 만족할 수 있는
수준의 생산력을 보이는 유효하고 쓸모 있는 노동력이 될 수 있다.

일부 고용주는 비장애인만을 고용하여 효과적으로 사업체를 운영하는 데 상
당히 애로 사항을 겪기도 한다. 보통 비장애 근로자는 단순한 직종에 쉽게 싫증
을 느끼기 때문에 오래 견디지 못하고 이직을 하거나, 어쩔 수 없이 남아 있는 경
우에는 무력감에 빠져 자신이 지닌 생산성마저 최대한 발휘하지 못할 수 있다.
이러한 사업체에 중증장애인이 근로자로 일할 수 있다는 것을 고용주가 확신하
게 된다면 장애인의 고용을 반대할 이유가 없고 오히려 환영할 수밖에 없다. 바
로 이러한 틈새를 파고 들어가고자 하는 것이 지원고용 프로그램이 추구하는 전
략이다.

지원고용전문가는 고용주와의 첫 번째 만남에서부터, 지원고용대상자가 자

선을 요하는 사람이 아니라 적절한 훈련과 지원을 받으면 생산적인 근로자로서 기능할 수 있음을 강조하는 마케팅 접근법을 활용해야 한다. 지원고용 프로그램은 자선사업이 아니고, 오히려 장애인을 고용함으로써 고용주가 현명한 사업상의 결정을 하는 것이라는 메시지를 전달하는 것이 중요하다(Fadely, 1986).

3. 배치 이전의 지원고용 과정 강화

지원고용의 기본 접근은 '선배치-후훈련-계속지원'으로 되어 있기 때문에 제4장 직업재활의 과정과 지원고용에서 살펴본 바와 같이, 배치 이전에 지원고용대상자인 구직장애인에 대한 특성분석과 구직욕구 조사 등이 실시되어야 하고, 지역사회 사업체 개발과 사업체 정보분석, 직무분석 등이 선행되어야 한다. 즉, 지원고용에서 선배치의 원칙이 제대로 이루어지기 위해서는 적합성 비교라는 매우 중요한 과정을 거쳐야 하는데, 이 적합성 비교를 위해서는 지원고용대상자에 대한 분석과 사업체 직무분석 등의 과정이 이루어져야 한다. 우리나라의 지원고용에서 배치 후 이루어지는 현장훈련 외에도 배치 이전에 실시되어야 할 지원고용의 과정에 대해서도 보다 분명한 개념을 설정하고 철저하게 이루어질 수 있도록 정책 방안을 마련함으로써 지원고용대상자가 실질적으로 지역사회 사업체에 통합적으로 고용될 수 있도록 해야 한다. 이러한 측면에서 볼 때 우리나라의 지원고용에서는 배치 이전에 다음과 같은 세 가지 부분이 보다 강화되어야 할 과제를 안고 있다.

1) 지원고용대상자에 대한 정보 수집 및 분석

지원고용을 실시하기 이전에 지원고용대상자에 대한 현장중심 평가를 실시하는 것이 중요하다. 지원고용대상자에 대한 정보는 다양한 측면에서 수집 및 분석될 수 있다. 이미 제5장에서 살펴보았듯이, 지원고용대상자에 대한 정보를 수집하고 분석하기 위하여 직업진로계획팀을 운영할 수 있다. 만약 지원고용대상자가 고등학생이나 전공과 학생이라면 개별화교육지원팀에 지원고용을 담당하는 복지관 직원이나 사업체 관계자가 추가된 직업진로계획팀을 구성할 수 있을 것이다. 만약 지원고용대상자가 복지관에서 직업적응훈련을 받고 있다면 복지관의 사례관리팀에 지원고용을 담당하는 복지관 직원이나 사업체 관계자가 추가된 직업진로계획팀의 역할을 할 수 있을 것이다. 지원고용대상자가 누구든, 지원고용대상자를 위한 팀이 어떤 형태이든 간에, 지원고용을 실시하기 위해서는 지원고용대상자에 대한 정보를 수집하고 분석하여 적합성 비교를 하는 데 활용해야 한다.

지원고용대상자 기능에 관한 정보를 제공하는 가장 중요한 출처로는, 이미 실시된 공식적 평가(교육, 직업, 심리, 사회, 정서, 의료, 신체 등)에 대한 기록 검토 및 해석, 지원고용대상자 · 가족 구성원 · 교사 · 이전 고용주 등에 대한 면담 실시, 다양한 상황에서의 지원고용대상자 관찰 등을 들 수 있다(제5장 지원고용대상자 참조). 특히 지원고용대상자에 대한 관찰은 지원고용대상자가 관심을 보이는 사업체에서의 현장평가나 사업체와 유사한 환경에서의 상황평가를 실시하는 것이 효과적이다. 왜냐하면 지원고용의 주요 대상인 중증발달장애인의 경우 지필검사를 실시하는 데 어려움이 있을 뿐만 아니라 환경이나 상황에 따른 전이에도 어려움이 있기 때문이다.

2) 지원고용을 실시하게 될 사업체에 대한 직무분석 실시

지원고용을 실시할 때 선배치라 함은 지원고용대상자에게 적합할 수 있는 지역사회 내 사업체에 지원고용대상자를 배치함을 의미한다. 따라서 지원고용대상자를 배치할 사업체를 개발하고 그 사업체에서 적합한 직무를 찾기 위해 직무분석을 실시해야 한다. 이와 관련하여 이 책에서는 제6장과 제7장에서 취업 가능한 사업체 개발 및 사업체 직무분석에 대한 상세한 내용을 제시하였다.

지원고용을 실시하게 될 사업체에 대한 직무분석은 지원고용대상자가 그 직무에 적합한지 여부를 결정하고 필요한 지원이 무엇인지를 계획하는 데 필수적으로 요구된다. 따라서 사업체에 대한 직무와 과제 중심의 직무분석을 실시할 뿐만 아니라 직무분석 양식을 작성해야 한다(자세한 내용은 제7장 직무분석 참조). 그럼에도 사업체에서의 구인 연락을 받고 난 이후 사업체 직무분석이나 적합성 비교를 하지 않고 지원고용대상자를 선정하여 배치하는 경우가 흔히 있으므로 지원고용의 필수과정으로 사업체에 대한 직무분석을 실시할 수 있도록 지원고용의 개념과 정책을 강화해야 한다.

3) 지원고용대상자와 사업체 직무에 대한 적합성 비교 실시

지원고용을 실시할 때 선배치는 반드시 적합성 비교에 근거해서 실시되어야 한다. 이 적합성 비교는 앞에서 언급한 지원고용대상자에 대한 정보 수집 및 분석과 사업체에 대한 직무분석 결과를 바탕으로 이루어져야 한다. 만약 적합성 비교가 적절하게 이루어지지 않을 때에는 지원고용대상자를 사업체에 배치하는 것이 어느 정도 적합한지에 대한 자료 및 근거 없이 지원고용이 실시되기 때문에 고용으로 연결될 가능성을 가늠하기 어렵다. 게다가 더 심각한 상황은 지원고용대상자를 사업체에 배치할 때 지원고용대상자에게 어떤 훈련이나 지원을 제공해야 하는지에 대한 계획을 세울 수 없어 비전문적으로 지원고용이 실시될 수밖에 없는 것이다.

그럼에도 현재 우리나라에서 실시하고 있는 지원고용에서는 적합성 비교의 중요성, 방법, 이를 실시하기 위한 인력 등이 명확하게 제시되어 있지 않다. 따라서 지원고용을 실시하는 기관에 따라 선택적으로 적합성 비교를 실시하게 됨으로써 지원고용대상자가 실질적으로 고용으로 이어질 수 있는 지원고용의 성과를 보장하기 어렵다. 그러므로 적합성 비교를 지원고용의 필수과정의 하나로 개념을 설정하고 이를 위한 정책적 뒷받침이 강화되어야 한다.

4. 현장훈련 및 지원제공 강화

우리나라 지원고용은 대부분 3주의 현장훈련 중심으로 실시되고 있으나, 이 현장훈련이 지원고용대상자의 개별적인 요구나 사업체 직무의 특성에 따라 맞춤식으로 실시되고, 현장훈련의 기간이 개인에 따라 융통성 있게 연장될 필요가 있다. 이를 위해 지원고용대상자의 현장훈련 및 지원에 대한 평가가 실시되어야 한다.

1) 맞춤식 현장훈련 및 지원 실시

우리나라에서 지원고용대상자를 위한 훈련은 제1장의 〈표 1-2〉 사전훈련의 지원 사항과 세부 내용, 〈표 1-3〉 현장훈련(직업적응) 목표와 내용, 〈표 1-4〉 현장훈련(기술지원) 목표와 내용에서 살펴볼 수 있듯이, 사전훈련과 현장훈련으로 구분되고 있다. 즉, 지원고용대상자를 배치하기 위해 사전훈련을 1일 이상 계획할 수 있으며, 현장훈련은 3주 15일 이내로 계획한다. 그리고 사전훈련으로는 교통수단 이용, 직장 내 기본규칙, 직장생활을 위한 일상생활 관리, 대인관계 및 직장 적응, 작업태도 등에 관한 지도를 하는 것으로 되어 있다. 또한 현장훈련은 직업적응과 관련하여 직장의 기본규칙 습득, 규칙적인 생활리듬 형성, 원만한 대인관계 형성, 기타 사업체 요구에 따른 직장적응 등을 지원하며, 기술지원과 관련하여 작업환경에 대한 적응, 담당직무에 대한 기본지식이나 도구 사용방법 습득, 직무수행 관련 기초지식 및 작업방법에 대한 실제 적용에 중점을 두고 있다.

그러나 이러한 일반적인 내용에 더하여 지원고용은 개인별 맞춤식 현장훈련 및 지원이 실시되어야 할 과제를 안고 있다. 이는 지원고용대상자의 개별적인 특성을 반영한 것이어야 하며, 적합성 비교 결과에 따라서 맞춤식으로 계획된 훈련과 지원의 내용을 반영한 것이어야 한다. 지원고용대상자에 대한 맞춤식 현장훈련과 지원을 하면 사업체 및 직무에 적응할 가능성이 높고 그 결과 고용으로 연결될 수 있다.

2) 현장훈련 및 지원기간 연장

우리나라 지원고용에서 현장훈련 및 지원은 대부분 3주 동안 실시되고 있다. 물론 현장훈련 및 기간은 3~7주간으로 정해져 있고 3주 이상 실시되는 경우도 일부 있으나 매우 제한적인 것이 사실이다. 따라서 지원고용대상자의 필요에 따라 현장훈련 및 지원 기간이 연장될 필요가 있다. 이와 관련하여 미국 일리노이 주 사회서비스 정책(Title 89: Social Services)의 사례를 들면, 지원고용 서비스(supported employment services)는 최중중장애인의 지원고용을 지원하고 유지하기 위하여 필요한 지속적 서비스를 의미하며, 이 서비스는 18개월을 초과하지 않는 범위에서 제공되나 특별한 상황에서는 개별화고용계획(Individual Plan for Employment: IPE)에 명시된 재활계획을 달성하기 위하여 기한을 연장하는 것으로 되어 있다. 일리노이 주 시민서비스국 재활서비스과(DHS-ORS)에서는 개인이 90일 이상 고용을 안정적으로 유지하며 연장된 서비스(extended services)가 DHS-ORS 외의 다른 자원에 의하여 제공된 경우 및 다음 조건을 충족할 때 지원고용으로 인정한다.

- 중증장애인은 8명 이하의 집단으로 고용되어 있다.
- 개인은 적어도 월 2회 이상 지속적 지원 서비스를 필요로 하여 그 서비스가 제공된다.

미국의 경우, 주 정부의 정책에 따라 일부 차이가 있으나 현장훈련 및 지원의 기간이 최장 18개월까지 인정되는 것에 비하여 우리나라에서의 현장훈련 및 지원은 3~7주로 매우 짧다. 따라서 현장훈련과 지원은 적어도 8주를 기본으로 실시하고 경우에 따라서는 12~24주까지도 연장할 수 있도록 함으로써 지원고용대상자가 지역사회 사업체에서 안정적인 고용으로 이어질 수 있도록 해야 할 것이다.

3) 현장훈련 및 지원평가 실시

지원고용대상자에게 현장훈련을 실시하고 지원을 제공하는 과정에서 그가 어떻게 사업체에 적응하고 있는지에 대한 평가가 실시되어야 한다. 이러한 내용은 기초선 사정 및 훈련과정에 대한 평가를 통하여 가능하다(자세한 내용은 제10장 현장훈련 및 지원 참조). 즉, 지원고용을 실시할 때에는 기초선 사정 및 현장훈련 과정에서 관련 자료를 수집하고, 자료에 근거하여 현장훈련 중 어떠한 단서를 제공할 것이지, 현장훈련이나 지원을 어느 정도 오랫동안 제공할 것인지, 취업 후 적응지원은 필요한지 등에 대한 결정을 할 수 있게 된다.

4) 현장훈련 이후의 지원고용 과정 강화

지원고용대상자에 대한 현장훈련과 지원은 지역사회 사업체에서의 성공적인 고용으로 이어지는 것을 목표로 한다. 이와 관련하여 미국 일리노이 주 사회서비스 정책에서는 개인이 다음의 조건을 충족할 때 작업장에서의 성공적 배치 서비스로 인정한다.

- 임금을 받는 기간 매주 평균 20시간 이상 임금을 받는 일에 종사한다.
- 최저임금의 1/4 이상을 받는다.

• 적어도 90일 이상 고용을 유지한다.

현장훈련 이후에는 취업 후 적응지원이 일정 범위 내에서 계속되어야 한다. 우선 지원고용의 성과가 적절한 기간(90일 이상)이 유지되었는지, 고용성과의 안정성을 담보할 수 있도록 필요한 지원이 제공되었는지에 대한 평가를 근거로 중증장애인의 직업능력 특성을 고려하고, 취업 후 장기 고용으로 이어질 수 있도록 취업 후 적응지원을 하는 것이 필요하다. 아울러 지역사회에서의 통합고용이 이루어진 후 이직을 하거나 해고를 당한 경우에는 다시 지원고용을 통하여 재취업을 할 수 있도록 하는 서비스도 필요하다.

지금까지 살펴본 배치 이전의 지원고용 과정 강화, 현장훈련 및 지원 제공 강화, 현장훈련 이후 취업 후 적응지원 강화를 요약하면 [그림 12-1]과 같다.

배치 이전의 지원고용 과정 강화		현장훈련 및 지원제공 강화		현장훈련 이후 취업 후 적응지원 강화
• 지원고용대상자 정보 수집 및 분석 • 사업체 개발 및 직무분석 실시 • 적합성 비교분석	⇨	• 맞춤식 현장훈련 및 지원 • 현장훈련 및 지원기간 연장 • 현장훈련 및 지원평가 실시	⇨	• 취업 후 적응지원 여부 결정 • 안정적 고용을 위한 취업 후 적응지원 실시 • 재취업 기회 부여

[그림 12-1] 지원고용 과정 강화 방안

5. 지원고용 공급 확대

매년 특수학교와 특수학급을 졸업하는 발달장애학생의 지원고용이 확대될 수 있도록 지원고용 담당 인력을 확대해야 한다. 「발달장애인 활동지원 등을 위한 욕구조사 및 정책과제 수립연구」(조흥식 외, 2011)에 따르면, 2010년 특수교육

기관 발달장애인 졸업생의 연평균 지원고용 수요는 718명으로 추정되는 반면에 공급은 536명으로 추정되어 74.6%가 충족되는 것으로 나타났다. 따라서 연평균 발달장애인 졸업생 중 25.4%, 즉 182명에 대해 지원고용 서비스에 대한 공급이 부족함을 알 수 있다.

지원고용 수요 충족률이 74.6%임을 고려하면 산술적으로 수요를 100% 충족하기 위해서는 현재의 지원고용 실시 인원보다 0.34배의 인원에 대해 추가적으로 지원고용 서비스를 제공하여야 한다. 한국장애인고용공단과 직업재활수행기관이 실시한 지원고용 인원이 지난 2001년 연간 1,000명에서 불과 7년 후인 2008년에 두 배가 넘는 2,127명으로 증가한 것을 고려하면 이러한 공급 규모는 최소 5년 이내에 충족할 수 있을 것으로 보인다. 따라서 정부에서는 이에 근거하여 지원고용 예산을 단계적으로 확충하고 지원고용을 담당하는 한국장애인고용공단과 직업재활수행기관의 인력을 충원하도록 해야 할 것이다.

6. 지원고용전문가(직무지도원)의 역량강화와 근무여건 개선

우리나라에서 실제적으로 지원고용을 담당하는 지원고용전문가 및 직무지도원의 역량강화와 근무여건을 개선해야 한다. 지원고용은 지원고용전문가(직무지도원)가 중심이 되어 중증장애인을 대상으로 현장에서의 지원을 바탕으로 이루어지는 고용이므로 지원고용전문가(직무지도원)의 지원에 대한 질적 수준이 지원고용의 성공 여부를 결정짓는 매우 중요한 요소가 된다. 따라서 지원고용을 통해 발달장애인의 지원고용 성공률을 제고하고 이직률을 감소시킬 수 있도록 직무지도원의 역량을 강화하는 프로그램이 개발·시행되어야 한다.

지원고용은 그것을 구성하는 과정에 대한 철저한 이해를 바탕으로 그 원칙과 원리를 잘 준수하여 수행하여야 그 성과를 최대한 높일 수 있다. 우선, 장애인을 직업에 적절하게 배치하기 위해서는 그들에 대한 정보를 얻어 내기 위한 직업평가, 직업에 대한 정보를 얻어내기 위한 직무분석, 그 정보들의 적합성을 체계적으로 비교하는 등의 과정이 체계적으로 이루어져야 하고, 이 요소들을 바탕으로 종합적인 배치결정이 이루어져야 한다. 이들은 장애인에 대한 이해와 구체적인 각 직업재활과정에 대한 전문적인 지식이 없다면 제대로 수행될 수 없다. 또한 배치 이후에 이루어지는 현장훈련, 직무수행 능력평가, 취업 후 적응지원 등도 마찬가지다.

지원고용전문가(직무지도원)가 지원고용을 구성하는 다양하고 복합적인 업무요소들을 모두 일일이 수행하는 것은 지나치게 부담이 될 수 있기 때문에 직업평가 같은 것은 그것을 전문으로 하는 직업평가사에게 의뢰할 수 있다. 다만, 적어도 그로부터 받은 직업평가 결과를 해석하여 클라이언트의 잠재능력을 정확히 파악할 수 있는 지식을 갖추어야 한다. 또한 직무분석이 직업평가의 결과와 결합될 때, 지원고용전문가(직무지도원)는 직업에 장애인을 적합하게 연결시킴으로써 그만큼 장애인이 직업에서 성공적인 경험을 갖게 할 수 있다. 또한 직무분석을 통하여 직업요건, 환경적 요구, 과제 증가분에 대한 철저한 분석을 함으로써 장애인을 위한 합리적이고 체계적인 훈련 프로그램을 계획할 수 있다. 직무분석은 특히 인지 및 정서장애를 가지고 있는 장애인에게 현장훈련을 시킬 때 훈련 시작 단계에서의 명확성을 확보할 수 있는 좋은 도구가 됨으로써 그들의 스트레스, 불안, 혼란 등을 줄임과 동시에, 직업에 대한 학습과 수행이 효과적으로 이루어지게 할 수 있다. 신체적 한계를 가지고 있는 장애인 역시 직업분석이 제대로 이루어질 때 효과적인 도움을 받을 수 있다. 일을 완수하는 데 필요한 재활공학기구와 직업조정은 철저한 직업분석이 이루어져야만 더욱 효과적으로 선택될 수 있기 때문이다. 따라서 지원고용전문가(직무지도원)는 직무분석을 체계적이고 과학적으로 수행하고 그것을 장애인의 현장훈련과 직업조정에 활용하는 방법을 철저히 습득하여야 한다.

지원고용을 통해 발달장애인의 지원고용 성공률을 제고하고 이직률을 감소시킬 수 있도록 지원고용전문가(직무지도원)의 역량을 강화하는 프로그램이 개발·시행되어야 한다. 예를 들어, 업무에 필요한 역량을 갖춘 지원고용전문가(직무지도원)의 경우 그들의 근무 안정성을 높일 수 있는 방향으로 수당을 인상해야 한다. 또한 이들이 안정적으로 근무할 수 있도록 지원고용전문가(직무지도원) 선임 시 일정 근로 기간을 확보할 수 있도록 하는 등의 근무여건 개선이 필요하다.

지원고용 과정의 일부인 취업 후 적응지원을 통하여 발달장애인의 직장생활 적응을 돕고 취업자의 근속 기간을 제고해야 한다. 취업 후 적응지원에 대한 지원방안을 제도적으로 마련해야 하는데, 그 가운데 바우처 사회서비스 실시를 고려할 수도 있다. 즉, 지원고용을 통하여 통합고용이 이루어지고 있으나 그들의 직업유지를 위해 필요할 기간에 취업 후 적응지원을 할 수 있도록 바우처를 제공하는 방안이다.

7. 중증장애인 고용개발사업 확대

중증장애인을 위한 지원고용을 확대할 수 있도록 도서관 사서보조, 공공기관 행정보조, 노인요양병원 간병도우미, 바리스타, 보육도우미, 화훼 재배 등 중증장애인의 진입이 가능한 직무를 개발해 나가야 한다. 이러한 공공 일자리 혹은 지역사회 사업체에 대한 적극적인 지원고용을 통하여 중증장애인의 취업이 가능한 사업체를 확대해 나갈 수 있다. 또한 대기업에 대한 다양한 직무분석을 통하여 지원고용 가능성을 지속적으로 높여 나갈 수 있도록 한다.

2013년 한국장애인개발원과 전국에 소재한 12개 수행기관이 실시한 '발달장애인 요양보호사 보조원 일자리 시범사업'은 지원고용을 확대한 사업의 한 사례다. 발달장애인을 대상으로 한 요양보호사 보조원 일자리 시범사업은 발달장애인의 신규 일자리 개발과 확대를 목적으로 요양보호사의 업무를 보조하는 직무를 개발하고 취업과 직업 유지를 위한 체제를 개발하는 데 중점을 두었다(박희찬 외, 2013).

요양보호사 보조원 직무는 발달장애인의 열악한 취업률과 고용형태에 새로운 활로를 찾고자 하는 국가적 · 사회적 노력의 일환으로 시작되었다. 2011년 발달장애인 실태조사(조홍식 외, 2011)에서 발달장애인은 취업률이 낮을 뿐만 아니라 보호고용에 대한 의존도가 높고 취업자의 직종은 단순종사원이 많았다. 한편으로 우리나라는 급격한 고령화 사회로 접어들게 되어 노인 인구 및 노인성 질환의 증가로 인한 노인 요양 및 보호에 대한 수요가 늘어남으로써 노인에게 적절한 서비스를 제공하는 방안을 마련하는 것이 필요하게 되었다. 이러한 상황에서 발달장애인이 노인요양을 위한 보조업무를 수행할 수 있는 일자리를 창출함으로써 이들이 노인에게 적절한 서비스를 제공하여 국가 및 사회적으로 기여할 수 있고 개인적으로는 사회에 통합하여 살아갈 수 있는 기틀을 마련하였다. 발달장애인을 위한 지원고용이 보다 다양한 직무에서 활성화될 수 있도록 하는 것이 남아 있는 과제 중 하나다.

8. 고용주의 요구 반영

지원고용 프로그램을 성공적으로 수행하기 위해서는, 우선 서비스의 직접적인 소비자인 장애인의 욕구와 입장을 충분히 고려하는 것은 당연하겠지만, 우리가 흔히 간과하기 쉬운 부분은 바로 고용주를 지원고용에서 또 하나의 중요한 소비자로 보는 인식의 부족이다. 특히 지원고용 프로그램은 지역사회에 있는 기업체에 장애인을 취업시키는 것을 목표로 하기 때문에 고용주가 적어도 지원고용 프로그램을 통해 기업 운영상 어떤 면에 도움이 될 것이라고 기대하고 있는지를 정확히 파악하고 그러한 욕구를 충족시키고자 하는 노력 없이는 그들의 협조를 얻어 내기 어렵다.

고용주는 한마디로 경제적인 이득을 보기 위해 기업을 운영한다. 따라서 그들이 불이익을 감수하면서까지 장애인을 억지로 고용하도록 요구하는 것은 사실상 무리한 일이다. 이런 상황에서 장애인의 실질적인 고용확대를 이루기 위해서는 과연 고용주가 장애인을 고용함으로써 발생할 수 있는 손실을 어떻게 효과적으로 막을 수 있느냐가 중요한 관건이 되어야 한다. 이런 점에서 본다면 단순히 장애인을 고용주에게 떠맡기고 약간의 세제 혜택이나 보조금 지급 등을 통해 발생하는 손실을 보상해 주겠다는 식의 단편적인 제도나 정책에 의존하는 태도만을 가지고는 장애인의 실질적인 고용확대를 기대하기 어렵다. 따라서 처음에 지원고용대상자가 사업체에서 요구하는 생산량을 전혀 감당할 수 없을 경우 직무지도원이 직업현장에 투입되어 그 대신 일을 해주는 것으로부터 시작하여 집중적인 현장훈련, 직무수정 등의 체계적인 지원을 통해 생산성을 최대한 높여갈 수 있어야 한다. 지원고용대상자가 독립적으로 일정의 생산성을 보일 때 그러한 지원을 점차 소거해 나가는 구체적인 프로그램을 통한 중재가 절대적으로 필요하다.

또한 직무지도원은 지원고용 프로그램을 수행하는 과정에서 고용주가 불편을 느끼거나 장애인고용으로 우려할 가능성이 있는 것들을 최소화시키려고 노력해야 한다. 지원고용전문가는 중증장애인이라는 수요자와 사업체 관계자라는 수요자의 요구에 민감히 반응할 수 있는 자세를 확립해야 한다.

부록 1

지원고용 관련 양식
작성 사례

지원고용대상자 직업특성 양식

지원고용대상자 직업특성

등록번호 : 20 -

개인정보

이름/성별 : 이 ○○ (남, <u>여</u>)　　　　생년월일 : 19 년○○월 ○○일

작 성 자 : 정 ○○　　　　　　　　작성일자 : 20 년 10월 19일

검사유형 : ☐초기단계　　☑진행 중/고용 상태　　☐진행 중/실직 상태

* 지원고용대상자에 대한 관찰, 주요 관련인 들의 면담, 기록검토 등을 토대로 작성한다.

---

1. 개인적 특성

1-1. 용모

1) 단정하지 않으며, 위생이 불량함　　　　　　　　　　　　　　☐

2) 단정하지는 않으나 청결함　　　　　　　　　　　　　　　　☐

3) 단정하고 청결하나 옷맵시가 나지 않음　　　　　　　　　　☑

4) 단정하고 청결하며 옷맵시가 좋음　　　　　　　　　　　　☐

※ 부가설명: 청결을 유지하고자 노력하며 신체는 청결한 편이나 외모에 관심이 부족하고 가정적 환경이 어려워 옷맵시가 나지 않음. 의복 관련 지도가 필요함.

1-2. 행동

1) 하루에 5회 이상 부적응 행동을 함　　　　　　　　　　　　☐

2) 하루에 3~4회 부적응 행동을 함　　　　　　　　　　　　　☐

3) 하루에 1~2회 부적응 행동을 함　　　　　　　　　　　　　☐

4) 부적응 행동이 없음　　　　　　　　　　　　　　　　　　☑

※ 부가설명: 예의바른 언어와 행동을 보임.

(계속)

1-3. 의사소통

1) 제스처 사용/핵심적인 단어를 사용하여 의사소통함 ☐

2) 짧은 문장의 글씨를 적어서 의사소통함 ☐

3) 불명확한 표현 언어로 의사소통함 ☐

4) 명확한 표현 언어로 의사소통함 ☑

※ 부가설명: 일상생활의 대부분에서 명확한 수용 언어와 표현 언어능력을 지니고 있음.

1-4. 주의집중

1) 잦은 단서/행동적 도움을 필요로 함 ☐

2) 간헐적 단서/많은 관리감독을 필요로 함 ☐

3) 간헐적 단서/적은 관리감독을 필요로 함 ☐

4) 낮은 단서/적은 관리감독을 필요로 함 ☑

※ 부가설명: 집중력이 매우 양호하나 이해 부족 및 상황 변화의 어려움으로 간헐적 도움이 요구됨.

1-5. 업무의 변화

1) 변화에 적응하지 못함 ☐

2) 하루에 1~2회 변화에 적응함 ☐

3) 하루에 3~4회 변화에 적응함 ☑

4) 하루에 5회 이상 변화에 적응함 ☐

※ 부가설명: 다양한 업무 변화의 상황에 쉽게 적응할 수 있으나 업무를 이해하고 습득하는 데 약간의 시간이 필요함.

1-6. 사회적 상호작용

1) 상호작용을 하지 못함 ☐

2) 단지 예의바른 태도만 요구됨 ☐

3) 사회적 상호작용이 가능함 ☑

4) 사회적 상호작용을 주도함 ☐

※ 부가설명: 상호작용 및 사회성에는 문제가 없으나 내향적인 성격으로 표현언어를 많이 하는 것을 좋아하지 않음.

(계속)

2. 시간과 이동

2-1. 작업시간대 (해당 내용 모두 체크)

1) 주간(월~금요일)에 시간제로 작업이 가능함 ☑

1) 주간(월~금요일)에 전일제로 작업이 가능함 ☑

1) 야간 근무도 가능함 ☐

1) 주말 근무도 가능함 ☑

※ 부가설명: 전일제 근무는 가능하나 체력적인 문제로 야간 근무는 어려울 수 있음.

2-2. 출퇴근 수단(해당 내용 모두 체크)

1) 도보로 출퇴근할 수 있음 ☑

1) 대중교통으로 출퇴근할 수 있음 ☑

1) 회사통근 차량을 이용하여 출퇴근할 수 있음 ☐

1) 자가용으로 출퇴근할 수 있음 ☐

※ 부가설명: 도보나 대중교통수단을 이용하여 목적지를 찾을 수 있음.

2-3. 시간 분별

1) 시간/시계 기능을 알지 못함 ☐

2) 휴식 시간과 점심시간을 파악함 ☐

3) 시간을 분별함 ☑

4) 분 단위의 분별이 가능함 ☐

※ 부가설명: 시계를 보고 시간을 분별할 수 있으나 아날로그 시계를 보는 데 약간의 어려움이 있음.

(계속)

2-4. 작업공간 분별

1) 건물 내 한 장소에 대한 분별이 가능함 ☐
2) 건물 내 한 층의 여러 장소의 분별이 가능함 ☐
3) 건물 내 전체에 대한 분별이 가능함 ☐
4) 건물 전체와 야외에 대한 분별이 가능함 ☑

※ 부가설명: _____

2-5. 이동

1) 이동의 어려움으로 한 장소에서만 머물 수 있음 ☐
2) 계단/장애물 없는 곳에서 이동이 가능함 ☐
3) 계단/약간의 장애물이 있는 곳에서 이동이 가능함 ☐
4) 제한 없이 이동이 가능함 ☑

※ 부가설명: _____

3. 작업수행

3-1. 지구력

1) 휴식 없이 2시간 이하의 작업이 가능함 ☐
2) 휴식 없이 2~3시간 이하 작업이 가능함 ☐
3) 휴식 없이 3~4시간 이하 작업이 가능함 ☐
4) 휴식 없이 4시간 이상 작업이 가능함 ☑

※ 부가설명: _____

3-2. 체력

1) 1kg 미만의 물건을 들 수 있음 ☐
2) 1~5kg의 물건을 들 수 있음 ☐
3) 6~10kg의 물건을 들 수 있음 ☐
4) 15kg 이상의 물건을 들 수 있음 ☑

※ 부가설명: _____

(계속)

3-3. 작업 주도성

1) 전담 직원이 다음과제를 제시해야 함 ☐
2) 전담 직원이 다음 과제를 하도록 단서를 제공해야 함 ☐
3) 다음 과제로 이동하도록 단서를 제공해야 함 ☑
4) 독자적으로 다음 작업을 함 ☐

※ 부가설명: 작업의 지시사항을 잘 따르고 이행하나 스스로 알아서 하는 능력은 부족함.

_____

3-4. 순차적 수행

1) 1가지 과제만 수행 할 수 있음 ☐
2) 2~3가지 작업 과제를 순차적으로 수행함 ☑
3) 4~5가지 작업 과제를 순차적으로 수행함 ☐
4) 6가지 이상 작업 과제를 순차적으로 수행함 ☐

※ 부가설명: 과제수행 및 집중력이 좋으나 여러 가지 과제 순서를 알고 실행하는데 제한점이 있음.

3-5. 변별력

1) 작업재료를 전혀 구분하지 못함 ☐
2) 단서를 주면 작업재료를 구분함 ☑
3) 때때로 스스로 작업재료를 구분함 ☐
4) 독립적으로 항상 작업재료를 구분함 ☐

※ 부가설명: _____

3-6. 작업속도

1) 작업속도가 매우 느림 ☐
2) 작업속도가 조금 느림 ☐
3) 작업속도가 보통 이상이며 꾸준한 속도를 유지함 ☑
4) 작업속도가 빠름 ☐

※ 부가설명: 작업과제를 완전히 익히면 일관성 있게 빠른 속도로 작업을 유지할 수 있음.

(계속)

3-7. 강화 정도

1) 과제 수행 중 빈번한 강화가 요구됨 ☐
2) 매일 강화가 요구됨 ☐
3) 주마다 강화가 요구됨 ☐
4) 별도의 강화가 요구되지 않고 급여만으로 가능함 ☑
※ 부가설명: _____

4. 기능적 학업기술

4-1. 읽기

1) 자신의 이름만 읽을 수 있음 ☐
2) 간단한 단어나 신호, 기호들만 읽을 수 있음 ☐
3) 간단한 문장을 읽을 수 있음 ☐
4) 책, 신문, 잡지 등을 읽을 수 있음 ☑
※ 부가설명: 책읽기를 매우 좋아함. 일주일에 한 권 정도의 책을 읽음.

_____

4-2. 쓰기

1) 자신의 이름만 쓸 수 있음 ☐
2) 자신의 이름, 간단한 단어를 쓸 수 있음 ☐
3) 이야기를 듣고 간단한 메모를 할 수 있음 ☐
4) 자신의 생각을 문장의 형태로 쓸 수 있음 ☑
※ 부가설명: 정확한 맞춤법으로 독후감을 한 장 이상 쓸 수 있음.

_____

4-3. 셈하기

1) 5 이하의 수를 셀 수 있음 ☐
2) 1~100의 수를 셀 수 있음 ☐
3) 간단한 사칙연산이 가능함 ☐
4) 분수/소수 계산이 가능함 ☑
※ 부가설명: _____

(계속)

4-3. 금전관리

1) 동전과 지폐만 구분함 ☐

2) 1,000원 단위의 화폐 계산이 가능함 ☐

3) 10,000원 단위의 화폐 계산이 가능함 ☐

4) 100,000원 단위의 화폐 계산이 가능함 ☑

※ 부가설명: _____

5. 환경

5-1. 장애인에 대한 태도

1) 부정적이어도 가능함 ☐

2) 무관심해도 가능함 ☐

3) 다소 수용적이어야 가능함 ☑

4) 매우 수용적이어야 가능함 ☐

※ 부가설명: _____

5-2. 안전 (해당 내용 모두 체크)

1) 안전시설이 필요함 ☐

1) 안전장비가 필요함 ☐

1) 안전훈련이 필요함 ☐

1) 안전요원이 필요함 ☐

※ 부가설명: 건강 상태가 양호함. 부모와 떨어져 지내나 독립적으로 주거생활을 할 수 있어 조금 위험한 환경도 스스로 유의할 수 있음. _____

5-3. 편의시설 (해당 내용 모두 체크)

1) 작업대나 도구 조정 필요함 ☐

1) 화장실 편의시설 이용 필요함 ☐

1) 연석이 제거된 출입구 이용 필요함 ☐

1) 경사로나 엘리베이터 이용 필요함 ☐

※ 부가설명: _____

(계속)

5-4. 기온/조명

1) 부적당한 기온/부적당한 조명도 가능함 ☐
2) 부적당한 기온/적당한 조명도 가능함 ☐
3) 적당한 기온/부적당한 조명도 가능함 ☑
4) 적당한 기온/적당한 조명이 가능함 ☐

※ 부가설명: 적당한 기온과 조명을 가장 선호하나 기온과 조명 요인의 어떤 형태도 소화해 낼 수 있는 건강을 지니고 있으며, 부모님의 지원이 없어 빠른 취업이 요구됨.

5-5. 분위기

1) 배타적 분위기/폐쇄적 분위기도 가능함 ☐
2) 배타적 분위기/개방적 분위기도 가능함 ☐
3) 우호적 분위기/폐쇄적 분위기도 가능함 ☑
4) 우호적 분위기/개방적 분위기가 가능함 ☐

※ 부가설명: 사람들의 반응에 민감하여 우호적인 분위기에서 작업수행이 잘 이루어질 수 있으며 환경적으로 폐쇄적이어도 구직자에게 우호적이면 적응 가능함.

5-6. 청결/질서

1) 불결하고 무질서한 환경도 가능함 ☐
2) 청결하고 무질서한 환경도 가능함 ☐
3) 불결하고 질서정연한 환경도 가능함 ☐
4) 청결하고 질서정연한 환경이 가능함 ☑

※ 부가설명: _____

사업체 직무분석 양식

No.		사업체 직무분석	결	담당	팀장
작성일	2000. 00. 00.		재		
작성자					

Ⅰ. 사업체 일반 현황

＊이 사업체 직무분석 양식은 지원고용대상자의 구체적인 직무를 발굴하기 위하여 작성되므로 동일 사업체 내에서 직무에 따라 여러 개가 작성될 수 있습니다.

사업체일반현황	업체명		현장관리	(직급 :　　　　　　　　　　)		
	소재지				전화번호	
					FAX	
	업 종	노인요양시설	직무명			

Ⅱ. 직무 요인별 분석

- 작업에 대한 관찰이나 고용주, 감독자 그리고 동료들과의 면접을 통해 각 항목에서 가장 적절한 답에 표시하십시오. 또한 각 항목에서 CI(매우 중요함), I(중요함), LI(조금 중요함) 또는 NI(중요하지 않음)에 ○ 표시 혹은 해당 사항을 기재하십시오.
- 한 가지 이상 체크될 수 있는 요인들을 제외하고 각 요인별로 한 가지 항목만을 체크하십시오. 각 항목 앞의 숫자는 지원고용대상자 직업특성을 직무분석과 비교할 때 사용할 수 있는 코드번호입니다.

1. 개인적 특성

항목	중요도		세부내용	직무 요구 수준	부가설명
1-1. 용모	CI		1) 관계없음		업체에서 지급한 상의 작업복을 입고 직무에 임함
	I	○	2) 단정하지 않으나 청결해야 함		
	LI		3) 청결하고 단정해야 함		
	NI		4) 청결하고 단정하며 수시로 점검해야 함	○	
1-2. 행동	CI		1) 하루에 5회 이상 부적응행동 수용함		요양보호사 보조 직무의 다양한 직무를 수용하기를 원함
	I	○	2) 하루에 3~4회 부적응 행동 수용함		
	LI		3) 하루에 1~2회 부적응 행동 수용함		
	NI		4) 부적응 행동 수용 불가함	○	
1-3. 의사소통	CI	○	1) 언어적 의사소통을 필요로 하지 않음		요양서비스 용품들의 이름을 알고 표현할 수 있는 명확한 표현언어 요구됨
	I		2) 간단한 언어표현과 상대방의 말을 이해할 수 있어야 함		
	LI		3) 발음이 불명확해도 어느 정도의 언어적 의사소통을 필요로 함		
	NI		4) 원활한 언어적 의사소통을 필요로 함	○	
1-4. 주의집중	CI		1) 잦은 단서 제공이 가능함		
	I	○	2) 간헐적 단서/많은 양의 관리감독이 가능함		
	LI		3) 간헐적 단서/적은 양의 관리감독이 가능함	○	
	NI		4) 드문 단서/적은 양의 관리감독이 가능함		
1-5. 업무의 변화	CI		1) 변화 없음		청소, 말벗, 식사보조, 간식보조, 빨래정리 등의 업무보조
	I	○	2) 하루에 1~2회 변화가 있음		
	LI		3) 하루에 3~4회 변화가 있음	○	
	NI		4) 하루에 5회 이상 변화가 있음		
1-6. 사회적 상호작용	CI	○	1) 사회적 상호작용이 거의 필요하지 않음		하루 2~3분의 어르신의 말벗도움이 요구됨
	I		2) 단지 예의바른 태도 정도만 필요함		
	LI		3) 가끔 사회적 상호작용이 요구됨		
	NI		4) 빈번하게 사회적 상호작용이 요구됨	○	

2. 시간과 이동

항목	중요도		세부내용	직무 요구 수준	부가설명
2-1. 작업시간대 (해당 내용 모두 체크)	CI		1) 주간 시간제로 작업해야 함	○	월~금요일 1 시부터 6시 까지 5시간 근무함(오전, 오후 시간 변 경 가능)
	I		1) 주간 전일제로 작업해야 함	○	
	LI	○	1) 야간에도 근무해야 함		
	NI		1) 주말에도 근무해야 함		
2-2. 출퇴근 수단 (해당 내용 모두 체크)	CI	○	1) 도보로 출근해야 함	○	스스로 버스 를 타고 가야 함
	I		1) 대중교통으로 출근해야 함	○	
	LI		1) 통근버스를 이용해야 함		
	NI		1) 자가용으로 출퇴근해야 함	○	
2-3. 시간 분별	CI		1) 시간분별이 중요하지 않음		시간에 관계 없이 요양보 호사나 다른 사람의 지시 사항에 따름
	I		2) 휴식시간과 점심시간의 분별이 요구됨		
	LI	○	3) 시간 단위의 분별이 요구됨	○	
	NI		4) 분 단위의 분별이 요구됨		
2-4. 작업공간 분별	CI		1) 작은 작업 장소에 대한 분별이 필요함		
	I	○	2) 한 층 내 작업 장소에 대한 분별이 필요함	○	
	LI		3) 건물 전체 공간의 분별이 필요함		
	NI		4) 건물 전체와 야외에 대한 분별이 필요함		
2-5. 이동	CI	○	1) 이동하는 것이 요구되지 않음		
	I		2) 계단이나 장애물이 없는 곳에서의 이동이 요구됨		
	LI		3) 계단을 이용하는 이동이 요구됨		
	NI		4) 이동에 제한이 없어야 함	○	

3. 작업수행

항목	중요도		세부내용	직무요구수준	부가설명
3-1. 지구력	CI	○	1) 휴식 없이 2시간 이하의 작업수행이 요구됨		근무 시간 동안 일관성 있는 지구력 요구
	I		2) 휴식 없이 2~3시간의 작업수행이 요구됨		
	LI		3) 휴식 없이 3~4시간 이하의 작업수행이 요구됨		
	NI		4) 휴식 없이 4시간 이상의 작업수행이 요구됨	○	
3-2. 체력	CI		1) 1kg 미만의 물건을 들 수 있어야 함		식사식판이나 간식쟁반, 진공청소기 등을 들 수 있는 체력이 요구됨
	I		2) 1~5kg의 물건을 들 수 있어야 함	○	
	LI	○	3) 6~10kg의 물건을 들 수 있어야 함		
	NI		4) 10kg 이상의 물건을 들 수 있어야 함		
3-3. 작업 주도성	CI		1) 직원이 다음 과제를 제공해 줌		
	I		2) 직원이 다음 과제로의 이동을 지시해 줌	○	
	LI	○	3) 다음 과제로의 이동을 위한 단서를 제공해 줌		
	NI		4) 다음 과제로의 이동을 스스로 주도해야 함		
3-4. 순차적 수행	CI		1) 한 가지 과제만 수행하면 됨	○	요양보호사의 작업 지시에 따라 한 가지씩 수행함
	I		2) 2~3가지 과제를 순차적으로 수행해야 함		
	LI		3) 4~5가지 과제를 순차적으로 수행해야 함		
	NI		4) 6가지 이상 과제를 순차적으로 수행해야 함		
3-5. 변별력	CI	○	1) 작업재료의 구분이 필요하지 않음		음식 및 요양보호 용품을 변별할 수 있어야 함
	I		2) 단서를 제공할 때 작업재료를 구분해야 함	○	
	LI		3) 간단한 작업재료를 구분해야 함		
	NI		4) 복잡한 작업재료를 구분해야 함		
3-6. 작업속도	CI		1) 매우 느린 작업속도도 수용 가능함		다른 사람들과 함께하여 그 속도에 맞춰주면 됨
	I	○	2) 조금 느린 작업속도도 수용 가능함		
	LI		3) 보통 정도의 비장애 근로자와 비슷한 작업속도가 요구됨	○	
	NI		4) 빠른 정도의 비장애 근로자와 비슷한 작업속도가 요구됨		
3-7. 강화 정도	CI		1) 과제수행 중 빈번한 강화가 제공됨		다른 사람들과 함께하여 그 속도에 맞춰주면 됨
	I		2) 매일 강화가 제공됨		
	LI		3) 주마다 강화가 제공됨		
	NI	○	4) 별도의 강화가 제공되지 않고 급여만 지급됨	○	

4. 기능적 학업기술

항목	중요도		세부내용	직무요구수준	부가설명
4-1. 읽기	CI		1) 읽기 능력이 요구되지 않음		간단한 단어만 읽을 수 있으면 됨
	I		2) 간단한 단어/신호/기호들을 인지해야 함	○	
	LI	○	3) 간단한 문장을 읽을 수 있어야 함		
	NI		4) 신문이나 잡지를 읽을 수 있어야 함		
4-2. 쓰기	CI		1) 쓰기 능력이 요구되지 않음		매일 간단한 업무일지를 작성해야 함
	I	○	2) 익숙한 글자를 쓸 수 있어야 함		
	LI		3) 간단한 메모를 할 수 있어야 함		
	NI		4) 자신의 생각을 문장으로 작성해야 함	○	
4-3. 셈하기	CI		1) 5 이하를 셀 수 있어야 함		간단한 수세기만 필요함
	I		2) 6~100 정도의 수세기가 필요함	○	
	LI	○	3) 간단한 사칙 연산이 필요함		
	NI		4) 분수/소수 계산이 필요함		
4-4. 금전관리	CI		1) 화폐계산 능력이 요구되지 않음	○	필요 없음
	I		2) 1,000원 단위의 화폐 계산이 요구됨		
	LI		3) 10,000원 단위의 화폐 계산이 요구됨		
	NI	○	4) 100,000원 단위의 화폐 계산이 요구됨		

5. 환경

항목	중요도 (붉은색으로 표시)		세부내용	직무요구 수준	부가설명
5-1. 장애인에 대한 태도	CI	○	1) 부정적임		장애인이 일을 해야 한다고 생각하는 철학을 가짐
	I		2) 무관심함		
	LI		3) 다소 수용적임		
	NI		4) 매우 수용적임	○	
5-2. 안전 (해당 내용 모두 체크)	CI	○	1) 안전시설이 설치되어 있음		노인요양시설의 특징으로 모든 시설이 안전하게 설비됨
	I		1) 안전장비가 구비되어 있음		
	LI		1) 안전훈련을 실시하고 있음		
	NI		1) 안전요원이 지정되어 있음	○	
5-3. 편의시설 (해당 내용 모두 체크)	CI		1) 작업대나 도구가 설치되어 있음	○	복지관에서 임금을 관리 최저임금 제공
	I		1) 화장실 편의시설이 설치되어 있음		
	LI		1) 출입구의 연석이 제거되어 있음		
	NI	○	1) 엘리베이터나 경사로가 설치되어 있음		
5-4. 기온/조명	CI	○	1) 부적당한 기온/부적당한 조명임		
	I		2) 부적당한 기온/적당한 조명임		
	LI		3) 적당한 기온/부적당한 조명임		
	NI		4) 적당한 기온/적당한 조명임	○	
5-5. 분위기	CI		1) 배타적 분위기/폐쇄적 분위기임		
	I	○	2) 배타적 분위기/개방적 분위기		
	LI		3) 우호적 분위기/폐쇄적 분위기임		
	NI		4) 우호적 분위기/개방적 분위기임	○	
5-6. 청결/질서	CI	○	1) 불결하고 무질서한 환경임		
	I		2) 청결하고 무질서한 환경임		
	LI		3) 불결하고 질서정연한 환경임		
	NI		4) 청결하고 질서정연한 환경임	○	

지원고용대상자 선정을 위한 적합성 비교

NO.	
작성일	
작성자	

지원고용대상자 선정을 위한
적합성 비교

결재	담당	부장

Ⅰ. 기본 정보

사업체 및 직무		지원고용대상자	
사업체명	노인요양시설	이름/성별	
직무내용	• 주 작업: • 보조작업:	생년월일	

Ⅱ. 양적 분석

▶ 중요도: CI (매우 중요함), I (중요함), LI (조금 중요함), NI (중요하지 않음)
▶ 적합성 정도: G (적합), SN (지원 필요), P (부적합)

1. 개인적 특성

항목	중요도 (CI, I, LI, NI)	항목점수		적합성 정도	지원계획
		사업체	대상자		
1-1. 용모	I	4	3	SN	• 단정하고 청결하며 맵시가 좋은 용모를 유지할 수 있도록 오전시간 특수교사가 세탁방법과 옷 관리 방법을 위한 훈련을 실시함. (오전-학교, 오후-요양보호사 보조로 근무함) • 집에 있는 자신의 의복 종류를 분류해 적게 한 후, 교사는 의복 종류별 단어카드(사진포함)를 만들어 분류할 수 있도록 지도한 후, 세탁기 사용 시 색깔 옷과 흰옷을 분류하여 세탁하는 방법을 알게 함. • 빨래를 건조대에 널을 때도 구김방지를 위해 옷을 털어서 널도록 교실에서 교사가 시범을 보이며 주5일 1시간씩 지속적으로 훈련하고 코트종류를 통풍시키는 방법도 병행하여 알려줌.
	부가 설명	개인의 용모 중 신체적 청결 유지하고 있으나 의복관리가 잘되지 않아 옷차림이 구겨진 정도가 심하고 색깔 옷에 흰색 먼지가 많이 붙어있어 맵시가 나지 않음. 적절한 지원이 이루어지면 사업체의 요구에 부응할 수 있음.			

		의복관리 지원이 필요함.			• 교실에서 다림이 사용법을 알려주고 다양한 옷을 다림질 할 수 있도록 옷감을 주며 훈련할 수 있도록 함.
1-2. 행동	I	4	4	G	
	부가 설명				
1-3. 의사소통	CI	4	4	G	
	부가 설명				
1-4. 주의집중	I	3	4	G	
	부가 설명				
1-5. 업무의 변화	I	3	3	G	
	부가 설명				
1-6. 사회적 상호작용	CI	4	3	SN	• 동영상에 나온 본인의 상호작용 장면을 보여주며 자신의 모습을 모니터링하게 하고 다른 친구들의 모습과 비교해 보며 다른 모습을 찾게 함. 대상자가 보기에 대화 시 바람직한 모습을 스스로 알고 말할 수 있게 함.
	부가 설명	상호작용 시 눈 맞춤이 잘 안되고 고개가 옆으로 돌아간 상태로 대화할 때가 있음.			• 교사나 친구들과 이야기 할 때 의도적으로 상대방을 쳐다보며 말할 수 있도록 언어적으로 주지 시켜 줌. • 교사와 대화 시 교사의 눈을 적절히 응시하며 대화하는 습관을 들이도록 자주 이야기할 수 있는 시간을 만들고 훈련함.
영역 점수(24점)					

2. 시간과 이동

항목	중요도 (CI, I, LI, NI)	항목점수		적합성 정도	지원계획
		사업체	대상자		
2-1. 작업시간대	LI	1	1	G	
	부가 설명				
2-2. 출퇴근 수단	CI	1	1	G	
	부가 설명				
2-3. 시간분별	CI	3	3	G	
	부가 설명				
2-4. 작업공간 분별	I	4	4	G	
	부가 설명				
2-5. 이동	CI	4	4	G	
	부가 설명				
영역 점수(20점)					

3. 작업 수행

항목	중요도 (CI, I, LI, NI)	항목점수		적합성 정도	지원계획
		사업체	대상자		
3-1. 지구력	CI	4	4	G	
	부가 설명				
3-2. 체력	LI	4	4	G	
	부가 설명				

3-3. 작업 주도성	LI	2	3	G	
	부가 설명				
3-4. 순차적 수행	LI	1	2	G	
	부가 설명				
3-5. 변별력	CI	2	2	G	
	부가 설명				
3-6. 작업속도	LI	3	3	G	
	부가 설명				
3-7. 강화 정도	NI	4	4	G	
	부가 설명				
영역 점수(28점)					

4. 기능적 학업기술

항목	중요도 (CI, I, LI, NI)	항목점수		적합성 정도	지원계획
		사업체	대상자		
4-1. 읽기	LI	4	4	G	
	부가 설명				
4-2. 쓰기	I	4	4	G	
	부가 설명				
4-3. 셈하기	LI	3	4	G	
	부가 설명				

4-4. 금전관리	NI	3	4	G	
	부가 설명				
영역 점수(16점)					

5. 환경

항목	중요도 (CI, I, LI, NI)	항목점수		적합성 정도	지원계획
		사업체	대상자		
5-1. 장애인에 대한 태도	CI	4	3	SN	• 사업체의 고용주와 직원들이 장애인에 대한 고용경험이 있어 매우 수용적인 태도를 보이고 적절한 환경을 마련하고 기다려주는 환경으로 요양보호사들이 동료 지원을 하는 방법을 알고 지원하고 있으므로 동료지원이 계속 유지될 수 있도록 연2회 정도 고용주와 협의하여 장애이해교육을 시킴. • 사회복지사가 직무지도원 역할을 수행하며 수용적인 태도로 지도하고 장애학생의 눈높이에 맞게 직무를 제시해 줌. 이러한 지원에 유지될 수 있도록 직무 지도원 면담과 같은 사업체 지원을 복지관과 연계하여 수시로 실시하고 사업체 요구사항을 알고 지원함.
	부가 설명	• 장애인들을 고용한 경험이 있어 매우 수용적임. • 처음에는 긴장하는 부분이 있고 눈맞춤이 어려워 다소 수용적인 분위기가 필요함. • 고용주와 직원들이 장애이해 교육이 잘 되어 있어 매우 수용적인 태도로 적합함.			
5-2. 안전	CI	4	4	G	
	부가 설명				
5-3. 편의시설	CI	1	1	G	
	부가 설명				
5-4. 기온/조명	CI	4	4	G	
	부가 설명				

5-5. 분위기 적응	I	4	4	G	
	부가 설명				
5-6. 청결/질서	CI	4	4	G	
	부가 설명				
영역 점수(24점)					

Ⅲ. 종합점수 및 의견

항목(총 점) \ 구분	사업체	대상자	적합성 정도	종합 의견
개인적 특성 (24)	22	21	SN	대상자는 타인에 대한 배려심이 많고 어르신이나 어린이들을 돌보는 직무보조에 대한 개인적인 흥미가 높음.
시간과 이동 (20)	13	13	G	사업체와 대상자의 전반적인 적합성 분석에서 대상자의 점수가 사업체보다 높게 나타나 직무에 대한 적합성이 확인되었으나, 개인적인 특성과 고용주 관련요인에서의 지원계획이 요구되어지는 부분이 있는 것으로 나타남.
작업수행 (28)	20	22	G	개인적인 특성의 용모 및 사회적 상호작용 영역에서 의복관리와 옷맵시를 위한 지원계획으로 교실에서 교사가 세탁기 사용, 다리미 사용, 의복종류 알고 분류하기 등에 대한 훈련을 실시하며, 상호작용 시 눈맞춤이 안 되는 부분을 위한 지원으로 비디오 모니터링을 통한 훈련을 실시함. 고용주 관련사항에서는 대상자에 대한 매우 수용적인 태도를 보이는 사업체환경을 유지하기 위한 사업체 지원으로 장애이해교육 및 면담을 통해 수용적인 분위기가 지속적으로 유지될 수 있도록 지원함. 가족의 지원이 어려운 상태로 스스로 금전관리와 일상생활을 잘 하고 있으나 지속적인 관심이 요구됨.
기능적 학업기술 (16)	14	16	G	
환경 (24)	21	20	SN	
합계 (112)	90	92	G	사업체 직무의 수행성 및 학습기술에서는 적합성이 높게 나타났으며 자신의 외모를 코디하는 지도가 병행되어지면 더욱 안정적인 직무유지가 이루어지리라 사려됨.

부록 2

복지일자리 직무 사례
(한국장애인개발원, 2011)

기부물품 도우미 직무

이 직무는 크게 재사용 나눔 가게 매장 내부 직무와 매장 외부 직무로 직무환경 중심의 직무모형으로 구분된다. 직무활동 중심 직무는 크게 여섯 가지로 구분된다. ① 기부물품 수거함 관리, ② 기부물품 진열 관리, ③ 기부물품 판매 업무, ④ 구매 고객응대, ⑤ 기부 고객응대, ⑥ 매장미화로 구분된다.

직무	과제				
A 기부물품 수거함 관리	A-1 작업준비 (직무미팅)	A-2 기부물품 수거함 개봉	A-3 기부물품 확인	A-4 기부물품 분류	A-5 기부물품 물류정리
	A-6 작업정리 (업무보고)				
B 기부물품 진열 관리	B-1 작업준비 (직무미팅)	B-2 기부물품 매장이동	B-3 기부물품 확인 및 분류	B-4 기부물품 진열	B-5 작업정리 (업무보고)
C 기부물품 판매 업무	C-1 방문고객 안내	C-2 구매물품 확인	C-3 구매물품 정산	C-4 구매물품 포장	
D 구매 고객응대	D-1 고객응대 및 욕구확인	D-2 매장 내 안내	D-3 구매희망 물품소개	D-4 구매방법 안내	

E 기부 고객응대	E-1 기부고객 응대 및 물품확인	E-2 기부물품 작성안내	E-3 기부물품 수령	E-4 기부물품함 보관	
F 매장 환경미화	F-1 작업준비 (도구준비)	F-2 진공청소기 바닥청소	F-3 대걸레 바닥청소	F-4 손걸레 진열대 청소	F-5 청소도구 정리

문서 파기 도우미 직무

이 직무는 성격에 따라 ① 현장 문서 파기, ② 공장 입고 문서 파기, ③ 자체 문서 파기 등 세 가지로 나눌 수 있다. 파기는 주로 보완이 필요한 어떤 사물이나 문서를 깨뜨리거나 찢어서 버리는 것을 의미한다. 파기 업무는 대량의 문서일 경우 외부 업체에 의뢰하여 차량에 장착된 파쇄기를 이용하여 현장에서 파기하거나 파쇄 공장으로 문서를 입고하여 파기한다. 소량 문서일 경우는 사무실 내 문서 세단기를 이용해 자체 파기하는 것이 일반적이다.

직무	과제				
A 현장 문서 파기	A-1 작업 준비	A-2 파기 문서 확인	A-3 콘솔 문서 확인 및 정리	A-4 문서 이동	A-5 이동카트에서 문서 내리기
	A-6 이물질 제거	A-7 파쇄기 투입	A-8 작업 정리		
B 공장 입고 문서 파기	B-1 작업 준비	B-2 파기 문서 확인	B-3 문서 이동	B-4 차량 적재	B-5 문서 이송
	B-6 문서 하역	B-7 문서 선별	B-8 이물질 제거	B-9 파쇄기 투입	B-10 작업 정리
C 자체 문서 파기	C-1 작업 준비	C-2 파기 문서 확인	C-3 파기 문서 수합	C-4 이물질 제거	C-5 문서 세단기 투입
	C-6 파기 문서 처리	C-7 작업 정리			

룸 메이드 직무

이 직무는 ① 객실청소, ② 욕실청소, ③ 공용구역 청소, ④ 관리 및 보고 등 네 가지 직무로 구분될 수 있다. 먼저 객실청소는 호텔의 주요 상품인 객실을 청소하는 것으로, 세부 과제로는 청소준비, 객실 내부 청소, 침대 꾸미기, 편의용품 관리, 미니바 관리, 청소상태 확인 등이 포함된다. 두 번째로 욕실청소는 객실 내 위치한 욕실을 청소하는 것을 말하며, 세부 과제로는 청소준비부터 욕실 내부 청소와 편의용품 관리, 청소상태 확인 등이 있다. 세 번째로 공용구역 청소에는 객실 복도, 엘리베이터, 화장실, 비상계단이 포함된다. 마지막으로 관리 및 보고 직무는 룸 메이드 각자가 사용하는 메이드 카트를 관리하고, 수선이 필요하거나 고객이 놓고 간 분실물 등을 조치하며, 각자가 담당한 객실 정비 상태를 보고하고 인계하는 과제 수행을 의미한다.

직무	과제					
A 객실청소	A-1 청소 준비	A-2 객실 내부 청소	A-3 침대 꾸미기	A-4 편의용품 관리	A-5 미니바 관리	A-6 청소상태 확인

직무	과제			
B 욕실청소	B-1 청소 준비	B-2 욕실 내부 청소	B-3 기부물품 확인 및 분류	B-4 청소상태 확인

직무	과제			
C 공용구역 청소	C-1 청소 준비	C-2 객실복도 청소	C-3 엘리베이터 청소	C-4 공용화장실 청소	C-5 비상계단 청소

직무	과제			
D 관리 및 보고	D-1 메이드 카트 관리	D-2 수선 및 보수 사항 처리	D-3 습득 및 분실물 관리	D-4 객실정비 상황 보고

326

참고문헌

강위영, 조인수, 정대영(1995). 직업재활과 지원고용. 서울: 성원사.

국립국어원(2014). 표준국어대사전.

김동일, 박희찬, 홍성두(2012). 직업적 장애 기준 개발 연구. 경기: 한국장애인고용공단 고용개발원.

김진호(2001). 전환교육의 이론과 적용에 관한 연구. 특수교육학연구, 35(4), 73-98.

박승희, 홍정아, 최재완, 김은하, 최선실, 박선희(2008). 대학교 내에서 지적장애인 지원고용 프로그램의 실행과 성과. 경기: 한국장애인고용공단 고용개발원.

박희찬, 김은영, 김선옥, 유병주(1994). 장애인 직업: 정신지체인을 위한 직업프로그램의 구성과 적용. 서울: 인간과복지.

박희찬, 양숙미, 이종남, 허경아(1996). 장애인 재활: 지원고용의 실천적 이론. 서울: 특수교육.

박희찬, 신현욱, 정현주(2009). 장애인복지관 직업재활 서비스 체계 개발 연구. 경기도장애인복지관.

서부장애인복지관(2003). 지원고용 프로그램 사례.

Mary Beirne Smith, James R. Patton, Shannon H. Kim(저), 신종호, 김동일, 신현기, 이대식(역) (2008). 정신지체. 서울: 시그마프레스.

오길승(1994). 발달장애인을 위한 지원고용 지침서. 서울: 서울장애인종합복지관.

오길승 역(1996). 지원고용 프로그램에서의 직업지도. 경기: 한국장애인고용공단.

오길승(1999). 중증장애인을 위한 효율적인 직업재활 접근법으로서 지원고용 프로그램에 대한 고찰. 한신논문집, 16(2), 25-61.

조흥식 외 (2011). 발달장애인 활동지원 등을 위한 욕구조사 및 정책과제 수립 연구. 보건복지부, 서울대학교 산학협력단.

주인중, 서유정, 장주희(2011). 직무분석 활용실태 및 분석기법 연구. 세종: 한국직업능력개발원.

한국고용정보원(2014). 2014 직종별 직업사전.

한국장애인개발원(2010). 중증장애인직업재활지원사업 매뉴얼.

한국장애인개발원(2011). 장애인복지일자리 직무매뉴얼 II.

한국장애인개발원(2014). 중증장애인 지원고용 확대사업 안내지침.

한국장애인고용공단(2010). 중증장애인 지원고용 직무지도 안내서.

한국장애인고용공단 고용개발원(2010). 직무지도원 양성과정.

황기돈(2010). 직업연구 방법론의 개선 과제. 서울: 한국고용정보원.

Barrett, J., & Lavin, D. (1987). *The industrial work model: A guide for developing transitional and supported employment*. Menomonie, WI: Materials Development Center, University of Wisconsin-Stout.

Bellamy, G. T., Horner, R. H., & Inman, D. P. (1979). *Vocational rehabilitation of severely retarded adults: A direct service technology*. Baltimore, MD: University Park Press.

Bellamy, G. T., Horner, R. H., Sheehan, M. R., & Boles, S. M. (1981). Structured employment and workshop reform: Equal rights severely handicapped individuals. In J. Lapadaski, J. Ansley & J. Lowit (Eds.), *Work, services, and change: Proceedings form the National Institute on Rehabilitation Facilities*. Menomonie, WI: University of Wisconsin-Stout.

Brown, L., Nietupski, J., & Hamre-Nietupski, S. (1976). Criterion of ultimate functioning. *Hey, don't forget about me!* (pp. 2-15). Reston, VA: The Council for Exceptional Children.

Brown, F., & Lehr, D. H. (Eds.). (1989). *Persons with profound disabilities: Issues and practices*. Baltimore: Paul H. Brookes.

Camuso, A., & Baker, D. (2008). *Supported Employment Participant Training Manual*. New Brunswick, NJ: The Elizabeth M. Boggs Center on Developmental Disabilities, University of Medicine and Dentistry of New Jersey-Robert Wood Johnson Medical School.

Cole, C. L., Gardner, W. I., & Karan, O. C. (1985). Self-management training of mentally retarded adults presenting severe conduct difficulties. *Applied Research in Mental Retardation, 6*, 337-347.

Costello, J. J. (1990). *Fundamentals of job placement and job development*. Tucson, AZ: RPM Press.

Drew, C. J., Hardman, M. L., & Logan, D. R. (1996). *Mental Retardation: A Life Cycle Approach.* Columbus, OH: Merrill Prentice Hall.

Ellis, W. K., Rusch, F., Tu, J. J., & McCaughrin, W. (1990). Supported employment in Illinois. In F. Rusch (Ed.), *Supported employment: Models, methods, and issues* (pp. 31–44). Sycamore, IL: Sycamore Publishing.

Fadely, D. C. (1987). *Job Coaching in Supported Work Programs.* Menomonie, WI: Material Development Center.

Falvey, M., Forest, M., Pearpoint, J., & Rosenberg, R. (1994). Building connections. In J. Thousand, R. Villa, & Nevin (Eds.), *Creativity and collaborative learning: A practical guide for empowing students and teachers* (pp. 347-368). Baltimore: Paul Brookes.

Gold, M. W. (1980). *Try another way training manual.* Champaign, IL: Research Press.

Greenleigh Associates, Inc. (1975). The role of the sheltered workshops in the rehabilitation of the severely handicapped (Report to the Department of Health, Education, and Welfare, Rehabilitation Services Administration.). New York.

Kregel, J., Wehman, P., Revell, W. G., & Hill, M. (1990). Supported employment in Virginia. In F. Rusch (Ed.), *Supported employment: Models, methods, and issues* (pp. 15-29). Sycamore, IL: Sycamore Publishing.

Kuhn, T. S. (1996). *Structure of scientific revolutions.* 김명자 역(2007), 과학혁명의 구조. 서울: 까치.

Louis Harris Poll (1986, February). A survey of the unemployment of persons with disabilities.

Lemaire, G. S., & Mallik, K. (2008). Barriers to supported employment for persons with developmental disabilities. *Archivef of Psychiatric Nursing, 22*(3), 147-155.

Lucino, A., Drake, R. E., Bond, G. R., Becker, D. R., Carpenter-Song, E., Lord, S., & Swanson, S. J. (2014). Evidence-based supported employment for people with severe mental illness: Past, current, and future research. *Journal of Vocational Rehabilitation, 40*(1), 1-13.

Marrone, J. (1989). *Job development for persons with long-term mental illness.* Mennesota Association of Rehabilitation Facilities's Annual Training Conference.

Migliore, A., Mank, D., Grossi, T., & Rogan, P. (2007). Integrated employment or sheltered workshops: Preference of adults with intellectual disabilities, their families, and staff. *Journal of Vocational*

Rehabilitation, 26, 5–19.

Minnesota Supported Employment Project. (1987). Definition of supported employment: Adapted by the MNSEP Advisory Committee. St. Paul, MN.

Moon, M. S., Inge, K. J., & Barcus, J. M. (1990). Helping persons with severe mental retardation get and keep employment: Supported employment strategies and outcomes. Baltimore: Paul H. Brookes

Moon, S., Goodall, P., Barcus, M., & Brooke, V. (1992). The supported work model of competitive employment for citizens with severe handicpas: A guide for job trainers. Commonwealth, Virginia: Rehabilitation Research and Training Center.

Moon, S., Goodall, P., Barcus, M., & Brooke, V. (Eds). (1992). The supported work model of competitive employment for citizens with severe handicaps: A guide for job trainers. Richmond, VA: Virginia Commonwealth University Rehabilitation Research and Training Center.

National Association of Rehabilitation Facilites. (1989). Supported employment in context: NARF's national scope supported employment survey and policy implications. Washington, D.C.

Nirje, B. (1969). The normalization principle and its human management implications. In R. Kugel & W. Wolfensberger (Eds.), Changing patterns in residential services for the mentally retarded (pp. 181–195). Washington, DC. President's Committee on Mental Retardation

Park, H. C. (1993). Factors Related to the Working Environment of Employment Specialists. Journal of Rehabilitation, 29(4), 38–44.

Point, B. D. (1990). Tools of the trade: A hands–on training program for supported employment personnel. Spring Lake Park, MN: RISE.

Powell, T. H., Pancsofar, E. L., Steere, D. E., Butterworth, J., Rainforth, B., & Itzkowitz, J. S. (1991). Supported employment in Connecticut: Developing integrated employment opportunities for persons with disabilities. NY: Longman.

Rehabilitation Research & Training Center (1987). Data management system operations manual. Richmond, VA: Tirginia Commonwealth University.

Rusch, F. (1990). Supported employment : Models, methods, and issues. Sycamore, IL: Sycamore Publishing.

Saloviita, T. (2000). Supported employment as a paradigm shift and a cause of legitimation crisis.

Disability and Society, 15(1), 87-98.

Schutz, R. P., Rusch, F. R., & Lamson, D. S. (1979). Evaluation of an employer's procedure to eliminate unacceptable behavior on the job. *Community Services Forum, 1*, 4-5.

Scolnik, L. J. (1986). *Job placement and support services: An individual-supported competitive employment model job trainer manual.* Columbia, MD: Association for Retarded Citizens, Howard County.

Shafer, M., & Nasbet, J. (1988). Integration and empowment in the work place. In M. Barcus, S. Grifin, D. Mank, L. Rhodes, & S. Moon (Eds.), *Supported employment implementation issues* (pp. 47-52). Richmond: Virginia Commonwealth University, RRTC.

Snell, M. E. (Ed.). (1987). *Systematic instruction of persons with severe handicaps.* Columbus, OH: Charles E. Merrill.

The Center on Community Living and Careers. (2009). *The Hoosier orientation handbook on supported employment.*

Wehman, P., Chan, P., Ditchman, N., & Kang, H. (2014). Effect of supported employment on vocational rehabilitation outcomes of transition-age youth with intellectual and developmental disabilities: A case control study. *Intellectual and Developmental Disabilities, 52*(4), 296-310.

Wehman, P., & Moon, M. S. (1988). *Vocational rehabilitation and supported employment.* Baltimore: Paul H. Brookes.

Wehman, P., Renzaglia, A., & Bates, P. (1985). *Functional living skills for moderately and severely handicapped individuals.* Austin, TX: Pro-ed.

Westling, D. L., & Fox, L. (1995). *Teaching students with Severe disabilities.* Englewood Cliffs, NJ: Merrill/ Prentice Hall.

White, D. M. (1986). Social validation. In F. R. Rusch (Ed.), *Competitive employment issues and strategies* (pp.199-213). Baltimore: Paul H. Brookes.

Will, M. C. (1984). *OSERS programming for the transition of youth with disabilities: Bridges from school to working life.* Washington, DC: Office of Special Education and Rehabilitation Services. U.S. Department of Education.

Wolfensberger, W. (1972). *The principle of normalization in human services.* Toronto, Canada: National

Institute on Mental Retardation.

대한상공회의소 www.korcham.net
한국고용정보원 www.keis.or.kr
한국고용정보원 워크넷 www.work.go.kr
한국장애인고용공단 장애인고용포털 www.worktogether.or.kr

저자소개

박희찬(Park Hee Chan)
미국 애리조나대학교(University of Arizona)특수교육재활학과 박사
현 가톨릭대학교 특수교육과 교수

오길승(Oh Kil Sung)
미국 서던일리노이대학교(Southern Illinois University) 재활학과 박사
전 한신대학교 재활학과 교수

지원고용의 이해와 적용
Understanding & Application of Supported Employment

2016년 2월 25일 1판 1쇄 발행
2021년 9월 20일 1판 4쇄 발행

지은이 • 박희찬 · 오길승
펴낸이 • 김 진 환
펴낸곳 • **(주) 학지사**

04031 서울특별시 마포구 양화로 15길 20 마인드월드빌딩 5층
대표전화 • 02) 330-5114   팩스 • 02) 324-2345
등록번호 • 제313-2006-000265호
홈페이지 • http://www.hakjisa.co.kr
페이스북 • https://www.facebook.com/hakjisabook

ISBN 978-89-997-0891-6 93370

정가 **17,000원**

저자와의 협약으로 인지는 생략합니다.
파본은 구입처에서 교환하여 드립니다.

이 책을 무단 전재 또는 복제 행위 시 저작권법에 따라 처벌을 받게 됩니다.

이 도서의 국립중앙도서관 출판시도서목록(CIP)은 서지정보유통지원시스템
홈페이지(http://seoji.nl.go.kr)와 국가자료공동목록시스템(http://www.nl.go.kr/kolisnet)
에서 이용하실 수 있습니다.
(CIP제어번호: CIP2016002846)

출판 · 교육 · 미디어기업 **학지사**

간호보건의학출판 **학지사메디컬** www.hakjisamd.co.kr
심리검사연구소 **인싸이트** www.inpsyt.co.kr
학술논문서비스 **뉴논문** www.newnonmun.com
원격교육연수원 **카운피아** www.counpia.com